U0921268

珍藏本
纪念版

汉译世界学术名著丛书

货币、信用与商业

〔英〕马歇尔 著

叶元龙 郭家麟 译

2017 年 · 北京

Alfred Marshall
MONEY CREDIT & COMMERCE
Macmillan & Co. , London 1929
本书根据伦敦麦克米伦出版公司1929年版译出

汉译世界学术名著丛书
（120年纪念版·珍藏本）
出版说明

2017年2月11日，商务印书馆迎来120岁的生日。120年前，商务印书馆前贤怀揣文化救国的理想，抱持“昌明教育，开启民智”的使命，立足本土，放眼寰宇，以出版为津梁，沟通中西，为中国、为世界提供最富智慧的思想文化成果。无论世事白云苍狗，潮流左右激荡，甚至战火硝烟弥漫，始终践行学术报国之志，无改初心。

遂译世界各国学术名著，即其一端。早在20世纪初年便出版《原富》《天演论》等影响至今的代表性著作，1950年代后更致力于外国哲学和社会科学经典的译介，及至1980年代，辑为“汉译世界学术名著丛书”，汇涓为流，蔚为大观。丛书自1981年开始出版，历时三十余年，迄今已推出七百种，是我国现代出版史上规模最大、最为重要的学术翻译工程。

丛书所选之书，立场观点不囿于一派，学科领域不限于一门，皆为文明开启以来，各时代、各国家、各民族的思想与文化精粹，代表着人类已经到达过的精神境界。丛书系统译介世界学术经典，引领时代思想，为本土原创学术的发展提供丰富的文化滋养，为推动中国现代学术和现代化进程做出了突出的贡献。

为纪念商务印书馆成立120周年，我们整体推出“汉译世界学术名著丛书”120年纪念版的珍藏本，寄望既利于文化积累，又便于研读查考，同时向长期支持丛书出版的译者、编者和读者致以敬意。

两甲子后的今天，商务印书馆又站在了一个新的历史时间节点上。我们不仅要铭记先辈的身影和足迹，更须让我们的步伐充满新的时代精神。这是商务人代代相传的事业，更是与国家和民族的命运始终紧密相连的事业。我们责无旁贷，必须做好我们这代人的传承与创造，让我们的努力和成果不仅凝聚成民族文化的记忆，还能成为后来人可以接续的事业。唯此，才能不负前贤，无愧来者。

商务印书馆编辑部

2017年10月

译者前言

马歇尔(1842—1924)是集十九世纪资产阶级庸俗经济学大成的英国著名经济学家,新古典主义的代表、剑桥学派的创始人。除本书外,他的主要著作还有《经济学原理》(1890年,中译本已由商务印书馆出版)和《工业与贸易》(1920年)。另一重要著作《国外贸易和国内价值纯理论》经他本人修改后,作为附录J收入了本书。

在马歇尔所处的时代,西方经济学者对一般经济理论大都按一件商品或一个企业单位加以分析(今属微观经济学),而对货币价值、投资、储蓄、国民收入等则进行总体分析(今属宏观经济学)。因此,写经济理论的书不讲货币及有关问题,而写货币一类的书又不涉及具体商品或个别企业的分析。马歇尔的著作也不例外。他的《经济学原理》所作的论述基本上是微观分析,而《货币、信用与商业》一书所涉及的问题,可以说都属于宏观经济学的范畴。

本书共分四编。第一编主要谈货币问题。从货币的意义、功能、购买力,一直讲到货币数量说和他所主张的金银混合本位制等。他认为当时流行的货币机械数量说是一种恒等式,没有什么意义。作为现金余额说的创始人,他在这一编第四章中对这一学说作了概略的论述。后来,罗伯逊、凯恩斯等人把这个学说公式化了，并正式提出了现金余额说这一名称。第二编论述信用体系、银行理论和交易所理论，可以认为它是“国际贸易”编的绪论。第三编讲国际贸易和有关问题，在全书中所占的篇幅最大。本编对运输机关、贸易历史、国际贸易的一般特征和关税问题等都作了详细的分析。在国际贸易方面，他对李嘉图和穆勒的比较成本和国际价值学说都作了补充和发展，并在附录 H 中更明确地解释了他的论点。第四编分析了技术发展对就业的影响及工商业的变动与市场的关系。

本书提供的一些论点对现代西方经济学有关货币和国际贸易的论述颇有影响，参阅本书，有助于我们了解这些论述的理论渊源，更好地开展对它们的评论。书中有些内容，如国际清算、国际收支等规范性的理论，直到现在还具有一定的现实意义，可以批判地加以吸收。

本书正文是叶元龙先生译的，九个附录是我译的。1964 年，叶先生在上海社会科学院任教授时，应约翻译此书。后因心脏病有发展，嘱我同他合译。1967 年 9 月，叶先生因心脏病发作而逝世。由于“文革”期间他多年讲授马歇尔经济学的笔记和资料以及数千首旧体诗均丢失，这部译作竟成了他毕生从事教育和研究事业、教了几十年马歇尔经济学所留下的唯一纪念品了！

这里借用一点篇幅回忆他的一两件事。他早年留学美国和英国。回国后，曾在中央大学等校讲授马歇尔经济学，并先后担任过中央大学经济系主任和教务长。抗战时，叶先生任重庆大学校长。他依循蔡元培先生民主办学的精神，聘请马寅初先生为商学院院长。当马先生为反对国民党政府的独裁统治而被拘禁时，叶先生亦被免去重庆大学校长职务。

叶先生善于作旧体诗。他离开重庆大学后,闲居在家,赋诗明志。后经诗友汪东介绍,任国民党监察院监察委员。在此期间,他同沈尹默、汪东、乔大忙、潘伯鹰、章士钊、谢稚柳、沈迈士诸名家相互和诗,连同他前后所作诗篇,累计有数千首之多。可能由于他多年赋诗的习惯,他从事英语翻译时,常用简练的词句或应用一二句中文成语来表达原意。这是他翻译工作的特点,但词句却偏于古雅,不适于青年人阅读,故由我改译为白话,并对全书重新校阅一遍。今蒙商务印书馆帮助,给予出版,非常感谢。译文中的错误和缺点在所难免,希读者多多批评指正。

郭家麟

目　录

序……………………………………………………………… 1
绪论…………………………………………………………… 3

1. 现代有关经济民族主义的概念,起源于古代许多小国家的愿望,后来被中世纪的城邦所发展,并经由它们通过荷兰传到了英国及其他国家。(3)2. 在亚当·斯密的时代,安定的政治环境、良好的道路和印刷机大大促进了英国各知识阶层的紧密结合,但地方利益仍然经常高于国家利益。(5)3. 在近代,便宜、方便和迅速的交通工具,以及通俗报纸和普及教育的发展,促进了强烈的民族精神的高涨。(7)4. 各种不同因素促进了国内的移居,使国内得到了有效的调整,但这些因素并不同样有利于向国外的移居,因此,论述"国际价值"问题,就需要采用一种不同于论述本国产品相对价值的方法。(9)

第一编　货币

第一章　货币的职能 ……………………………………… 17

1."货币"一词的各种用法。(17)2."金融市场"是运用货币的市场;在金融市场上,"货币的价值"在任何时候都等于贴现率或短期贷款所收的利率。(19)3. 只有当货币的一般购买力不激烈变动时,货币才能有效地履行其职能。(20)

第二章　一般购买力的计量 ……………………………… 27

1."一般购买力"这个词是有弹性的,使用时必须指出是按其广义来解释还是按其狭义来解释。对于计量古代或遥远地方的一般购买力来说,最好的计量单位常常是非熟练劳动或某种主要谷物。(27)2.在比较遥远地区和古代的货币购买力时还会碰到更多的困难。(29)3.有关物价的概括性的、分类精细的资料大部分只限于批发交易。但工人合作社的推广使许多人了解了批发交易价格与家庭日用品零售价格之间的关系。(30) 4.始自某一遥远日期的物价的平均变动可以用"指数"来表示。指数是各年某些物品的价格对那一遥远日期这些物品的价格之比。"加权"指数。(31)

第三章　货币购买力变动的计量 …………………………… 34

1. 编制一种真正能表示个别时期和个别地方货币购买力的指数所遇到的困难。(34)2.同一组价格的变动可能以极不相同的方式影响一国的不同阶级。根据各种不同的商品在工人的消费中所占的份额加权的指数,同"工人的预算"一起使用,具有特别重要的意义。(36)3.解释物价指数所受到的阻碍是:一些商品和劳务的名称仍旧,但其性质却有所改变,同时,一种商品的交换价值在这一季节与另一季节有所不同。(39)4.确立一种官方的一般购买力单位也许对长期债务有用。(43)

第四章　一国需要的通货总值 …………………………… 44

1. 通货的职能。(44)2.以前人们经常说,金银的价值是"人为的"。实际上,决定其价值的因素,在供给方面是生产成本,在需求方面是人们对建立在金银基础之上的购买力的需求,再加上为了工业与炫耀的目的而产生的对金银的需求。(46) 3.一国通货的总值,乘以为了交易目的而在一年中流通的平均次数,等于这个国家在这一年里通过直接支付通货所完成的交易总额。但这个恒等式并未指出决定通货流通速度的原因。要发现这些原因,我们必须注

意该国国民愿意以通货形式保有的购买力总额。(49)4.职业和性情影响收入相同的人所希望直接支配的通货量。(52)5.虽然每一单位通货的购买力在其他条件不变的情况下与通货单位的数量成反比例,但增发不兑现纸币会降低其信用,从而减少人们愿意保有的现有购买力的数量。也就是说,增发不兑现纸币会大幅度降低每一单位通货的价值。(53)6.通货与别的东西不同,其数量的增加并不直接影响它所提供的服务的数量。不兑现纸币。(55)

第五章　硬币 ………………………………………………… 57

1.金银一向受到人们的高度重视,因为它们的光彩和耐久性适合于装饰和其他许多用途。(57)2.金银可以单独地或共同地为不超过若干年的债务和交易充当一般购买力的可靠标准,但长期债务则需要有不受采矿业影响的标准。(58)3.在大多数文明国家,银币曾是价值标准,但这一标准的精确性已由于银币数量的不断减少和成色的不断降低而减弱。(60)4.英国金镑(平时)是用适当的材料铸造成的,不收铸币费。金镑实际上是金块,由公家出钱来保证其重量和质量。英国先令也是一样,政府把一定数量的黄金印在银币上。(63)

第六章　硬币(续) ………………………………………… 66

1.格雷欣规律:劣币,如其数量不加限制,将驱逐良币。(66)2.按固定比价永久维持以金银为基础的通货所遇到的困难。(68)3.虽然按一固定比价铸造金币和银币会使物价的变动在很大程度上交替地受黄金和白银的生产的支配,但可以采用一种方法使这两种金属共同起作用;这种方法可称为对称本位制。(70)

第二编　商业信用

第一章　现代资本市场的发展 …………………………… 77

1. 私人资本——不包括对土地、房屋和奴隶的占有——直到近代才数量大增。(77)2. 商业信用的早期状态:资本家主要是商人;最大的借款人是君主和共和国政府。(78)3. 在英国,有一时期,商人是主要的信用借贷人,但用于制造业的资本也在迅速而稳定地增加。(79)4. 因为贷款利率通常用货币来表示,所以它实际上(而不是表面上)很容易受货币购买力变动的影响。(81)

第二章　合资中的资本所有权 …………………………… 86

1. 英国在大规模经营工商业方面的最初经验。(86)2. 短期贷款可以极为方便地从银行或其他放债人那里得到,而长期贷款则是直接从公众那里获得的。长期贷款通常采取债券形式;债券实际上是对有关企业的财产的留置权。(87)3. 有相当保证的长期借款(不包括政府的长期借款)的正常利率,现在是由股份公司债券的行市决定的。(88)

第三章　英国银行的发展 …………………………………… 90

1. 绪论。(90)2. 英格兰银行是银行家之银行,而且在某些方面是国家利益的监护人。(92)3. 私人银行改组为股份公司以后,伴随而来的往往是所发放的信贷中个人因素的减少。(94) 4. 公布股份银行的部分资产,并不像以前想象的那么不方便,采用这种做法实际上很有好处,这已对大银行产生了影响。(96)

第四章　证券交易所 …………………………………………… 99

1. 绪论。(99)2. 在很长一段时间内,证券交易所主要是从事政府债券的买卖,但现在则主要从事股份公司证券的买卖。(101)3. 证券交易所的交易方法各不相同,但伦敦证券交易所所取得的结果却很有代表性。(102)4. 在一般信用相当稳定的时候,证券交易所的交易方法可以很好地保护那些不特别长于投资的购买者。(105)5. 暂时影响证券交易所证券价值的因素和持久影响证券交易所证

券价值的因素之间的对比。(106)6.证券交易所证券在国内和国际资本市场上所起的作用越来越重要。(106)

第三编 国际贸易

第一章 运输工具对贸易的影响…………………………………… 111

1. 长距离贸易的一些特点。(111)2.在许多世纪中,地中海是世界上大部分先进工业、长期信贷和大规模贸易的中心。(113)3.在工业发展的不同阶段,影响主要贸易路线的因素。(115)

第二章 国际贸易的特征…………………………………………… 120

1. 直到国家在工商业中的利益得到承认,国际贸易的特征才明显起来。李嘉图说明了国际贸易的全部意义。(120)2.国家得自一般对外贸易的利益。(122)3.一个国家的一部分对外贸易常常是由其资源或能力的某种不足引起的,但一般说来,巨额贸易常表示国家具有很高的效率。(123)4.同任何其他统计资料相比,人们一直更广泛、更全面地收集有关国际贸易的统计资料,其部分原因是,人们有时用它来说明一国力量和繁荣的变化。但这种统计资料并不很适合于这一目的。(126) 5.人们不可能获得衡量一国进出口总额(有别于进出口总值)变动的尺度。(128)6.一般说来,按人口计算的价值及其变动百分比的统计资料,最适于用来研究国际贸易与一国内部经济的关系。总值及其变动百分比的统计资料,比较适于用来研究世界经济和世界政治形势。当一个强国正在发展它以前忽视的贸易时,增长百分比的统计资料特别容易使人产生误解。(129)

第三章 英国的对外贸易…………………………………………… 132

1. 十七和十八世纪英国的对外贸易。(132)2.1850年以来英

国对外贸易额的变化。(133)3.1800 年以来英国出口贸易性质的变化。(135)4.英国的对外贸易并不像其统计数字表明的那么重要,数额也没有那么大,因为它包括许多隐而不见的再输出和大量对流运输(即相类似的货物在同一路线上作相对方向的运输)。(140)

第四章　输入与输出之间的差额…………………………… 145

1. 贸易"顺"差这个词。(145)2.如果其他条件相等,一国登记的输入有超过其登记的输出的倾向,其超过的数目等于在本国与任何一个外国之间或两个外国之间运送货物以及运送外国旅客所花的全部费用,再加上其船主、商人、代理人和银行家的全部纯利润(只限于来自对外贸易和带回国的利润)。(146)3.在外国人向一个国家投资,或外国以任何其他形式向它提供信贷的时候,这个国家的输入就会相对于其输出暂时有所增加。这种入超最终常由出超来补偿而有余,因为输出资本的那些人将收回资本的利息或利润,而且最后也许将把资本收回本国。(150)4.航运业的总收入随商业信用的变动而变动。但在萧条时期,英国输入超过输出的表面数额常常很大,因为这时它往往限制其对外投资。(153)

第五章　国际汇兑…………………………………………… 155

1. 汇票用来清算各地的债务时对经济产生的影响。(155)2.在以黄金为通货基础的国家之间,汇兑率的变动是有限度的。(159)3.一国金融市场上贴现率的变动,对维持该国商业债务的平衡所起的作用。(163)4.汇兑银行的汇票、电汇以及其他证券交易所业务对调整现代国际商业债务所起的作用。(164)5.只要各国的通货实实在在以黄金为基础,每一种商品的批发价格就有到处相等的倾向,当然要扣除掉运费、过境税和铸币税等。(167)

第六章　国际贸易中需求和供给的一般关系………………… 170

1. 绪论。(170)2. 虽然可以用货币较为可靠地衡量同一国家制造的货物的相对实际成本,但却不能用货币比较这样两个地方制造的货物的实际成本,在这两个地方之间没有劳动和资本的大量而自由的流动。(171)3. 两个假定与世界其他地区隔绝的国家之间的贸易问题。(173)4. 下面用数字说明两个彼此进行贸易的国家相互之间的商品需求;贸易条件一般取决于这种需求的相对数量及相对强度。(176)5. 一个国家对进口货物的需求有所增加,一般会使其出口货物的数量大幅度增加。(178)

第七章　一国对进口货物的需求弹性…………………………182

1. "国家需求弹性"这个词的意义。(182)2. 虽然一个富庶的大国对进口货物的大量需求往往使对外贸易条件不利于它,但其供给的多样性和丰富性可以阻止这种倾向,而且常常压过它。(183)3. 供给丰富与否是影响需求弹性的一个因素。(186)4. 一些主要工业国家对进口货物的需求的特征。(187)

第八章　需求弹性对国际贸易条件和进口税归宿的影响……192

1. 绪论。(192)2. 如果 E 和 G 只是彼此进行贸易,则 E 对来自 G 的进口货或对运往 G 的出口货征收的关税,就会在某种程度上减少其进口,而在更大的程度上减少其出口,从而使交换比例变得有利于 E。(195)3. 假设 G 对 E 国商品的需求有极大的弹性,E 对进口货或出口货课征中等程度的关税;在这种情况下,除非 E 的需求也有弹性,否则这种关税就不会对交换比例产生很大影响;但如 E 的需求具有弹性,贸易就将大大缩减。(200)4. 一国可以从对外贸易中获利的理论的局限性。(204)

第九章　进口税和出口税的归宿……………………………206

1. 进口税的归宿。(206)2. 进口税的归宿随被征税产品的不同及出口国和进口国经济情况的不同而变化。(208)3. 概述进口税的一般归宿。(210)4. 当通货以黄金为基础时,我们有理由认为,一国征收进口税后,其获取进口货的真正代价可通过价格随之而发生的变化来计量。但这种看法并不完全符合事实。(213)

第十章　进口税和出口税的归宿(续)…………………………… 216

1. 别国对一国出口货课税的压力,比税额和税率增加得更快。西欧也可能会受卖给它大量原料和粮食的那些国家对制造品课征进口税的危害。(216)2. 在发展对外贸易方面新旧国家利益之间的某些差别。(217)3. 认为应该向拥有垄断权的国家的产品课征出口税的观点,实际上并没有多大意义。(219)4. 某些生产者或商人宁可暂时降低价格也不愿突然减少销售额,促使他们这样做的原因增加了新征进口税所产生的直接影响的不规则性以及进口税经常变动的危害性。(220)

第十一章　旨在促进国内某些工业发展的进口税……………… 225

1. 绪论。(225)2. 被课征进口税的商品常常是与不被课征进口税的国内产品竞争的,概论对这种商品课征的进口税的归宿。(226)3. 十九世纪中叶英国采取的自由贸易政策。(229)4. 缺少资本主义生产资源的国家保护本国的某一新兴工业,并不一定不合理。但问题是,在这个工业已经蓬勃发展了很长一段时间后,一般仍给予它较多的保护。(233)

第十二章　在各种条件稳定的情况下国家通货与国际贸易的关系………………………………………………………… 240

1. 绪论。(240)2. 在各种条件稳定的情况下两个都以黄金为通货基础的国家之间的汇兑。(240)3. 贸易对贵金属在各国之间的分配和各国硬币的购买力的影响。(243)4. 人们不可能得到衡量不同国家通货的相对购买力的精确尺度,这种尺度甚至是不可想象

的。(245)5.一国的对外贸易对其内销产品价格的影响。(246)

第四编　工业、贸易和信用的波动

第一章　概论影响早先就业连续性的原因…………………… 251

1. 以前由于运输很困难，每个地区都主要依靠本地区的收获。(251)2.在工业技能尚未高度专门化，田间工作与普通纺织和其他简单的制造工作相互交替的时候，失业问题比较简单。(253)3.在货币工资主要由习惯和官方决定时，货币的实际价值的下跌(不管是怎样引起的)会使工人遭受严重损失。(254)

第二章　技术发展对就业稳定性的影响…………………… 255

1. 信用波动直接影响的工人人数，现在比以前多，但现在工人拥有比以前有效得多的方法来对付这种影响。(255)2.现代工业方法的不断变化，常常搅乱各不同行业中报酬与效率的关系。但这也促使雇主更准确地估计其每个雇工对企业的获利能力所作的贡献，从而在一定程度上消除这种变化造成的混乱。(256)3.工人集中在工厂里干活，使失业比以前一般在农舍中干活更为惹人注目。(259)4.技术进步会使一小部分工人暂时失业。技术进步给人类带来的害处要小于人类得自技术进步的好处，但对其害处要进行仔细的研究，凡可以补救的，都应予以补救。(261)

第三章　金融市场与工商业波动的关系…………………… 263

1. 有组织的资本市场在不断发展，这种市场上的资本一般都用来扩建和新建企业。(263)2.工商业波动影响的范围一直在扩大，而且还将扩大。(264)3.商业信用波动的一般过程。(266)4.信用和工业活动的波动愈来愈具有国际性。(269)

第四章　金融市场与工商业波动的关系(续)………………… 272

1. 贷款(有可靠的担保品的贷款)利率的变化,部分取决于建立新企业和扩建老企业获得高额利润的前景,部分取决于相对于现有企业的扩建和新企业的创建的资本供给量。(272)2. 所谓汇票的贴现率,就是从汇票的票面金额中扣除的利息。它的弹性和易于根据每一笔垫款的具体情况而作调整的性质,使它在迅速调整自由资本以适应其需求的过程中起了主要作用。(273)3. 英格兰银行对贴现率的及时调整,常常阻止信贷的过分扩张,这种扩张如果不加阻止,就会像落在陡峭山坡上的雪球那样,越滚越大。(276)4. 关于如何有计划地在不阻止工业技术进步的条件下减少就业波动的初步意见。(278)5. 结束语。(280)

附录 A　关于货币进化的注释 ………………………… 282

1. 一种方便的交换媒介,甚至在原始时期的各家族集体之间,以及由这种集体而扩大的部落之间的交易中,都是需要的。(282)2. 甚至在不同各个人间和不同阶级间的关系主要受习惯和强力支配的时期,在集市上也曾流行自由买卖;因而那里必然要有"通用"的交易媒介。(283)3. 原始形式的货币所发挥的作用。(286)4. 两人间物物交换的不确定性。(288)

附录 B　物价统计方面的一些困难 ………………………… 292

1. 现代物价统计所包括的范围,小于有经验的商人和家庭主妇对物价的印象,但其准确性却便于批评,并能避免严重的错误。(292) 2. 一系列很长时期的平均物价(普通叫做算术指数)的缺点。(294) 3. 如果一种指数的上升,主要是由某些奢侈品及其他有替代品的商品的稀缺造成的,则价格的实际上升一般要大大低于指数所指出的情况。(295)4. 关于使用算术指数的另一些注意事项。(297)5. 几何指数的优点和缺点。(298)

附录 C　关于金属通货的图解 ………………………… 301

1. 以图解形式抽象地说明孤立国家内(1)黄金需求、(2)黄金准备及(3)现时价值之间的一般关系,并说明由此而引起的黄金生产率经常变化的趋向。(301)

附录D　资本的利息和使用资本的利润……………………… 305

1. 对担保不充分的贷款索取的利息,其中包括一些保险费,以及谨慎从事、正确判断人和事的报酬。(305)2. 在大企业中,有些管理的收益列为薪水;在小企业中,有一些工作的收益列为利润,以致小企业的利润率与大企业的利润率比起来,表面上较实际为高。(310)

附录E　关于银行发展的注释,特别着重英国的经验 ……… 314

1. 银行的起源。意大利和荷兰的企业。(314)2. 许多大银行可在兑换货币业务中找到其起源;这种兑换业务由于每种通货都有缺陷而很难进行。"银行货币"一词的初期应用。(315)3. 中世纪后期银行的各种职能。(318)4. 英格兰银行的起源。(320) 5. 英国银行业范围的扩展。(322)6. 在拿破仑战争时期英格兰银行与政府的关系。(326)

附录F　国际贸易统计 ……………………………………… 329

1. 国际贸易统计资料如此之多,以致其中有些必然收集得很仓促和粗糙,准确性不是那么高。(329)2. 同时观察某一年或若干年内有关各种经济趋势的统计记录的方法。(331)3. 一国贸易和经济情况的变化,往往在很大程度上是由别国情况的变化引起的;某一变化带来的主要结果常常要在若干年后才表现出来。所以,解释任何一国和任何一年的统计资料时,必须广泛地研究其他国家和其他年份的统计资料。(333)

附录G　通货基础不同的国家之间的贸易…………………… 337

1. 一个通货建立于贵金属基础上的国家和一个通货为不兑现纸币的国家之间的贸易。(337)2.通货建立在不同金属基础上的国家之间的汇兑。(339)

附录H 国际价值与比较成本的关系 …………………… 343

1. 国内贸易价值关系与国际贸易价值关系之间的差别。(343)2.在假定国际运输费用不大时,最能看清国际贸易问题的主要特征(特别是它与比较成本而不是与绝对成本的关系);这里最好是考察具有不同的自然或人为生产条件的两个相邻岛国的情况。(344)3.继续讨论上述论点,并考虑到两个民族之间精力和能力的可能差别。(348)4.继续讨论同样论点,并考虑到国际运费。(349)

附录J 以图形表示一些国际贸易问题 …………………… 352

1. 决定曲线形状的条件,这些曲线用来表示国际贸易供求的各种情况及其与国际价值的关系。(352)2.以图形表示各种正常条件下的国际需求弹性。(354)3.在人为的简化条件下,用图解来表示一国得自对外贸易的净利益。(360)4.在某种和实际贸易的正常情况没有很大出入的前提下国际供求均衡的稳定性。(363)5.E和G的各种不同程度的需求弹性,分别影响它们之间对贸易条件的改变,这种改变是由于E对G商品的需求增加而引起的,现以放大的图解来说明前面对这些影响的研究。(365)6.以图解来研究E和G各种不同程度的需求弹性对它们之间贸易条件变化的影响,这种变化是由于E对G商品需求减少而引起的。(368)7.用图解方法来说明E征收的输入税对G的损害(假定这种输入税已达到能减少G的一部分很不富于弹性的需求的地步),并用图解方法来说明G如何利用E欠它的债务来抵制E。(372)8.单独研究资本和劳动在生产一个国家的输出品中的递增收益倾向有一些障碍。(375)9.如果作以下极端的假设,即两个假想的国家,每国只和对方从事贸易,

对其少量商品的需求很迫切,而对其大量商品并无用处,那么在它们之间就可能有几个稳定和不稳定的相互交替的均衡位置。(377)10.在特殊供给情况下,一国的输出往往呈现出强烈的收益递增倾向。由于静态方法不适用于表现这种倾向,因而表示特殊供给情况的图解没有实际意义。(380)11.简要论述在一切可以想象的相互供求条件下,只彼此贸易的两国中,一国征收普通进口税所产生的奇特结果。(382)

人名对照表…………………………………………………………390

序

本书是一套书中的第三卷。该套书的主要目的是研究人类为达到其物质生活的目的所作的努力，探索改进人类活动的可能性，以增加世界各民族控制其资源的能力，使他们更好地发挥其才能。

该套书的第一卷，即《经济学原理》，出版于1890年，强调了主要经济研究工作的连续性。“正像鸟类和兽类虽然形状上大不相同，但在它们的躯体中都有一个基本观念一样，供求平衡的一般理论也是贯通分配和交换的中心问题之各部分结构的一个基本观念。……劳动价值理论和劳动产品价值理论是不能分开的……即使在细节问题上两者之间存在差别，但经过研究后可以知道，大部分是程度上的差别，而不是种类上的差别。”①

许多原因推迟了我的工作，《工业与贸易》一书的写作花费了将近三十年时间。我在那部书的扉页上引用的警句是：多中有一，一中有多。“每一种工业和每一种经济制度的形成都是由若干种倾向造成的，因此，对经济领域中任何一部分作彻底的具体研究，都须对各种不同倾向的相互作用作仔细的分析。另一方面，几乎每一种重要的倾向都为其活动的环境所改变，所以要对它作彻底

① 《经济学原理》第一版序言，1890年。

深入的研究，必须涉及许多领域。该警句补充了我在《经济学原理》一书的扉页上引用的警句：自然界没有飞跃。这就是说，经济的发展在其数不清的每一条道路上都是逐渐的和连续的。”①

《工业与贸易》一书“研究了工业技术和商业组织以及它们对各阶级和各民族的状况的影响”。接下来我打算研究“可利用的资源、货币与信用、国际贸易以及社会的努力”对人类的生活和工作条件所产生的影响。但这项工作很繁重，不是一时可以完成的，因此，似乎最好是不要再推迟这一卷书的出版，而这卷书只完成了这项工作的一半。另一半工作进展甚微，虽然我已进入老年，但我还是希望，有一天能把我关于社会进步可能性的一些看法公之于世。

马 歇 尔

1922 年 8 月于剑桥巴里奥·克莱弗特

① 《工业与贸易》序言。

绪 论

1. 现代有关经济民族主义的概念，起源于古代许多小国家的愿望，后来被中世纪的城邦所发展，并经由它们通过荷兰传到了英国及其他国家。[①]

“国际贸易”这个词的严格意义，似乎是指各国之间集体进行的贸易而言。但按照一般的用法，它主要是指一个国家中的个人和其他国家中的个人所进行的贸易的总和。

正如水道受山形的影响一样，主要的贸易路线受着周围工业之间的关系的影响；但正如河流反过来影响山形一样，贸易也反过来影响工业。进一步说，一个国家的工业和贸易都包含有民族理想和民族统一的意义，因为两者都是国家生活的一部分，并都体现出它的许多特征。

李斯特曾指出，只有当一个国家通过工商业的共同利益而达到某种程度的统一时，才能出现真正的民族精神。国家的统治阶级固然可以利用他们自古就拥有的交通上的便利来达到其一般的政治和军事目的，但要发展工商业中的民族精神，仅只这些就不够

① 本书和《工业与贸易》一书是相互补充的。但最好是先简单地介绍一下现代国际关系中的一些主要先例。

了。因此，在布鲁日或安特卫普、威尼斯、佛罗伦萨或米兰的精神遍及于全国以前，国际贸易这一概念一直没有得到充分的发展。荷兰作了领路人：它并吞了许多声望已经很高的城市。它的水路交通大大促进了它的统一，并帮助它防御了已经征服了“低地国家”南部的那些军事大国的入侵。虽然它不得不把很大一部分力量用于自卫，但还是维持了工业和贸易中的民族统一精神。就荷兰来说，或许应该说是“贸易和工业”中的民族统一精神。

在英国，尽管地方上享有很大的自由，但并不是绝对的自由。不过，英国的主要城市实际上有力量和意志来自由地发展它们自己的个性。直到最近，除水运之外，长距离的大量运输还非常困难，使得每一个城市都能发展它们自己的生活方式并完全按照自己的意志行事。每一个城市与其周围农民的关系，在许多方面类似后来一些欧洲国家与其殖民地的关系，乡村的老百姓以邻近的城市为其农场产品的主要市场，同时除冬季可以在其农舍中制造的物品以外，又向邻近城市购买几乎一切的制造品。

在同西班牙阿曼达舰队的冲突中，首当其冲的各郡，表现了它们的海上力量，西部同胞曾以此为骄傲，这是人所共知的，也是全国所赞许的。甚至在今天，尽管兰开夏郡、约克郡和其他一些郡的人与工业没有直接关系，但他们却津津乐道于这几个郡的经济优势，这表明，早年那种对本地工业的炽热感情至今仍未断绝。随着中世纪转入近代时期，这种感情也发展成为对民族工商业的富有爱国心的自豪感，由此，英国人也就跻身于世界第一流商人之列。促使感情发展的原因有许多，但其中大多数都与整个英国境内迁居人数的增加、旅游事业的发展、邮政制度的建立以及报纸的普遍发行有关，虽然在铁路时代以前，较边远地区之间的相互直接了解还不很多。

现在许多工匠和非熟练工人都可以在不止一个郡里找到工作。现在旅行很方便，公立教育的发展在减少方言，这些必然削弱过去的所谓“乡土观念”。但即使是现在，人们仍常常为本州过去的历史和现在的活力而感到骄傲。德文郡人仍然为他们曾直接挫败西班牙阿曼达舰队的主要冒险计划而感到高兴。工匠们至今仍为本都生产的某些高级产品赢得的信誉或这些产品在露天比赛中取得的胜利而感到无比的自豪。

2. 在亚当·斯密的时代，安定的政治环境、良好的道路和印刷机大大促进了英国各知识阶层的紧密结合，但地方利益仍然经常高于国家利益。

在亚当·斯密著书的时候，工人以及个别工业部门在英国国内的迁移已大大摆脱了——或者可以说已摆脱了一半——中世纪的那种束缚，而具有了现代的一些特点。妨害国家利益的地方障碍已经减少，旅行已几乎没有危险。道路也较为通畅。中上阶层和少数体力劳动者已能阅读。报纸在国内已成为一种力量，虽然其消息和报道还很少对那些急欲迁居以改进生活状况的工匠们有所帮助。所以亚当·斯密坚持说，“人是一切行李之中最难搬运的东西。”①

我们希望，语言学和其他方面的研究将说明中世纪英国国内

① 他说，在伦敦或伦敦附近，劳动的一般价格为十八个便士，在八英里以外，降到十四到十五便士。在爱丁堡为十个便士，在几英里以外降到八个便士。1838 年麦克库洛赫在为这段话加的注释中说，“道路、运河、铁路及轮船”已大大减少了这些差别。（那时运河的作用当然比铁路大得多。）据他估计，“全国的平均工资约为（接下页）

工人迁居的历史。当这种历史附有地方工资变动的统计数字及普通工人所消费的主要谷类价格的统计数字时，则关于现代经济发展对迁居有其影响的结论就有了根据。但现在我们对过去似乎看得还不很清楚。[①]

一般的规律是，从长远来看，凡对国家利益有害的活动，都不会增进地方上的特殊利益。因为一个地区采取狭隘的政策会导致与其相邻的地区采取同样政策，从而阻碍工人在国内的迁移，使人不能尽其才。从长远来看，每一地区的进步，在很大程度上取决于邻近地区对其买者和卖者所提供的市场范围，取决于它从国内其他地区所得到的启发，并取决于它从外部吸引有用的专门人才的能力。因此，一般说来，自私的政策是愚蠢的政策。

在这方面，应该指出的是，习惯的工资率，无论是对国内的移居还是对向国外的移居，都不是只产生不利的影响。如果某一村庄习惯上给予农业劳动力相同的工资，则凡比其邻人强壮的人，如果留在本地，他的工资就不足以偿付其劳务。因此，即使他在本地所得的工资较接近于他的劳动价值，他如果移居到城市或移居到

(接上页)二十个便士到二个先令一天。”当时英国在一般情况下农产品自给自足，因而在用这些数字及所有其他与此相类似的估计数字同现在的数字进行比较时，必须考虑到，当时乡村的面粉价格一般大大低于城市，而且那时普通工人用于面粉和面包上的工资比重，比现在要大得多。

① 如果经济史学家可以获得充足的资料，则一部英国工资史就应该以许多典型地区的连续的工资变动纪录为依据，并说明(或至少是合理地估计)每个地区给予自由放牧地带多少补贴和其他特权。在这方面，罗杰斯作了很有价值的工作，他似乎知道，必须克服一些困难，才能对从前整个英国各种工人的实际工资的一般比率或平均比率作出可靠的估计。就以实物来支付工资而论，为此目的而选择的谷物不可能保藏得很好，因为当时没有现代那种收割和运输工具。

工资较高的农业地区,也会得到更多的工资。

亚当·斯密告诉我们,“五十多年以前,伦敦近郊的一些州郡,曾向议会请愿,反对把征收通行税的道路扩展到偏远州郡。它们所持的理由是,如果这样,那些偏远州郡,由于劳动低廉,它们的牧草和谷物,将以比附近州郡低的价格在伦敦市场上出卖。伦敦附近州郡的地租将因此而下降,它们的耕作事业也将因此而衰退。然而,从那时以来,它们的地租却增高了,它们的耕作事业也改进了。”

但是,斯密似乎没有充分地估计到自然选择会使某一效率等级的劳动收入相等,同时又扩大不同地区标准工资的差别。我们将看到,在把国际价值的一般理论应用于现在的实际问题时,这一点具有非常重要的意义。上一世纪初期,英国南部农业地区的男人、女人和儿童因受到人为的鼓励而迁到兰开夏纺织区,这减少了北方的工人,增加了南方的工人,从而使平均工资趋于相等。另一方面,“自然选择”虽然会使各个效率等级的劳动收入趋于相等,但也往往扩大不同地区平均收入的差距。因为能干的人倾向于离开得不到高工资的地区,从而使那些没有离开的人更容易地保持甚至提高他们的工资。同时,这种迁居有助于缓和进步地区缺乏工人的现象,并阻止这些地区平均工资的过度增长,而他们自己的收入比在家乡时更接近于他们的效率。

3. 在近代,便宜、方便和迅速的交通工具,以及通俗报纸和普及教育的发展,促进了强烈的民族精神的高涨。

道路和公共马车的改进,便利了以后两代工商业领袖之间的交往,但给工人阶级带来的好处却比较少。不过,运河船运是很便宜的。同样，印刷术和邮政组织的不断进步，促进了全国富人和商人阶级的彼此接触，但对目不识丁的广大群众却没有带来什么好处。的确，经济民族主义是从知识阶层传给其他阶层的，但当时人口对粮食的压力，还没有因自由的、便宜的粮食进口而得到缓和，由此出现了阶级敌视，人们被分成了穷人和富人两大类。那些操纵议会的阶层残酷地滥用政治权力，使十九世纪的大部分时间蒙上了一层深深的黑影，甚至现在还可感觉到它妨碍民族统一的影响。不过，体力劳动阶级最后还是取得了显著的优势，如果有好的领导，他们将能够不念旧恶，而为了整个民族的利益来管理国家。

普及性教育、价格便宜而消息迅速的通俗报纸以及舒适而便宜的铁路旅行，终于克服了阻碍整个国家经济彻底统一的几乎所有困难；这种彻底的经济统一，过去常常被人们认为只有结合紧密的工商业城市才能达到。在以往的商业城市里，人们之间的来往完全靠嘴，鼓吹某一经济政策的人只能通过嘴把他的想法传达给对此感兴趣的人，而现在，对任何重大问题的重要意见都可以通过报纸传达给整个工人阶级，因为有许许多多的人认真读报，他们善于独立思考，并能够影响别人。因此，在不同阶级中没有根本不同利益的一切方面，几乎都实现了彻底的经济统一。讨论消除了误会的阴云和利害冲突的幽灵，使人认识到不存在根本的利害冲突。但讨论也使人们在一些次要的意见分歧上纠缠不清。最近的欧战及随后的社会动荡，又重新引起并扩大了一些严重问题。特别是在几个国家，尤其是英国涌现出了工人阶级的一些优秀分子，他们思想深刻，敢于穷追不舍，不管最后会得出什么结论。以上事实充分说明，应帮助工人阶级透彻地研究那些有利于或不利于经济进步的因素，特别是那些模糊不清的因素。①

尤其要着重指出的是，在人民具有独立性和果断性方面，在能够很容易地维护自由与秩序和严格执行平等法律方面，在资本的充裕以及工业领袖具有巨大的创造性方面，英国现在已不像以前那样远远胜过几乎所有其他国家了。在所有这些方面，一些国家已接近英国。在有些方面，海外讲英语的其他一些国家已超过了英国；导致这种变化的部分原因是航海技术的不断提高，不仅英国自己的许多最强壮、最有冒险精神的国民利用了这种技术，而且欧洲大陆上的竞争对手也利用了这种技术。

4. 各种不同因素促进了国内的移居，使国内得到了有效的调整，但这些因素并不同样有利于向国外的移居，因此，论述“国际价值”问题，就需要采用一种不同于论述本国产品相对价值的方法。

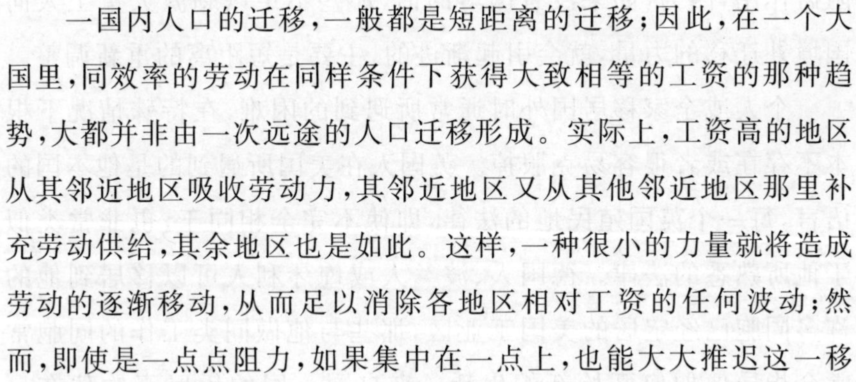

一国内人口的迁移，一般都是短距离的迁移；因此，在一个大国里，同效率的劳动在同样条件下获得大致相等的工资的那种趋势，大都并非由一次远途的人口迁移形成。实际上，工资高的地区从其邻近地区吸收劳动力，其邻近地区又从其他邻近地区那里补充劳动供给，其余地区也是如此。这样，一种很小的力量就将造成劳动的逐渐移动，从而足以消除各地区相对工资的任何波动；然而，即使是一点点阻力，如果集中在一点上，也能大大推迟这一移

① 在著名的修正法案通过的第二年，议会第一次批准的教育经费好像是二万英镑。后来议会又大大向前迈进了一步，批准了小学的教育经费；这是在 1846 年大动乱的初期批准的。这一动乱遍及全欧，在 1848 年达到了顶峰。1862 年罗维的修正案更进了一步。1870 年的福斯特法案是一系列法案中的第一个，这一系列法律使得工人阶级子女的教育比半世纪以前许多中产阶级子女的教育更趋完善。

动。这种情况与管子所联结的许多水桶的情况相似。当各个桶里的水都保持在同一水平面的时候,如果在一个桶里加进一点水,这整个水平面就会很快地发生变化,虽然这个推动力很小,而且任何桶里的水只是流到了邻近的桶里。同样,同等劳动的工资,在许多小力量的推动下,在全国范围内会趋于相等。往往没有必要引诱工人,尤其没有必要引诱其全家远离亲友,迁到远方。因为,就业机会多而人口较稀的那些地区很容易从其邻近地区吸收劳动力,而这些邻近地区,如果需要的话,又可从其邻近地区吸收劳动力。这样,在一大地区内,就可保持大致相同的水平,虽然保持这个水平所必需的人。迁移,大都是短距离的迁移,并且都是一些较小力量所引起的。毫无疑问,越过国境的短距离的迁移有时比国内长距离的迁移还要容易。但这并不是说,国境对劳动力的调整没有阻碍作用,因为,如果没有国境的话,那些不足以刺激大量工人向国境外迁移的力量,就会引起渐进的、主要是短距离的重新调整。

个人或全家移居国外时通常所遇到的困难,在特殊情况下根本不存在或者很容易克服掉。英国人在美国所遇到的是他本国的语言,每一个英国殖民地的法律,即使不完全相同于,也非常类似于他所熟悉的法律。德国人、波兰人或匈牙利人可以移居到他的许多同胞已经定居的美国工业区,那些与他做同类工作的同胞常常会指导他如何开始新的生活。来自同一国的侨民喜欢住在一起,这在某种程度上保存了他们的旧消费习惯,因此,他们对移入国输入物品的性质影响很小;侨民们一般都接受其移入国的工业生产方法,因此对该国输出物品的性质也只发生极小的直接影响。[①]

资本的输出,不管资本家是否同去,都会碰到一些困难,这些困难,与那些阻碍个人或全家出外谋生的困难有相同之处,也有不相同之处。任何一个大资本家,特别是如果他本身就是个商人的话,比起那些只有一肩行李的人来,都更容易自立,对亲友的依赖也较少。例如,他可以很容易地在遥远的国度设立支店,不久他就可能专心致力于他的支店。不管怎样,他可以把同新同胞打交道的大部分事情,委托给他的主要助手去办理。他有了两国的经验,比那些只熟悉一国情况的人,处于较为有利的地位。在决定是否贷款给某个顾客和获取大宗款项以应急需方面,他可能会碰到一些困难。这些都是小事情,但在其他条件相同的情况下,资本家一般宁愿在本国投资,而不愿在国外投资,这种倾向意义深远;我们之所以必须以不同于研究国内贸易的方法来广泛地研究国际贸易,其主要原因就在于此。

如果不考虑战争等突然事件,向国外投资现在确实比以前容易和安全,但两种内在价值相同的投资,在盈利和心理方面,国内投资仍优越于国外投资。因为,有关国内投资的情报比较容易获得,也比较容易检验。收取国内投资的收益不那么费力,用费也比较少;如果到期收不回资本,国外投资在商业上和法律上的困难都

① 当移入的工匠是具有高度专门技能的人(他们通常是为了逃避宗教或政治迫害而离开祖国的,尽管有时也由于另一个国家的使节挑选他们充任其人民的工艺教师而离开祖国)时,情况则有所不同。这时,外国工匠的移入,一般有可能导致高级品输入移入国。现在的移民一般都迁到教育水平高于老家的国家,这使他们的子女很容易被同化。

较国内投资大得多。

埋藏在人性深处的根由是下面一些事实的基础:国家通货已成为国家统一的主要标志;铸币权已成为最为宝贵的统治权;硬币让位于信用证券以后,国家银行系统已成为国家贸易的核心;国家金融市场的统计与国家的进出口贸易统计一道发展壮大,而这一切都与国家的钱袋联系在一起,这个钱袋是由共同的努力装满的,并在和平时期和战争时期的一致奋斗中,用于实现国家的理想。

毫无疑问,现代交通工具的发展正在使国境内和国境外的迁移都更加容易,并更有吸引力。但由于与一百年前相同的原因(虽然在程度上与一百年前有所不同),国家的团结一致仍然主要是由下面二个事实所造成:第一,一般说来,资本家喜欢国内投资的程度,要略高于他喜欢有同样成功希望、有同样高利可图的国外投资;第二,对于同样困难和艰苦的工作,只要所获得的工资和其他的物质利益可望有所增加,一般就足以吸引人们在国内迁移,而不向国外迁移。

从上面的论述,我们得出的结论是:地方利益较之亚当·斯密的时代有较多的建设性和较少的阻碍性。其所以有较少的阻碍性,是因为移居、教育、印刷机和电报已把地方利益融合于国家利益之中。由此,地方利益就有了更多的建设性,因为它们除非与增进国家工商业的大运动结合在一起,否则便不可能有效地达到自己的目的。

这种变化使事实与亚当·斯密以之为出发点、而由其信徒们所发展的那些假设更为一致了。这些假设的大意是,某一西方国家内各地区、各行业之间的劳力转移非常容易和迅速,因而证明了下面这个假设：一般说来，工作难度相同、有利条件与不利条件亦复相同的行业，其工资在全国基本上相等；而且，每一个西方国家的银行和信贷机构使资本迅速地流到国内那些利润足以补偿风险和困难而有余的工业中；其结果是，纯利润在全国基本保持一致。

这两个主要事实，为国内价值学说，即同一国家内制造的产品的价值学说，提供了基础；当然，其条件是任何一种产品都不受垄断集团的控制。这些事实意味着，对国内某一类产品的需求如有增加，劳动和资本一般就将从其他行业逐渐转向与这类产品有关的工业；因而，过一些时候，这些产品的交换价值与生产它们所必需的劳动和资本的数量和质量的关系又和以前大致一样。我们需要特别研究国际价值，因为关于国内价值的说明并不适用于国际价值。

有关国内价值的说明之所以不适用于国际价值，是因为，如果一个国家对其他国家的商品需求持续而大幅度地增加，那么在其他条件不变的情况下，将使其商品的交换价值低于其他国家。由此可能刺激更多的人迁移到那些需求相对增加的国家里去；但这种影响不会很大，因此，该国工业中的劳动和资本，相对于要求它们具有的能力、表现的热情和作出的牺牲而言，所得到的报酬将减少。

任何国家贵金属的价值，都主要取决于该国的对外贸易方针，而对外贸易方针本身又取决于该国对一般购买力即硬币的需求。关于硬币价值问题的这个方面，单独来研究较为方便。这样研究以后，在考察每个国家对进口商品的有效需求时，便能够很容易地研究那些决定贵金属的国际分配及因之而形成的各国硬币的一般价格水平的原因。当然,有效需求包括立刻交货的等价商品或根据国际信贷协定延期交货的等价商品。这些协定之中有些细节很复杂,但所依据的一般原则却很简单和明确。

第 一 编

货　　币

第一章[①] 货币的职能

1."货币"一词的各种用法。

在使用"货币"和"通货"这两个词时,人们有时取其狭义,有时取其广义。它们首先是指这样的交换媒介,这些交换媒介可以在彼此互不相识的人们中间自由地流通,并因此而转移在其表面标明的一定数额的一般购买力的支配权。这类货币首先包括由主管机关发行的,不能用剪刀或其他方法加以损坏的所有铸币。其次包括政府或其他主管机关发行的纸币;后一类中既包括官方监督下的银行发行的银行券,又包括其他一些声誉好的银行发行的银行券,这种银行券在平时也可当货币使用。但在信用发生波动的时候,真正能作为货币的银行券只是"法币",也就是在还债时不能拒绝接受的银行券,英格兰银行券就享有这种超级特权。

"法币"这个词使人联想到,在信用好和信用坏的时候,商业支付所需的通货数量相差很大。在信用好的时候,人们一般不急于收回他们所有的放款,也不挑剔还债的方式;私人支票和普通银行券同样被人接受。但当信用波动的时候,如果不用通货和法币来偿还债务,他们就要仔细考虑了。也就是说,恰恰在最需要货币来执行

① 附录A属于本章。

其职能的时候，它的实际数量反而有减少的危险。

上述事实告诉我们，同其他大多数经济术语相比，使用“货币”这个词有较大的伸缩性。[①] 在有些研究中，按照狭义来使用这个词或许方便些，而在另一些研究中，则按其广义来使用较为适当。但人们虽不是绝对地，却一般地同意，如果没有相反的意义，“货币”可以看成是“通货”的同义语，所以它包括一切不管在何时何地，作为购买商品和劳务及商业支付的手段，能够不受怀疑或调查就“通行”无阻的东西。因此，在现代高级社会中，货币包括政府所发行的一切硬币和纸币。

声誉卓著的银行发行的银行券几乎也可列入这一类，因为实际上，在正常的情况下，人们都按照其十足价值，毫不犹豫地使用这种银行券；因此，除非在上下文中有相反的解释，我们将把这种银行券视为货币。[②]

同时，必须承认，私营银行钞票的偿付能力只是个程度的问题；特别是在信用激烈动摇的时候，似乎应当把只依靠私人机构信用的钞票和由政府严格控制，保证以本位币偿付的钞票区别开来。[③]

---

① 在《工业与贸易》的附录A第2节中，有关于使用经济术语时需要伸缩性的讨论。

② 实际上，这就是沃克在1878年所竭力主张的定义；这一定义已为一般人所接受。

③ 甚至有一些研究认为最好只考虑那些有十足“法偿”的钞票，也就是说，只考虑债务人如不能履行其偿还责任，须负完全法律责任的那种钞票。没有一个负责的政府会把法偿权让渡给一种钞票，而不采取充分的预防措施，以保证这种钞票将能兑换成政府直接担保的通货，从而使这种钞票几乎和通货处于相同的地位。但如果债务人以一般银行的钞票清偿其债务，债权人可以不接受。即使被债权人所接受，如果发行银行在债权人没来得及兑换以前即已倒闭，债务人仍须负责。

以上论述意味着，良好的硬币制度中的每一组成部分的价值都是明确固定的，并普遍地被认为是本位币的一部分。本位币这个词有点含糊不清，但根据其严格的意义，它指的是那种在某国造币厂可以自由铸造，不收铸费或收费极少的硬币，因此，其价值完全等于用来铸造它的金属的价值。一般说来，不兑换纸币的每一组成部分都是建立在信用的基础上，不管其信用是否有坚实的基础。①

2. "金融市场"是运用货币的市场；在金融市场上，"货币的价值"在任何时候都等于贴现率或短期贷款所收的利率。

虽然早期的银行业务大部分都与货币交换有关，但在现在的"金融市场"上并不大规模地从事各种通货的买卖。事实上，它是贷款或预付款项的市场。就这一点而论，"货币的价值"实际上是一定数额的现款价值按一定比例超过将来偿付款项价值的那一数额。偿付期限一般是三个月；因此，"货币的价值"就是三个月以后到期的票据的贴现率或相当于这一贴现率的年率。②

上世纪初期在英国的一些工业地区，主要的支付手段（有时甚至被说成是"通货"）是汇票；有些汇票在到期时，其背面竟有上百个人的签名。另一种唯一可以大量使用的通货是本地银行发行的钞

---

① 正如达纳·霍顿在《银镑》一书的引论中所指出的，"本位通货"有时指标准成色的基本硬币；有时只指一般用来计算的硬币，不管它是否具有无限的法偿能力；有时则指法币，而不管其构成如何。

② 但有时年率或货币的价值是指几天的"短期贷款"或"即期贷款"的利率而言；即期贷款是指当日或"隔夜"归还的贷款，所谓隔夜就是从今天的办公时间即将结束时到第二天办公时间开始不久时的那段时间。一般要根据具体情况确定指的是多长时间。为了方便，金融市场往往把银行或其他一些人愿意根据上述任何一种条件贷出的现款额说成是金融市场的现有"货币量"。

票；由于许多银行都陷入了困境，人们常常认为汇票上背书者的担保比附近银行的担保还可靠些。但是，既然汇票除非每一个接受者认识至少一个背书者，否则便不能随便流通，而又没有一种简便方法来确定某一汇票是否符合这个条件，所以称这种汇票为货币的代用物比称它为货币或通货要妥当些。

还应该指出，汇票离到期日越近，其价值越高，也就是说，汇票既是偿付货币债务的手段，又是持有者的收入来源。从这一点看，与一张可靠的支票比起来，汇票更不应当列在纯货币之内，因为持有支票者不像持有汇票者那样可以得到收益。

当支票送到银行兑现时，银行必须付出通货，但持票人很少会要求提出大量现款，除非是为了发工资之用。在商业或其他支付关系中，大面额支票几乎总是转给另一个人。结果是，这个人在他的来往银行的账目上加上这笔金额，而出票人则须在他的来往银行的账目上减去这个金额；并无须转移现金，而只是转移对现金的支配权；一般都用下面这句话表达这种情况："用票据支付"。[①]

3. 只有当货币的一般购买力不激烈变动时，货币才能有效地履行其职能。[②]

如只是为了眼前的（现时的）交易，货币只须是一种有明确标记的、易于携带的、被普遍接受的交易媒介就够了。任何东西只要从

① 存款银行本来是金匠铺或保管贵重物品的银行，后来著名的阿姆斯特丹银行发行了可以转让的现金存款所有权的证明书；只要银行靠得住，人们就可以正确地称存款为"货币"。

② 本节摘自1887年3月号《现代评论》中《一般价格波动的一些补救措施》那篇论文；这篇论文中的有些话也录入了我的《原理》第6卷第6章第7节论计算资本利息的那段文字。

习惯或当局的法令中获得相当威望，即使没有任何其他直接的用途，即使离了这种威望便没有任何价值，也能满足这种条件。从威望中产生的信用有时很脆弱，这部分是因为易于被其数量的过分增加所破坏。因此之故，甚至对于眼前的交易来说，没有一样东西是令人完全满意的媒介，除非由于其生产成本或由于其他比习惯和当局法令更稳定的因素，使其供给受到严格的控制。当然，在通货充当眼前交易的良好媒介所需要的价值稳定性，与通货充当长期契约和延期支付的价值标准或储藏器所需要的价值稳定性之间，不可能划出严格的界限，只是程度上的差别而已，但这种差别的一般性质是明确的。①

如上所述，货币的主要职能分为两类。货币首先是当场买卖的交换媒介。它是"通货"，是人们装在钱袋中的实物，可以从一个人的手里"流通"到另一个人手里，因为它的价值一眼就能辨认出来。金、银以及以金银为基础的纸币，极为出色地执行了货币的这第一种职能。

货币的第二种职能是充当价值标准或延期支付的标准，也就是用来表明一般购买力的数量。用它进行支付可以履行长期契约或清偿长期商业债务；因此，价值的稳定性是其主要条件。当然，很难对"价值的稳定性"这个词下一准确的定义。因为，当某些价格上

① 应该指出，对于眼前的交易来说，交易媒介是价值的公分母的具体形式；实物可以最有效地执行储藏价值的职能，因为实物可以为延期支付确立可靠的价值标准。这两对具体和抽象的东西，可分别看做是短期和长期交易中相互补充的东西。货币一直在执行着或多或少与此相类似的次要职能。卡尔·门杰教授在《政治学袖珍词典》中的"黄金"词条下对此有全面的论述。

涨,而另一些价格下降的时候,就无法准确地弄清由此而引起的货币的一般购买力的变动。这一问题下面两章还要进一步讨论。

拥有一种可靠的延期支付标准,对近代具有特别重要的意义。在文明的早期,商业契约很少拖得很久;远期偿付契约也很罕见,很少被人采用。但现代商业活动的很大一部分却是由这种契约构成的。国民收入的很大一部分是以政府公债、私营公司债券、抵押单和长期租约等固定货币支付的形式归于最后的收款者手里。国民收入的更大一部分是薪水和工资,其名义价值的任何变动都会引起很大的摩擦,因此,薪水和工资的名义价值保持不变,已成为一般规律,尽管其实际价值经常随着货币购买力的每一变动而变动。

最后,现代工商业的复杂性,使得企业的经营落在少数具有特殊才能的人手里,而大多数人则把他们的大部分财富借给别人,而不是自己使用。因而很不幸,每当一个人借款来投资于自己的企业时,他都要冒双重风险。首先,他要冒这种风险,即相对于其他物品而言,他经营的东西将会跌价;这种危险是不可避免的,必须忍受。他还要冒另一种风险,即他偿还借款的标准,可能不同于他借款时的那个标准。

我们都模糊地意识到投机因素被无益地引入了我们的生活,但我们当中几乎没有人认识到投机因素的巨大作用。我们常说以可靠的利率,例如5%的利率借出或借入资金。如果我们有一个真正的价值标准,是可以这样说的。但事实上,除碰巧外,这是谁也做不到的事。举例来说,假定有人借了一百英镑,按照契约将在年底偿还一百零五英镑。如果在这期间货币的购买力上升了10%(或者说,一般价格下降了十分之一),那么同年初偿还这笔债款相比,他必须多出售十分之一的商品，才能得到他必须偿还的那一百零五英镑。在他经营的商品的价格与一般商品相比没有变动的情况下，他必须售出值一百十五英镑十先令的商品以偿还一百英镑借款的本利。除非他手中商品的价格上涨15.5%，否则他便会遭受损失。虽然名义上他支付了5%的利息，但实际上他却支付了15.5%的利息。

另一方面，如果物价的上涨使货币的购买力在一年中下降了10%的话，他就可以从年初值九英镑的商品中得到十英镑，也就是说，年初花九十四英镑十先令得到的商品现在可以卖得一百零五英镑。这样，他借钱不但不用支付5%的利息，反而可以得到5.5%的利息。

这种变动的结果是，当物价可能上涨的时候，人们都竞相借款和购买商品，从而促使物价进一步上涨。经济因此而膨胀，管理混乱，浪费严重。那些靠借入资本经营企业的人，所还款项的实际价值要低于所借款项的价值，从而富了自己，损害了社会。

薪水和工资如果不是按照物价来计算，即使发生商业波动，其名义价值也总是基本保持不变。如不经过很多的摩擦，烦恼和损失很多时间，薪水和工资是很少发生变化的。正因为它们的名义价值或货币价值是固定的，所以它们的实际价值在变动，而且是朝相反的方向变动。当物价上涨，货币的购买力下降的时候，薪水和工资的实际价值在下跌；因此，正是在雇主的利润达到最高水平的时候，他付出的实际薪水和工资却比平时还少。他因此而过高估计自己的力量，从事投机事业，直到形势发生变化才住手。

随后，当信用被动摇，物价开始下跌的时候，人人都希望出售商品，获取价值正在迅速增长的货币；这使得物价更为迅速地下跌，而物价的进一步下跌又使得信用更加紧缩，因此，在一个长时间内，物价由于已经下跌而继续下跌。在这种时候，雇主会停止生产，因为他们害怕他们出售制成品的时候，物价会比他们购买原料时更低。在这种时候，为了劳资双方及整个社会的利益，雇工拿的工资应比繁荣时少。但实际上，因为薪水和工资是以价值正在增长的货币来计算的，所以如果雇主不能减少货币工资的话，他们这时付出的实际工资比平时更高。而减少货币工资是一项很困难的工作，其部分原因是雇工们担心名义工资一旦降低，就不易再提高，他们的这种担心并不是完全没有道理的。因此，他们宁愿罢工，也不同意减少名义工资，尽管实际工资并不会减少。在雇主方面，罢工则正中其下怀；不管怎么说，减少生产将有助于其产品的销售。他们也许忘记了，任何一个行业停止生产，都会减少对其他行业的需求，如果所有行业都想以停止生产的方法来活跃市场，其唯一的结果将是，每人所消费的各种物品将会减少。他们也许担心会出现普遍的生产过剩，这并不是因为他们认为我们会一下子拥有过多的东西，而是因为他们知道，当长期的和平和技术发明增加了每个行业的生产时，货物量与货币量比起来会相对地增加，物价会下跌，从而借钱者，即商人，一般会遭受损失。

必须把物价的短期波动与物价的长期波动区别开来。当我们比较连续几十年的平均物价时，物价短期波动实际上是看不见的，但比较连续几年的物价时，就看得很清楚了。物价的长期波动在一年和一年的比较中并不明显，但当我们比较各个年代的平均物价时，则显得非常突出。造成物价长期波动的主要原因是贵金属的数量相对于必须以贵金属为媒介的交易量而言发生了变化，当然，还要考虑到贵金属随时可以把其职能交由钞票、支票、汇票及其他代用品来执行的程度发生的变化。如果可以使各个年代充当通货基础的金属的供应量保持一致，也就是使其根据商业的需要而按比例地增加，那么，物价的长期波动必将被大大缓和。这在某种程度上也可以通过除黄金外增添白银充当通货基础的方法来实现，但人们并不能担保，金矿的产量低，银矿的产量就一定高。历史告诉人们，情况可能与此相反，因为在勘察未开发的国家时，往往在这一地区发现银矿，在另一地区发现金矿，而有些矿床既产金又产银。①

常有人建议，最终应这样调整一个国家通货的供应量，以使每一单位通货的购买力与某一绝对标准紧密联系在一起。尽管这一建议受到了猛烈的攻击，但似乎没有理由认为它完全不可能实现。不过，在采取适当的行动以前，必须进行许多长时间和令人乏味的研究，这种研究甚至可能会长达几个世代，而且还须谨慎地作许多达到这一理想目的的试验。这里我们关心的只是这种建议所根据的主要思想。

提出该建议的人认为，在订立一些长期契约时，当事双方都希望避免金本位制所必然带来的危险。政府举债的时候，应让投资

---

①　1887年3月号的《现代评论》上有一幅图表描绘了这种情况。该图告诉我们，1782至1885年的物价大变动(杰文斯和索尔贝克在其标准图表中对此作了记录)，如果不是单独用黄金计算物价，而是一半用白银，一半用黄金计算物价，它恐怕到现在也不会有多大缓和。

附录A中简单谈到了以物易物的不便以及原始货币所起的作用。

者或者选择一定数量的金币的收益,或者选择能支配一定数量的、指定的、有代表性的主要商品的金币(或其他通货)的收益,这也许对大家都有好处。

第二章 一般购买力的计量

1. “一般购买力”这个词是有弹性的，使用时必须指出是按其广义来解释还是按其狭义来解释。对于计量古代或遥远地方的一般购买力来说，最好的计量单位常常是非熟练劳动或某种主要谷物。

“货币的一般购买力”这个词通常被合理地认为是指货币在某个国家（或某个地区）内以其实际被消耗的比例购买商品的能力。如果在南北极地区羊毛的价格上涨，那么货币的购买力将因此而大大降低，但如果是在赤道附近的地区羊毛的价格上涨，货币的购买力则不会降低。

从寒冷地区到热带地区或从落后国家到高度文明的国家，商品的相对价值变化极大，哪怕是约略衡量这种变化的尺度，我们也找不到。这种变化根本改变了人们需要的性质。现在有钱的伦敦人所购买的东西，很少是原始时代的君主出高价所能买到的，他也不完全知道许多东西的价值。[①]

因此，比较各极不相同的文明阶段中的货币购买力，往往是根

① 关于这个问题的简要论述，可参阅我的《经济学原理》第二篇，第二章，第六节以及第三篇，第四和第六章。

据非熟练劳动者的收入或主要粮食的价格，或同时根据这两者，但后一种方法很少采用。有关主要粮食价格的记录具有双重重要意义。它是商品价格中最重要的记录，从中我们可以了解很多有关人类生活的情况。因为除了我们的时代以外，各个时代普通劳动者所得到的绝大部分工资一般都是粮食，而以往耕种者为自己留下的绝大部分田间产品也是粮食。而且，各个时代种植粮食的方法几乎始终没有变化。虽然现在用蒸气产生的动力来推动复式犁及其他重型农业机器，但农业劳动者的工作仍然是体力劳动的价值标准，因为它只需要一般的智慧，而不需要任何特别的技巧。①

因此，通常研究哪个国家或哪个地区，就把哪个国家或哪个地区普通劳动者的工资和主要粮食的价格看做是一般价值的代表。当然，这对于现在西方世界中任何一个国家来说，特别是对盎格鲁-撒克逊国家来说，是完全不合理的。但在亚当·斯密和李嘉图的时代却是合理的，解释古典学派的价值论，必须借助于这种方法。②

李嘉图认为暂时可以采用黄金作为价值的尺度，理由是，生产黄金所需要的资本和劳动量的比例差不多。③ 李嘉图之后不久，

---

① 当然，许多仍在为低工资工作的农业工人拥有的智慧和创造力，要高于建筑行业中一些简单工作和其他一些列为技术工作而报酬较高的行业所需要的智慧和创造力。但这部分工作与需要技艺的那部分工作很难分开。尽管医生有时给病人看病时需要的知识并不比一个有经验的护士拥有的知识多，但医生收足诊费仍是合理的。

② 洛克在两个世代之前就已说过："一个国家经常食用的一般谷物是判断长时间内物品价值变动的最好尺度。因此，我国的小麦、土耳其的稻米等等是计量地租的最适宜的东西(如果要使地租在将来永远不变的话)。但货币是衡量几年中物品价值变动的最好尺度。因为它的销路不变，数量变动得也很慢。"参阅《论降低利息和提高货币价值的后果》，全集第五卷，第47页。

③ 《政治经济学原理》，1817年，第一章第六节和第三章。

约瑟夫·洛于 1822 年,G. 波利特·斯克罗普于 1833 年相继在衡量一般购买力的尺度方面作了贡献。他们两人的著作都是在法国大战的阴影消失以前出版的,从而为上世纪中叶图克的伟大著作《物价史》的出版作好了准备。①

2. 在比较遥远地区和古代的货币购买力时还会碰到更多的困难。

必须承认,物价史对于比较现代西方国家人民的经济状况和古代人民的经济状况,用处不多。罗杰斯和其他一些人在这方面所作的详尽的统计研究,的确没有也不可能估计到下面这些事实:现在用四个先令即可买一只相当好的表;半个便士即可买一张载有几千字(除广告以外)的报纸;工人花几个先令买一张游览票就可以在遥远的海滨浴场度假。的确,这些研究很少能说明,自从中世纪的那种经济状况让位于生活和工作的一般自由以来,机械和其他一些发明对于工资的购买力产生了哪些影响。②

① 还可参阅罗杰斯的名著《英国农业和物价史》,该书论述了十三世纪及以后三个世纪的情况,以及阿弗内尔的名著《1200—1800 年的财产和一般物价经济史》。在佩尔格雷夫编的《政治经济学辞典》中,弗勒克斯教授在"物价(史)"这一词条下开列了一长串与上面两本书相类似的参考书。同时请参阅后面的附录 B。

② 这里值得引述一位特别敏锐的观察家关于一个世纪以前战争引起的痛苦的一段话。洛在《1822 年英国的状况》第 271—273 页上说:"战争以许多方式提高了商品的价格。首先是给物品的价格增添了赋税;其次,无论在战场上,还是在制造衣服、军器及其他军事物资方面,都需要更多的人为政府服务,因而对劳动的需求一般增加了;最后,国际往来中断了。如果说这些因素大大地影响了十六世纪和十七世纪的物价的话,那么公债制的采用更大大增加了其影响。自此以后,欧洲的每一国家都大大增加了军费开支。"他坚持认为,预测未来的物价必然是困难而靠不住的。因为,"一方面预计美国的矿山采用改进的机器和欧洲大陆各国发行钞票,将使物价下跌。另一方面预计人口增加或再度爆发战争,将产生抵消力量。"

的确，衡量一般购买力的尺度，对于比较先进国家和落后国家的富人从巨额财产或丰厚收入中得到的利益，是没有多大用处的。在社会声望起作用的情况下，任何人从十倍于普通人的收入中获得的利益，很少依赖于货币的购买力。同时就丰厚收入可以直接获得个人利益而言，其作用最近已发生了很大变化。

总之，目前没有希望一下子克服所有的困难，计量出货币在某一地区的价值（即购买力）的变动。即使是计量货币价值在一个地区短时期的变化，并由统计专家或数学专家来做这项工作，也不会有任何结果。[①]

3. 有关物价的概括性的、分类精细的资料大部分只限于批发交易。但工人合作社的推广使许多人了解了批发交易价格与家庭日用品零售价格之间的关系。

从一般消费者的观点来看，衡量货币购买力的尺度应当是零售价格。也许不久以后我们就能为此目的而利用大“合作社”和其他百货商店印出来的价目表。但投无经验的买者所好的价目表，常常由于其意思的含糊和其他缺点，很难予以解释。所以，目前最好的资料就是标准商品的批发价格。这种资料由于其本身的性质，记录的几乎完全是原料或初级制造品的价格，这些物品很少适合最终消费者的需要。尽管如此，这些有关批发价格的统计资料，

① 欲了解与此有关的复杂数学问题的读者，可参阅埃奇沃思教授担任英国协会委员会的干事时于 1887—1889 年写的三份备忘录；还可参阅耶鲁大学教授费雪的《货币购买力》（1911 年出版）和《稳定金元》，以及康奈尔大学教授凯默勒的《货币与物价》（1907 年出版）。同时可参阅弗勒克斯教授在 1907 年《经济学季刊》上发表的《指数编制法》一文。

还是几乎可以毫无例外地用来说明零售价格变动的一般趋势，而且在一般情况下它们也正是被用于这一目的。

然而，有少数商品的零售价格也已充分标准化，可以用于这一目的；它们没有含糊不清之处，直接在一般公众的监督之下。还有少数未加工的产品或半成品，如棉花、羊毛、铁、粮食等等，也在公开市场上出售。此外，“合作百货商店”的推广使工人阶级了解了批发价格与零售价格之间的关系。合作百货商店在保证工作效率的前提下，经常尽可能迅速地更换其工作人员，这种做法，在某种程度上使人们了解了(1)实际成本、(2)批发价格和(3)零售价格之间的相互关系。

目前一般公众已可以相当准确地了解下面一些商品零售价格的变动：(1)较为基本的食品和饮料（受到特别关税影响的除外）；(2)房屋；(3)长筒靴和简单的毛、棉、麻制品以及(4)交通工具。部分标准化商品的可靠价目表，将来可能比现在多得多。但毫无疑问，价目表愈多，根据价目表作的关于一般物价变动的推测愈靠不住，因为一种商品愈简单，其名称所代表的东西愈可能接近于古时具有同一名称的东西。而一个时代常用的复杂物品，则可能与另一时代具有同一名称的东西大不相同。①

4. 始自某一遥远日期的物价的平均变动可以用“指数”来表示。指数是各年某些物品的价格对那一遥远日期这些物品的价格之比。“加权”指数。

① 甚至现在供给中欧居民大部分肉类（不是腌肉）的公牛，在伦敦市场上没有现货出售；有钱阶级不吃羊肉，但质量相当好的腌肉则一般都愿意购买。

编制“指数”的目的是利用某些主要商品的可靠的批发价格来表示所有商品的价格，表示其平均变动的情况。可以通过专门的研究来解释或修正由此而得到的结果。这样，就可以从农业劳动，或一般非熟练劳动，或熟练工匠劳动或任何政府官员阶层等不同角度，来编制表现货币一般购买力的指数。

由于编制指数的目的是要表明选中的价格逐年的百分比变动，因而可以选择某一年，比方说 1850 年作为基础，并称其为“基年”。首先把这一年要考察的每种商品(或各类商品)的价格定为 100；然后把连续各年的商品价格转换为基年价格的百分数，再把这个百分数列在表里与基年对比。由此而得到的连续各年的平均百分数就是“算术指数”表。

但是，如果不谨慎地挑选编制指数的价格，那么所得到的结果就可能引起误解。因为，一种不重要的商品的价格上涨一半，其重要性也许还不如某种商品(比如说钢)的价格上涨 1%。因此，一些主要商品如原料或初级制造品(如原纱等)的价格被认为是一切其他价格的代表。目前还没有一种简单的方法可以用来计算出把原料或初级制造品制成复杂的工业品所需的成本，不过对于某些商品如初级棉织品来说，则可以做到这一点。

至此，表中各栏的每种商品具有同等的重要性，因而这种指数被称为“简单的”或“未加权的”指数。所以往往要做第二步工作，即用大致表示有关商品在总体中所占比重的那个数字(即“权”)来乘每一栏内的数字，其任何一年的平均数就叫做“加权算术指数”。

加权算术指数可以表明在有关时期的每一年必须花多少钱才可以购买到基年花某一数额的钱，如一百英镑所能买到的商品(即表中列举的那几种商品)量。这是它的最大优点之一,第二个主要优点是所要求的计算比较简单;由于具有这两个优点,它就成了衡量购买力的主要尺度。但只要变换一下基年,就会改变它的某些细节,甚至改变其性质。

因此,尽管"算术平均数"计算起来很简单,但杰文斯和其他一些人还是喜欢使用"几何平均数"。几何平均数表现的是物价的比例,而不是物价的数量。它本身固然总是前后一致的,但却不十分接近事实。①

① 几何指数的编法几乎与算术指数相同。每一商品(或每类商品)的价格在基年定为100。但下一年的相应数字不是普通的("算术")平均数,而是几何平均数,从而表明它们平均变动的比例。这可以用下面一个具体例子来说明:2与32的算术平均数是34的一半,即17。它们的几何平均数则是64的平方根(这是把它们乘在一起而得到的)即8。

但要注意,如果两个数字相差不是很大,则算术平均数与几何平均数相差也不会大。例如900和1024的算术平均数为962,而它们的几何平均数是30(即900的平方根)和32(即1024的平方根)的乘积,即960。第三种是倒数平均数,不适用于计量商品价格的一般变动。

第三章　货币购买力变动的计量

1. 编制一种真正能表示个别时期和个别地方货币购买力的指数所遇到的困难。

一种十全十美的衡量一般购买力的单位不仅不可能得到，而且是不可想象的。因为货币的有效价值对于每一个人来说都部分地取决于其欲望的性质。肉价的上涨和面包价格的相应降低，会提高那些无力购买许多肉的人的工资的购买力。对一个生活优裕的单身汉来说，生活必需品的价格是无关重要的。但如果他不得不以同样的收入来供给一个大家庭的衣食，就会认为奢侈品价格的降低和生活必需品价格的上涨（哪怕只是稍稍有所上涨）降低了货币的购买力。对于某一国家例如联合王国来说，所谓购买力单位必须是一种能满足平均消费者欲望的大致相同的手段。（为明确这一概念起见，可以认为平均消费者是五口之家，它消费联合王国五千万居民所消费的东西的一千万分之一。）

如上所述，最简单的方法是选择若干有代表性的批发商品，并把其在不同时期的价格加起来。第二步是根据不同时期的消费额来估计其重要性。然后以这种重要性或“权数”来乘该商品价格的变动。例如，如果英国平均每年消费的胡椒价值为五十万英镑，而茶叶为二千万英镑，那么，茶叶涨价1%就相当于胡椒涨价40%。

如果把胡椒的权数定为1,则茶叶的权数一定是40。

第三步是要在某些商品的权数中,计入另外一些物品的价值,这些物品的价格受同一些因素的支配,但因为其性质变化很快而不可能连续记录其价格。例如,考虑某种标准布的权数时,应包括许多毛绒织品(它们的形式随着每一次风气的改变而改变)的价值。或者计入羊毛的价值,而不计入毛织品的价值,把织一码标准布的成本变动看做是其他制造部门成本变动的结果。[1]

但要记住,用上述方法确定的权数是就一般情况而言的,而不表示各种商品的绝对重要性。例如,作为饮料的水,其成本通常几乎是忽略不计的,但在极特殊的情况下,其价值偶尔也会高到差不多与生命的价值相等。以农产品为主的物价指数的高涨,虽然首先对农民有利,其次对地主有利,但对工匠甚至农业工人来说,它却意味着货币购买力的显著下降。

再举一个例子,假定在粮食价格正常的情况下,一个工匠家庭用五分之一的工资就足以买到其所需要的粮食。如果粮食价格上

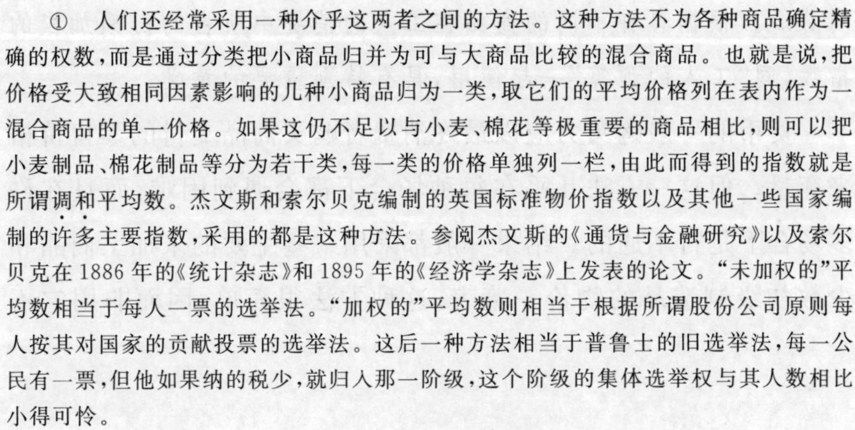

① 人们还经常采用一种介乎这两者之间的方法。这种方法不为各种商品确定精确的权数,而是通过分类把小商品归并为可与大商品比较的混合商品。也就是说,把价格受大致相同因素影响的几种小商品归为一类,取它们的平均价格列在表内作为一混合商品的单一价格。如果这仍不足以与小麦、棉花等极重要的商品相比,则可以把小麦制品、棉花制品等分为若干类,每一类的价格单独列一栏,由此而得到的指数就是所谓调和平均数。杰文斯和索尔贝克编制的英国标准物价指数以及其他一些国家编制的许多主要指数,采用的都是这种方法。参阅杰文斯的《通货与金融研究》以及索尔贝克在1886年的《统计杂志》和1895年的《经济学杂志》上发表的论文。“未加权的”平均数相当于每人一票的选举法。“加权的”平均数则相当于根据所谓股份公司原则每人按其对国家的贡献投票的选举法。这后一种方法相当于普鲁士的旧选举法,每一公民有一票,但他如果纳的税少,就归入那一阶级,这个阶级的集体选举权与其人数相比小得可怜。

涨百分之三百，则除最低限度的生活必需品外，仍会留给工匠家庭一点余钱。但如果平时粮食的价格相对于工资来说就很高，以致他们必须用五分之四的工资购买粮食，则粮食价格再上涨30%，就会使他们挨饿，接着即使他们不生病，也会身体虚弱，无论如何不可能全天工作，得到全部工资。

当然，上个世纪初粮食价格的上涨给非熟练工人带来的害处与现在粮食价格的上涨给非熟练工人带来的害处根本不能相比。即使就购买生活必需品以后工资一般稍有剩余的熟练工人而言，我们也常常低估粮食价格的上涨给他们带来的害处，因为我们现在是以粮食价格上涨的幅度占工人收入的百分比来衡量工人由此而遭受的损害。按照这种方法，现在一夸特小麦涨价十先令，将认为其害处约等于上世纪初价格上涨五先令带来的害处，而如果采用另一种方法，即认为粮食涨价带来的害处随涨价引起的一般物价的变动而变动，则现在一夸特小麦涨价十先令，将认为其害处约等于上世纪初价格上涨二十五先令带来的害处。

2. 同一组价格的变动可能以极不相同的方式影响一国的不同阶级。根据各种不同的商品在工人的消费中所占的份额加权的指数，同“工人的预算”一起使用，具有特别重要的意义。

货币的一般购买力应以最终消费者购买商品支付的零售价格来衡量。但这一方法几乎在每种场合下都会遇到困难，而且在许多场合下是行不通的。结果一般都采用一些主要的未加工商品和少数初级制造品的物价一览表。这种方法很简单，因而非用它不可。[①]

在某种程度上克服所遇到的困难的方法是搜集大量的"工人预算",每一份都可以告诉我们一个节俭家庭的详细支出情况。以此为根据,就可能用一般日用商品的零售价格来确立衡量货币购买力的具体尺度,这可以有效地检验根据批发价格所作的推断。但如果用它来代替这种推断,而不是仅仅把它当做一种辅助性的检验手段,则很容易使人得出错误的结论。[②]

在这种预算里,通常把捐税列入房租。因而房租中一般包括向房客不断地、无限地供给用水的费用、排除污水等等的费用和很昂贵的路灯费和铺路费。几世纪以前,铁管和蜡烛比现在要贵许多倍,如果那时工人的住宅有这许多现在认为无关重要的小玩意儿,那么它们的费用也许会使工人为一千立方英尺大的房间所付的租金增加一倍以上。[③]

① 商业刊物和其他刊物常常(有些刊物是每天)登载一些相当标准化的重要原料的批发价格,但却不登载,也不可能登载与此相对应的精确的零售价格。原因是多方面的,可以归纳为以下两类。

一是成品的种类太多而且复杂。二是迎合不同顾客需要的零售商提供的服务有差距。实际上,一个零售商还可以比另一个零售商更便宜地提供服务,虽然他索取的价格本来就较低。一个消息灵通、喜欢吹毛求疵、讥笑粗劣陈列的顾客,常常会有意选择一家价格较高的商店,因为他有理由希望,在这里他可以选购到他真正需要和喜欢的东西。

② 工人有时爱贬低其工资,有时爱夸大其工资,但他总是喜欢夸大他购买家用什物,特别是购买肉类支付的价格。凡注意大城市工人住宅区里,特别是星期六晚上肉的卖价的人,不会相信每磅肉的平均价格会有普通工人阶级家庭预算中的肉价那么高。当然,许多肉的质量并不那么值得夸耀。不过一般说来,如果是购买新鲜肉的话,现在工人购买到的肉要比以前他们购买的肉干净,而且质量有时也好得多。

③ 下面的陈述录自劳工部 1920 年 3 月号的《本月工作》,它谈了如何衡量《劳动报》上发表的生活费用的变动:(接下页)

由此，我们可以得出这样的结论：从任何一个社会阶级的观点来看，对货币一般购买力的估计都应主要从该阶级所消费或如钢轨那样为该阶级服务的商品的批发价格一览表中得出。在此基础

(接上页)这些统计数字清楚地说明了工人阶级的状况，包括衣、食、燃料、灯火的价格和房租等其他项目。

关于主要食品价格的数字依据的是从一些有代表性的零售店那里收集来的情报，其中包括卖东西给工人阶级的合作社、大联合商店和私人小店，它们分布在六百三十个村镇中。被调查的零售店(包括合作社在内)的总数约五千五百左右，但这个数目并未完全指出统计的根据。在许多情况下，零售店所报的价格是几个店铺共同的价格，而且在许多情况下，价格是由"粮食管理法令"或零售商之间自愿订立的协定规定的，以致某一物品在某一地区是按统一价格出售的。

列在主要商品表上的食品是牛羊肉、腌猪肉、鱼、面粉、面包、马铃薯、茶、糖、奶油、人造黄油、干酪和鸡蛋。这些通常占整个家庭食物开支的四分之三以上，所以把另一些更多的比较次要的食品包括在内，也并不会影响平均百分比的增加。最重要的省略是水果和除马铃薯以外的蔬菜，因为把它们包括在一系列零售价格指数内是做不到的。

为了表示零售价格水平的平均上涨幅度，可以把各种商品价格上涨的百分比合并为一个总数。合并的方法是：先根据各种商品在战前工人阶级的预算中所占的比重求出"权数"，然后用这种权数乘每种商品价格上涨的百分比，最后用这些"权数"的和除所得到的积。

*　　　　*　　　　*

衣服和衣料的零售价格统计数字是通过邮局从大城市中有代表性的零售店(有些还有许多支店)那里收集来的。但精确估计衣服价格的变动是很困难的。主要的困难是必须获得同样质量或类似质量的衣服在不同日期的价格。所收集的统计数字应尽可能是质量相同或质量相当的衣服的数字，是工人阶级平常所购买的衣服的数字。

劳工部在三十个主要城市中的地方通讯员每月定期提供有关煤和煤气的价格数字。多次用更多城市的数字来检验这些数字，结果表明，它们很能说明一般情况。

另外，还从零售商和广告等各种不同的资料来源收集一些在工人的开支中所占比重较小的项目的涨价材料，这些项目包括肥皂、苏打、油、蜡烛、火柴、刷子、铁器、陶器报纸、车费、烟草等。劳工部根据这些资料可以判断出所有这些商品的涨价，对物价总水平的上涨有何种影响。

为了用一个数字表示全部商品价格的上涨，可以根据各主要开支项目的比重合并它们上涨的百分比。运算时，须使用某些"权数"。这些权数的和为 $12\frac{1}{2}$，各主要开支项目的权数如下：食物 $7\frac{1}{2}$、房租(包括捐税)2、衣服 $1\frac{1}{2}$、燃料和照明1、(接下页)

上，如果只能获得早期生产阶段的批发价格，则可以推论出完成生产过程的追加费用，而且在任何情况下都可以推论出零售成本的追加费用。这同一基础适用于所有的消费阶级。也适用与贸易、工业、就业和消费有关的许多问题。而且可以帮助进行国际对比，这种对比不仅本身很有用，还可以用来检验国内估计数字的精确性。

3. 解释物价指数所受到的阻碍是：一些商品和劳务的名称仍旧，但其性质却有所改变，同时，一种商品的交换价值在这一季节与另一季节有所不同。

在进而比较气候相似的地方的货币购买力和比较时代相近的货币购买力（从而我们可以假定它们的工业技术基本相同）的时候，我们还是不得不考虑到一些乍看起来似乎没有变动的东西之中的变动。现在的牛和羊比很久以前的牛和羊要重一倍，其体重之中较大的百分比是肉；在肉之中较大的百分比是精肉。在全部肉之中较大的百分比是固体食品，较小的百分比是水分。又如现在十间一套的房子，其容积可能两倍于过去，其一大部分成本用于水、煤气及其他一些旧房屋所没有的设备上。由于这些和类似的理由，对有关落后国家和我国以前的货币购买力的一般估计，我们应大打折扣。还有，现代交通工具不仅降低了每一种运输的成本，而且还以中等票价或低票价在海上、陆上和空中迅速而便利地运送旅客。

连那些号称是比较英国不同时期和不同地方的面包价格的统

（接上页）杂项开支（肥皂、苏打、家用铁器、刷子、陶器、香烟、车费和报纸）$\frac{1}{2}$。使用这些权数可以求出战前生活费用平均上涨的百分比。

计数字，一般也是靠不住的。十九世纪上半叶出生的人会记得：面包师做的面包，虽然刚做出来时比家里做的有味道，但放不了几天就会变味；面包经常缺斤短两，面粉里常掺有马铃薯、明矾及别的东西，以降低其成本，使其颜色好看，或掩盖其霉味。1836 年上议院的一个委员会曾问雅各布，许多号称小麦粉做的面包是不是用马铃薯粉做的，他回答说："我相信是的，这也是很好的面包呀。"从这一回答中，可以看出许多历史事实。①

如果一种商品的质量提高很大，而其价格只略有增加，则应认为这种变动实际上降低了该商品的价格，但在统计资料中这种变动却可能表现为物价的上涨。这种错误可通过细心的思考来纠正；如果我们要比较两个相隔很远的时期而没有这两个时期中间的详细统计资料，则即使勤勉从事，也不会有多大用处，但系统地分析统计资料，总能有点收获。一种新商品的价格起初几乎总有点像缺货的价格。其价格的逐步下降，可反映在购买力单位每年的重新调整上，从而表现为这种新商品满足人们需要的能力有所提高。一种新商品第一次出现在价目表上的时候，人们在确定购买力单位时，往往注意不到它。假设新商品出现于 1920 年 1 月 1 日，则人们确定的 1920 年的购买力单位会与一年前的购买力单位相同，显示出同样的商品购买力。而在确定 1921 年的购买力单位之前，1920 年的购买力单位中的权数会稍有改变，从而包括进新的商品。这样，1921 年的购买力单位又将与 1920 年的购买力单

① 他补充说：巴黎的面包比伦敦便宜，因为伦敦的面粉厂主有专利权，面包师很穷，而面粉厂主很富，他们逼迫穷面包师采用赊账等方式向他们购买面粉。（Q. 281，301—314）

位相同，显示出同样的商品（包括新商品在内）购买力。

如果某种物品在非上市季节上市，也会出现与此相类似的情况。最好的方法似乎是，当这种物品第一次不按老季节上市的时候，把它当作一种新商品来看待。假设有一个时期草每只在6月上市，其平均价格为六便士。再假设，采用改进的方法后，草莓不仅在6月以三便士的价格上市，而且还以相当高的价格在5月和7月上市，并以高价在另外几个月也上市。如果只是粗略地计算草莓的月平均价格，则其价格将表现为上升，而实际上其价格却下降了许多。

这种考虑或许比初看起来更重要，因为现在很大一部分农业和运输业的工作是为了延长供应各种食品的时间。中世纪除谷类以外的几乎所有食物的货币购买力的统计资料正因为忽略了这一事实而归于失效，那时连有钱的人在冬天也得不到鲜肉这种简单商品。现在在英国的落后地区，新鲜水果上市的时候，其价格往往较低，但在其他时候，价格则较高（如果能够买到的话）。那些使商品适合于人们需要的商人，实际上所出售的是真正的上等商品。它们的价格，虽然表面上较高，实际上却较低，正如一件很合身、卖价四英镑的外衣，可能要比一件很不合身、价格只三英镑的外衣便宜一样。[①]

上面关于供应的表面低价与实际低价之间的差距的几个例

① 在古时，离海遥远的地方，很难见到新鲜海鱼，因此，在它的价格中只包括极少的运费；现在的运费（包括损坏费和推销费）则常常远远超过渔民所得的价钱。如果古时渔价的统计中考虑到把活海鱼放在海水内运给奢侈的罗马人和中世纪的大亨的运费，则又矫枉过正。

子，实际上说明了这样一个一般规律：如果要真正比较各不同时期和不同地点的价格水平，就必须考虑供给时间是适应卖者的方便还是适应买者的方便。如果卖者实际上使供给适应自己的方便，在供给困难的时候，让市场脱销，则他们将赚大钱；而如果他们在当令时节保持充足的供绘，以满足人们的所有需要并使价格保持在相当稳定的水平上，则他们将不得不付出较多的直接费用。

所以很难说，人们是否曾经编制出或能够编制出一种普遍适用的、比较正确地反映货币一般购买力的指数。如果精心编制，每一种指数都可能有一种或不止一种的专门用途。因此，应该说明编制指数的方法：一个小心谨慎的工作者可以创造性地运用编制意图明确的指数。这一点之所以具有特别重要的意义，是因为人们当前往往非常大胆地利用指数作一些极为重要的估计和计算。如果这种估计和计算依据的是适当的指数，则也许很靠得住；但如果依据的是另一种指数（这种指数也许用于别的目的更好些），则很危险。如果我们不对此保持警惕的话，那么我们从可靠的指数中获得的东西，也许比仅仅根据常识，根据众所周知的事实获得的东西更不可靠。

因此，我们不能希望得到一种没有大缺点的购买力标准。同样，用尽人类的所有智慧也无法确立一个十全十美的长度标准。虽然我们所能得到的最好的价值标准对于其本身的目的来说，还赶不上一把普通的码尺对于其本身的目的所起的作用，但我们把黄金的价值甚或黄金和白银的平均价值作为价值的标准，毕竟是前进了一步；这一进步同人们用码尺取代一个人的步长甚或两个人步长的平均值的进步相比，虽然没有那么伟大，但性质却是一样的。

4. 确立一种官方的一般购买力单位也许对长期债务有用。

表现重要商品价格平均变动的官方指数，可以为确立一般购买力单位提供可靠的依据。这种单位可以用来表示长期债务，政府在这方面可以带个头。可以根据官方的价目表，把一定数量的小麦、大麦、燕麦、啤酒花、牛羊肉、茶叶、咖啡以及木料、矿物、纺织原料、纺织品等等的价格加在一起来确立这种一般购买力单位。关于债款利息和其他一些长期债务的新合同，经双方同意可以根据这种标准单位而不是根据货币来签订。

还可以逐步确立一些特殊的单位，使其适合于一些特殊的工商业的情况。其中任何一种都可经过双方同意，用作借款或别种契约的基础；法院可以毫无困难地监督这些契约的实施。

政府还应定出一些条件，按照这些条件，任何一个持有者都可以把自己掌握的政府证券的计算单位从货币改为一般购买力"单位"。公债券相对于它们所带来的收入来说所卖得的价钱是相当高的，部分原因是，公债券适应了这样一些人的需要，这些人想尽可能可靠地获得一种可以购得一定数量的生活必需品和舒适品的收入。但他们由此而获得的这种可靠性实际上并不可靠。1850年和1863年以后金镑购买力的下降，使许多自以为可以得到足够多的必需品和少量的舒适品的人在某种程度上遭受了损失。如果他们能以一般购买力"单位"来购买政府的或其他可靠的交易所的证券的话，他们本来是能够免道这种损失的。①

① 参阅附录B。

第四章　一国需要的通货总值

1. 通货的职能。

货币或“通货”是想要达到某种目的的手段。但它并不符合于一般规律，即手段越多，越容易达到其目的。的确，可以把通货比作机器上的润滑油。如果不上润滑油，机器就不会很好地转动。由此，一个外行人可能认为，润滑油愈多，机器运转得愈好。但事实是，润滑油如果太多，机器将无法运转。同样，如果通货太多，它将丧失信用，甚至可能停止“流通”。

初看起来，这一比喻或许有点儿勉强，但我们将会看到：

A. 人们需要货币，主要不是为了货币本身，而是因为有了货币，就掌握了一种很方便的一般购买力。人们购买火车票，是因为它可以使人坐车旅行。如果铁路公司根据旅程的长短调整票价，则长路程的车票可能比短路程的车票更为人们所需要；但如果不管路程远近把所有车票票价一律都加倍，那增加路程只会使人感到少许不便。同样，如果一国的通货数量增加，而其他情况不变，则将相应地降低每一单位通货的价值。如果通货的数量仍有可能增加的话，则每一单位通货的价值将以更大的幅度下降。

B. 正如火车票的价值取决于它所表示的路程的长短那样，通货的价值取决于它所支配的购买力的数量。如果可以无代价地扩大由此而获得的利益，则每一个人将会以通货的形式大量保有可随时使用的购买力。但保有通货并不会带来收入。因此，每一个人将比较扩大通货储量所得到的利益，和把其中一部分用于购买某种商品如外衣或钢琴（这将使他得到直接利益），或投资于企业及交易所证券（这将使他得到货币利益）所得到的利益。人们或多或少是无意识地、出于本能地进行比较。因而，一个国家所保有的通货的总价值，既不会大大低于，也不会大大高于其国民所愿掌握的购买力的数量。如果发现了新的金矿，或由于别的原因，大大增加了通货的数量，则通货的价值必将下降，直至通货价值的下降使开采更多的黄金无利可图为止。也就是说，自由铸造的金币的价值总是接近于获取金币中含有的黄金的成本。

一个国家所需要的并不是一定数量的金属（或其他）货币，而是有一定购买力的通货量。其任何时候的黄金储量有与这样一个数额相等的倾向，这一数额（以通货的价值计算）相当于人们愿意以黄金的形式或者自己保存或者存入银行的购买力，加上该国的工业技术以通货的价值所吸收的黄金量。

如果这个国家有自己的金矿，它的黄金储量将取决于黄金的生产成本，并受出口需求变动的间接影响。如果它没有金矿，其黄金储量将等于它能以制造和输出商品（即产金国所接受的商品）的价格换得的黄金量。其调整方式将在下面讨论。

如果某一国家的黄金储量由国家法令所固定，黄金只用作通货，其他一切交换媒介实际上都是一定数量的黄金的订单，那么，该国黄金的总价值，不管其数量如何都将始终不变。但黄金一般都完全自由地从一个国家流到另一个国家。因此，每个国家所保有的黄金量总是与该国对黄金的需求（用作通货和用于其他方面）相适应。

黄金在某一国家内的购买力必须与其在其他国家内的购买力具有这样的关系，以致该国的进出口商大规模地用黄金取代其他商品，无大利可图。因此，它的黄金储量从不会与这样一种数量（但这要扣除运输费和过境税）相差很大和很久，这一数量使该国的物价水平与其他国家的物价水平相一致。

当然，对每种贵金属的总需求，是由用作通货的需求和用作工业及个人的需求所组成。这些用途包括银匙和银盘，金表链和镀金画框等等。这些不同的需求，每一种都有它自己的变动规律。采银愈困难，每种工业对它的使用愈少，但其价值的上涨将使人们能够用它买到更多的东西。许多人随身带的和在家里保存的银币常常比铜币多，因为他们的许多需要花少量铜币是无法满足的。[①]

2. 以前人们经常说，金银的价值是“人为的”。实际上，决定其价值的因素，在供给方面是生产成本，在需求方面是人们对建立在金银基础之上的购买力的需求，再加上为了工业与炫耀的目的而产生的对金银的需求。

由于人们看到硬币的价值往往高于其所含金属的价值，因而便认为通货的价值一般是“人为的”；也就是认为通货的价值来自协商、习惯和心理倾向。许多世纪以后，人们才普遍注意到，每一单位通货的价值取决于该单位通货所必须完成的工作量。后来每

① 关于这些问题的较详细的论述，参看拙著《经济学原理》第三编第六章以及该书数学附录中的注，并参看本书附录C。

当贵金属的天然供给量发生变动，或决定通货质量的人轻举妄动，从而引起或者有可能引起物价大变动的时候，人们的认识使前进一步。在英国，当亨利八世宣布降低货币成色，以及新世界的大量金银首次运抵欧洲的时候，人们曾就货币的价值这一问题展开了颇为热烈的讨论，虽然讨论者的见识不怎么广博。十七世纪，当商业要求有一个比以前更精密的货币制度时，讨论又上升到了一个新的高水平，人们的认识也因此有了更为坚实可靠的基础。

最后，人们认识到，在任何时候，现有购买力的数量，即为了方便我国的商业活动所需的现有购实力的数量，都取决于我国本身的状况。更简单地说，我国的一般状况把一定数量的工作强加给了它的通货。所以，通货量愈大，每一单位通货所完成的工作就愈少；因此，对每个硬币的有效需求愈小，它的价值也就愈低。其次是应认识到，货币本身所要完成的工作如何可以用信用来减轻。①

但是，直到上世纪初，人们才十分认真地研究决定货币价值的因素。在这以前，人们关心的主要是政治安全和大众福利的经济基础。拿破仑战争所造成的破坏和恐慌，使信用和物价发生了剧烈波动，这促使一批能力很强、见多识广的学者和实际工作者着手研究这个问题；他们研究得很透彻，没有给后人留下多少补充的余

---

① 例如，配第在1667年出版的《赋税论》中认为，一种良好登记制度下的地契，以及储存金属、布匹、亚麻、皮革以及其他有用物品的库房所发给的栈单，再加上伦巴第（伦敦的金融中心。——译者）或商业银行的信用，会减少“做生意所需的货币量”。当然，他的意思是：在旧的购买力水平上会减少所需的货币量，如果购买力降低，则所需的货币量将保持不变。洛克和那位放荡不羁但很受人崇拜的天才——约翰·劳在这方面有很精辟的见解。哈理斯及那位虽不知名但观察敏锐的康梯龙以及其他一些人给休谟和亚当·斯密开辟了道路。

地。①

李嘉图是权威思想家之一，他在1810年写的那篇有名的《硬币报告》中说："国家的有效通货不仅取决于通货的数量，而且还取决于流通速度和一定时间内完成的交换额。因此，凡力图加速或放慢流通速度的努力，都是为了使同一数量的通货满足商业的需要。在公共信用极好时所需的通货量，比在恐慌时个人收回货款，窖藏金银以防万一的时候所需的通货量要少得多，在商业有保证，个人彼此信赖的时期所需要的通货量，比互不信任阻碍订立远期财务合同的时候所需要的通货量也要少得多。但最重要的是，同一数量的通货量是否足够流通，是以大放债者在管理和节约使用流通媒介方面所拥有的方法为转移的。……近年来我国的银行家们，尤其是伦敦地区的银行家们，在节约使用货币和调整商业支付的方式方面的改善，主要表现在伦敦的银行家们更多地把银行汇票当作支付手段，他们每天把所有这种汇票送到公共清理所去相互抵消，还表现在证券经纪人的代理机构的出现，以及伦敦的银行家在业务上进行的另外几项改革；所有这一切的效果都一样，就是使他们无须像从前那样，手上保有大量货币。"这一简明扼要的叙述产生了深远的影响。

众所周知，近几十年来西方的金银储量迅速增加，虽然我们无

① 李嘉图在他们中间首屈一指，他的著作给他带来了很高的声誉，使其他一些人的著作相形见绌。霍兰德教授在1911年的《经济学季刊》上曾指出，李嘉留学说的几乎每一部分都曾为他以前的某一位人论述过，但他和亚当·斯密一样，以其杰出的才能致力于把一些零碎的原理改造成为系统的学说。这样的学说之所以具有创造力量，是因为它是一个有机的整体。

法得到精确的统计数字。但自上世纪中叶以来似乎白银的年产量增加了十倍左右。在1840年与1855年之间,黄金储量几乎增加了十倍,但其后四十年增加较慢,近年来又加快了。①

在此期间,用于生产方面的黄金迅速增加,其中很大一部分用于镀金,不能再作他用。因此,要不了几个世纪,黄金储量就可能减少,其购买力就可能因一点小事发生很大变化。在这种情况下,有人会坚决主张,所有长期债务都以官方的一般购买力标准来计算。

在英国,大宗购买,一般不是通过转让通货本身,而是通过转让能支配通货的支票(或别种证券)来完成的。由于这个缘故,英国对通货的需求,并不能代表西方世界的一般情况。我们暂时可不管支票和其他私人证券对物价产生的影响,因为后面还要讨论这个问题。

3. 一国通货的总值,乘以为了交易目的而在一年中流通的平均次数,等于这个国家在这一年里通过直接支付通货所完成的交易总额。但这个恒等式并未指出决定通货流通速度的原因。要发现这些原因,我们必须注意该国国民愿意以通货形式保有的购买力总额。

因而使有如下主要事实:(1)商品流通速度的每一变动会引起通货及其代用品流通速度的相应变动;(2)通货的代用品主要是支票,有时是汇票。但决定货币流通速度的动机并不明显,让我们来

① 在《政治袖珍辞典》中,莱克西斯教授在“黄金”词条下指出,1801年与1908年之间五分之四的黄金生产量是该时期后六十年生产的。

找一找。

仔细考察一下就会发现，货币流通速度是随着一国人民认为手头应该保有的购买力数额的变动而变动的。这一数额取决于若干因素，其主要因素很容易看出。虽然很少有人分析自己行为的动机，但下面一句话却暗示了他们的动机："我存的钱太多了，还不如用一些来买东西，或搞投资。"当一个人把自己几乎所有的钱都花光了，因而做不成到手的有利可图的买卖时，他会说出与上面相反的话。还有一种情况是，尽管有些零售商提供给他劣等品而索取高价，但他还是不得不从他们那里买东西，因为他知道，如果他表示反对，零售商就会让他立即偿清所有欠款。顾客固然可以向银行透支，但这种方法并不能经常采用。①

上面的初步探讨说明了一个国家以通货形式需求现有购买力的一般性质，或至少说明了人们由于拥有大量存款而直接支配通货的一般性质。

为了更明确地对此加以说明，我们假定：一国的居民（包括各种性格和各种职业的居民）认为值得保存的平均现有购买力，等于他们每年收入的十分之一加上财产的五十分之一，那么，该国通货的总价值即有与这两个数量的总数相等的倾向。再假定：他们的

---

① 显然，没有特殊关系而长期赊购的人，必然要以某种方式付高价，因为商人希望从其资本中获得利润，而长期赊购的人不得不付较高的利率。人们要注意，这一事实对商人往往是不利的，部分原因是，当顾客欠款太多的时候，他们便不能埋怨商人卖给他们劣等货了。长期赊购的人给商人带来的总费用，除了现金方面的损失外，还有额外的记账工作、呆账的危险及其他一些损失。有时，只拖欠一星期现款的工人，实际上在这一星期内至少每先令要付半便士的利息。也就是说，即使只按单利计算，他也要付百分之二百的年息。

收入总值在正常年景为五百万夸特小麦，他们的财产总值为二千五百万。那么，通货总值就将为一百万夸特小麦。因为，按照这一比例，每一个人在权衡了支配更多的购买力的有利之处，和把更多的财源投入不产生直接收入或其他利益的货币的不利之处以后，就能够得到他们所想要支配的现有购买力的数量。在这种情况下，如果通货为一百万个单位，则每一单位将值一夸特小麦；如果通货为两百万个单位，则每一单位将值半夸特小麦。

因而实际情况是：在每一社会中，人们的收入之中都有一部分被认为值得以通货形式加以保存；这或许占收入的五分之一，或许占十分之一，或许占二十分之一。以通货形式保有的大量资源，可以便利人们的买卖，使人们有可能讨价还价。但另一方面，这又使一些资源冻结在不生产的形式之中；而这些资源如果用于生产更多的家具，则可以满足人们的需要，如果用于生产更多的机器或饲养更多的牲畜，则能带来货币收入。在原始社会里，甚至在像印度那样相当进步的社会里，只有富人才想把他们的许多资源变成通货。在英国，除极穷的人以外，所有的人都存很多的钱；中产阶级的下层存钱较多，而用支票付款的富人则使用货币较少。但不管是哪种社会，其资源之中总有一部分是各不同阶级的成员想以通货形式加以保存的。所以，如果其他一切条件保持不变，通货量与价格水平之间就有这样的直接关系：要是这个增加10%，那个也增加10%。当然，人们想以通货形式保存其资源的比例愈小，通货总值就愈低，也就是说，与一定数量的通货相对应的物价就将愈高。

以下若干因素可以永久性地改变通货量与一般物价水平之间

的这种关系：第一，人口和财富的变化，这可以改变总收入；第二，信贷机构的增加，它们可以用其他支付手段代替通货；第三，运输、生产和商业方法的变化，这可以影响商品在制造和买卖过程中易手的次数。另外，一般商业信用和商业活动的变化可以暂时改变通货量和物价水平之间的关系。①

当然，英国商业所需的通货总值较少，因为英国的中上层阶级都以支票来清偿大部分债务，而只有极少数支票拿去兑现，大多数支票只是把通货的支配权从这一家银行账上转到另一家银行账上而已。

如前所述，贵金属（无论是贵金属块还是铸成硬币的贵金属）常被窖藏起来以应付未来的已知的或未知的需要。这种习惯在世界大部分地区的农民中仍很流行。但在“西方”国家，甚至连农民，如果富裕的话，也倾向于把他们的大部分储蓄投资于公债券或他所熟悉的证券交易所发行的证券，或者委托银行保管他们的储蓄。特别是在盎格鲁-撒克逊人民中间，私人手里的大部分通货都是准备在不久的将来当作直接购买力来使用的。

4. 职业和性情影响收入相同的人所希望直接支配的通货量。

一般说来，一个按周领工资的人如果大手大脚，会把他拿到的金银硬币很快花掉，但由于他无论如何手里至少得保有一先令（除非他特别不顾后果），他花掉铜币的速度可能并不比别人快许多。

---

① 上面的叙述摘自1899年我对印度通货委员会提出的第11 759—11 761个问题所作的答复。实际上，关于货币和信贷的大部分问题的讨论，可以在我对那个委员会提出的第11 757—11 850个问题所作的答复中找到；还可在1887—1888年我对金银委员会提出的第9 623—10 014和10 121—10 126个问题所作的答复中找到。

同样，一个按季领薪水的人如果大手大脚，则会提高他掌握的金币的平均流通速度，但由于他手里不能一镑钱也没有，所以实质上不影响银币和铜币从他那里流进流出的速度。

在现代国家，几乎所有大宗买卖都用支票来支付，因而大商人手中保有的通货较少。但在没有任何辅助通货的信用手段时，每一个商人就必须依靠他以货币形式保存的购买力，这样一有机会，就能用来进行赚钱的买卖。他会根据直觉和经验权衡大量窖藏的利弊。他知道，如果他保有的购买力太少，他会经常感到手头很紧；如果保有的购买力太多，又将减少他的物质收入来源，而且很少能够非常有效地利用他的全部现有购买力。

概括地说，在相同条件下，对一个人适用的规律，对另一个人并不十分适用。但正如配第所说，“最有钱的人很少……把钱放在身边，而是把它变成或辗转变成各种很能赚钱的商品”。①

5. 虽然每一单位通货的购买力在其他条件不变的情况下与通货单位的数量成反比例，但增发不兑现纸币会降低其信用，从而减少人们愿意保有的现有购买力的数量。也就是说，增发不兑现纸币会大幅度降低每一单位通货的价值。

① 配第认为，“货币量只要能够支付英国全部土地的半年地租、四分之一的房租、全体人民的一星期的开支、全部出口商品的四分之一左右的价值”，对英国就“足够”了（见《货币略论》，问题23和25，同时参阅他的《政治算术》第九章和《献给英明人士》第六章）。据洛克估计，货币量只要能够支付工资的“五分之一、地主收入的四分之一、经纪人每年现金报酬的二十分之一，就足够推动任何国家的商业了”。康梯龙经过长期而仔细的研究于1755年得出结论说，所需的货币价值为一国总产品的九分之一，或他所谓相同的东西，地租的三分之一。亚当·斯密的看法比较接近现代怀疑主义，他说：“决定这个比例是不可能的”，虽然“据不同的作者计算，这一比例为年产品总值的五分之一、十分之一、二十分之一以及三十分之一。”

到现在为止，还没有考虑通货的信用会对人们或者直接以手头的现款和银行存款或者间接以公债券和交易所证券（它们可以带来固定的货币收入）保存其财源的态度产生怎样的影响。如果通货的信用受到损害，这种影响可能是很大的。事实上，盲目增加不兑现通货的数量，很可能会大幅度降低每一单位通货的价值，因为增加不兑现通货的数量会降低通货的信用，使每个人愿意以通货的形式保存的财源的份额大大缩小。因此，所增加的通货的每一个单位将支配较小财源份额中的较小部分；这样，其价值便双倍下降。所以，不兑现纸币的总值不可能因其数量的增加而增加；它的数量的增加（一旦增加就很可能不断增加）会大幅度降低其每一单位的价值。

在我们现在已经熟悉了的这一学说（即如果其他条件不变，每一单位通货的价值与通货单位的数量及其平均流通速度成反比例）中，尽管没有明确指出，但却隐含着这样一个命题，即在一定的工商业水平下，一国人民在一定时期所需要的现有购买力的数量是一定的。

这一“数量说”就其本身而言是有用的，但它并没有告诉我们为了证明这一命题而必须假定不变的“其他条件”是什么，也没有说明决定“流通速度”的原因。

该学说几乎是一个不言自明的真理，因为，如果总账的一栏精确地记下一年中所有的现金交易及其价值，而另一栏记下每笔交易所用的货币的单位数，则这两栏中的数字加起来就一定相等。当然，第二栏表示的是所有货币单位的总易手次数的总值，换句话说，就是用每单位货币的平均易手次数（不包括馈赠、偷窃等等）乘货币总值所得的积。

该命题中要求保持不变的条件有(a)人口;(b)每人的交易额;(c)直接用货币完成的交易在交易总额中所占的百分比;(d)货币的效率(或平均流通速度)。只有考虑到这些条件,才能考察这一学说,而如果考虑到了这些条件,这一学说也就成了不言自明的真理。

6. 通货与别的东西不同,其数量的增加并不直接影响它所提供的服务的数量。不兑现纸币。

上面已从许多方面说明了"数量"说在通货价值方面的含义。这里要说明的主要事实是:一国货币量的增加,不会增加它所提供的总服务量。这并不与这一事实相矛盾,即作为一国通货的黄金的数量的增加,会增加该国通过输出黄金获得商品的手段,并使该国可以把一些通货变成装饰品。它只是意味着,通货的目的首先是便利交易;为了这个目的,通货要有一明确的定义,并为一般人所接受。其次,通货要有稳定的购买力。这种稳定性不兑现的纸币也能取得,只要政府(1)能防止伪币流通;(2)能使人民绝对相信,真钞票不会发行过多。金币之被当作通货,是因为人们相信,自然界不会让人们从它的仓库中获取的通货猛烈地增加。如果发现了和大煤矿一样大的金矿(尽管地质学家和矿物学家认为这种事情是不可能的),金币也就失去了任何效用。[①]

当然,金币价值的稳定性多少归功于装饰品和某些工业用途对黄金需求的稳定性,而如果真的发现了大金矿,则将使它不容易

① 精细印制的纸币,使伪造者的成本很大,而且会被立刻发现。众所周知,一种特别的印刷方法防止了英格兰银行钞票的伪造。

找到适当的用途。我们可以想象，在一个构造与地球不同的行星上，打一把好锯子的铁矿石的交换价值也许比一磅黄金的交换价值还要高。①

如果不兑现的通货由一个强有力的政府控制，则可以调整其数量，使其单位价值保持在某一固定的水平上。这个水平可以有以下三种情况：(1)由可靠的物价指数所显示的平均物价水平保持不变；或者(2)在其通货坚定地以贵金属为基础的那些国家里，这个平均水平随着物价的一般变动而变动；或者(3)有关国家的政府可以精心编制一份国内一般物价一览表，并且根据上面第三章中所提到的方法来调节其通货量，使(譬如说)每一千个单位所平均支配的一般商品的数量相一致。

"可兑换的"纸币——即**肯定**可以随时兑换成金币(或其他本位硬币)的纸币——对全国物价水平的影响，几乎和面值相等的本位硬币一样。当然，哪怕对这种纸币十足地兑换成本位硬币的能力稍有怀疑，人们就会对它存有戒心；如果它不再十足兑现，则其价值就将跌到表面上它所代表的黄金(或白银)的数量以下。

应该指出，本章讨论的只是信用正常时对通货的需求。信用发生动摇时，应对通货的供给采取非常的和所谓补救的措施。第四编信用波动那章，将对这个问题有所论列。

---

① 我们可以进一步想象。如果钻石很多，则它们将革新和扩大那些需要比钢还要坚硬的材料的工业部门，但它们作为个人的装饰品来使用就不那么适宜了。另一方面，如果羊毛或几乎所有其他有用的商品的价格都下降，使其消费量增加而总成本减少，则世界上的真实财富将几乎是按比例地增加；虽然富人受益不多，但穷人却将比过去穿得暖和一些。

第五章　硬币

1. 金银一向受到人们的高度重视，因为它们的光彩和耐久性适合于装饰和其他许多用途。

虽然金银被称为“贵金属”，但它们实际上并没有其他一些在现代工业中占有重要地位的金属昂贵。不过，它们似乎是具有个人装饰品所必需的光彩和抵抗空气腐蚀能力的最好金属，而且即使采用原始的采矿方法，也能在许多地方大量取得。几乎所有时代的人们都尽力探寻它们，那些容易找到的金银矿很快就被开采光了。正是为了它们，许多人扬帆远航，出海探险，从而发现并逐步打开了“新世界”。它们促进了航海事业，自己也被源源不断地运送到遥远的地方。

农业机器尚未发明的时候，那些迅速接受收割者的邀请而去拾落穗的人们，会因自己的劳动得到很高的报酬，而姗姗来迟的人则所获无几。由此我们可以想象：由于有史以来金银一向受到高度的重视，因而在人类生活在这个行星上的早期，根据劳动计算的金银的成本或许是很低的，后来其价格才逐渐达到很高的水平。但较老的文明所在地都集中在东南欧、东北非和南亚等地区，因此，在墨西哥、南美洲和澳大利亚仍有巨大的金矿和银矿等待着首先把先进的工业技术传入这些地区的人们去开采。当以罗马为中心的那个大帝国，步其以前帝国的后尘而衰落的时候，殖民势力也就中止了。文明世界乃不得不满足于所储存的贵金属，它们被逐渐消耗，而没有补充。物价因此而降到很低的水平。

其后，黄金变得这样稀少，以致不能再当作公用的货币材料了。白银的储量与对它的需要比起来也减少了，这使得欧洲的物价普遍下降，直到与亚洲、非洲、墨西哥和秘鲁的贸易带来了大量新的白银，这种情况才停止。在很长一段时期内，白银和货币几乎成了同义语。①

这样，白银在世界上大部分地区就成了通货的主要基础，直到十九世纪在澳大利亚和加利福尼亚等地发现了金矿，才使得好几个国家得以步英国的后尘，单独地把黄金或与白银并用，当作通货的基础。②

2. 金银可以单独地或共同地为不超过若干年的债务和交易充当一般购买力的可靠标准，但长期债务则需要有不受采矿业影响的标准。

---

① 注意从用拉丁字 Aes（黄铜）到用法文字 Argent（白银）的转变。

② 应该注意几个世纪以前那种很普遍的习惯，即把购买力储藏在银器中，以备不时之需。这种习惯对稳定白银的购买力有很大作用。条顿民族的贵族都是对商业不感兴趣的乡下人，他们往往不愿为了生利和保险而去放债。但他们却积累银器，以达到经常享受的目的，正如现在的富人可以从多种多样的、精巧的陈设品中得到享受一样。

英王查理一世拥有很多他的臣仆专门为他熔铸的银器，而现在的富人大都愿意与所有人（除极穷的人外）分享白银，和其他人一道用镀有一层薄薄的白银的匙子和叉子吃饭，以免尝到劣等金属的味道。不过，虽然纯银在家庭器具上用得少了，但黄金的用途却增加了，既用来“镀金”（虽然镀得极薄，只有用显微镜才看得出），又用来制作表链和其他装饰品。

关于早期的各种通货，附录 A 中有较详细的叙述。

在世界历史上的某些时期，“贵金属”的数量相对于需要量而减少，在另一些时期又相对于需要量而增加。这种情况足以使人不自觉地认为金银的购买力是始终如一的，因而认为应该把它们当做价值的标准。但这带来了下面的问题：这两种对立的力量大致相等，一种会抬高物价，另一种会降低物价，它们是偶然事件的结果吗？

回答似乎是否定的，因为地球表面已有几乎一半的土地被拥有充足经费的熟练矿工彻底勘探过了，而且各个年代用于开采金银矿的机器设备进步的速度，似乎同其他重工业的机器设备进步的速度一样。因此，每英担金银的生产费用相对于其他原料而言，在很长时间内可能没有什么变动。而许多上等工业品的价格相对于其原料的价格而言则可能继续下跌。但部分地由于这个缘故，原料的价格支配其成品价格的趋势将愈来愈大。总的说来，似乎没有充分理由认为，在不久的将来金银的成本会相对于其他物品而言大大增加。人们已注意到，交通工具的能力和速度的日益增长，减少了世界范围内各种不同物品的相对价格的不相等，而且金银的流动性如此之大，以致它们在各地以其他商品表现的价格，比各地以不等成本所制造的大多数物品的相对价格，更趋于一致。这种基本稳定的情况也许可以维持相当长的时间。不过，目前似乎还无法测知遥远的未来，虽然我们可以想象：经过有关若干学科的共同努力，最后或许能解释那些冷却以后会变成金属的气体和液体的来源。

总的说来，从古到今金银的势力一直在扩大和加强，但现在却在某种程度上有被一种更精确的标准代替的危险。因为，随着生

活艺术的进步（而且作为生活艺术进步的一个条件），人们对所使用的工具，尤其是货币，要求具有越来越高的精确性；他们正在开始怀疑，黄金或白银或两者结合起来，在他们的事业和合同日益扩大和延长的空间和时间内，能否为他们提供一个足够稳定的价值标准。毫无疑问，金银的耐久性将保证其储量不会发生很大的变动，它们的一般购买力也不会有急剧的波动，因而，它们将为延期支付和长逾几年的合同提供相当可靠的价值标准。“一条小溪虽可从细流变成急流，但对一个大湖的容积却不会产生什么影响。”然而其前提是：急流必须是短暂的，或大湖有一个很大的出口，否则大湖的容积就会比急流的容积增加得快。在世界历史上，金银的价值，一直不如维持人们生命的那些谷物的价值稳定。

3. 在大多数文明国家，银币曾是价值标准，但这一标准的精确性已由于银币数量的不断减少和成色的不断降低而减弱。

保持金银币于规定的量和质，本是轻而易举的事。但每一个有悠久历史的国家都几乎不断地降低其本位币的含金量。轻率降低硬币成色带来的恶果偶尔也使人进行局部的改正，但坚定的决心总经不住以后又出现的强烈的诱惑力。①

① 在英国，降低硬币成色的过程较慢。每先令的含银量只从威廉一世时代的270谷，降低到十六世纪初期的93谷，虽然在亨利八世统治时期降低的幅度很大。十七世纪末，先令的含银量实际上又有降低，但不是出于有意，而是由于疏忽，不过蒙塔古和威廉三世、牛顿和洛克在1696年恢复了原来的含银量。详情参阅肖的《通货史》和《英国货币史的作者们》（1626—1730），并参阅利物浦尔勋爵的《王国的硬币》及图克和纽马奇的《历史》第六卷。

德国硬币的成色降低得相当厉害，而法国的利弗尔更甚；参阅阿弗内尔的《价格史》Ⅰ、Ⅱ；拜塞尔的《中世纪的币值和工资》。

虽然一些鼠目寸光的君主可以通过降低货币成色，不顾及信用的办法来暂时获得少许利益，但他们并不想让私人也偷窃一部分硬币，从而进一步降低货币成色。因此，只有“惯性力”才阻止他们不采用新的造币技术。他们学会了精确地控制铸币的大小和形状，使印记精密地与圆硬币配合，学会了用重型机器给硬币轧花边，或在硬币边上轧印出凸字短铭。第二步是把硬币造得坚硬，耐磨，以便能压印出清晰的低浮雕。低浮雕硬币耐磨，磨损很容易被看出，而且没有贵重的器具不易仿造。

大家都知道，许多精美的硬币和一些完全符合技术要求的硬币是艺术家和极熟练的工匠不用机器制造出来的。但现代商业需要大量的硬币，艺术家和熟练工匠的劳动满足不了这种需要。即使能够满足，其很大一部分成本也不是来自铸造它的原料而是来自加于其上的劳动，以致其价值中的那种不可靠的因素很大，而现代要求把金币的价值钉牢在黄金本身的价值上的目的将不可能达到。①

白银从其性质来说比黄金更适合于在除了极富人以外的任何人民中间充当通货的主要材料；所以直到最近，一般说来，它或者单独地或者与黄金以某种形式联合地作为本位币的金属。英国货币的名称“pound”(镑)原意即是一磅重的不同形状和不同重量的

① 十八世纪末博尔顿采取了大规模生产标准硬币的第一个重要措施。他所采用的方法已得到了很大的发展。现代良好铸币所需的设备非常昂贵，除了那些经得起亏大本、为了获厚利而愿冒大险的人之外，任何人都无力购买。由于设备笨重，所需的工人众多，很可能引起当局的注意；同时，由于各国政府力量的增强以及电报等通讯技术的改进，其他国家制造的伪币很难在某一国家内流通。最后，各国政府的官员们比以前更愿意共同采取果断措施，来制止这种罪行。

银便士，利弗尔也是一样。

政府发行的银币，很容易折合为一定数量的黄金来流通，因为银币只用于国内，在大笔支付中不要求其他国家一定接受。但当中世纪的阴影已经过去，欧洲商业又开始以大规模固定和安全的方式进行的时候，商人们在交易中就对国王们所定的有关某些硬币价值的烦琐规则置之不理了。所以很久以前，黄金就被认为是“商人们的天然标准”[①]，许多受商人严重影响的政府，使它们的铸币的价值尽可能与黄金挂钩。由于这个和其他一些原因，规定金币与标准银币的比价的法令就经常一再修改。[②]

在现代历史上的大部分时期，白银或多或少稳定地与黄金相结合，是大多数国家通货的基础。但在最近的大战以前，世界上所有主要的通货实际上都以黄金为基础。除了在少数国家（多半是盎格鲁-撒克逊国家）外，老百姓都不大量买卖黄金，但大战以前的

① 哈里斯《论铸币》（1758 年），第 89、90 页。

② 一些相邻的国家规定比例，彼此不协商，往往互不一致。在这些法令生效的范围内，这种不一致引起了黄金在各国之间经常不断的流动。贸易常被禁止，虽然国家损失巨大，但个人却可从中获利。不过，如果金币损坏得很严重，以致即使在本国也常常不是按照其面值而是按照其重量来使用，则这些法令将不能得到严格的实施。

在较近时期，英国几尼的价格（以白银计算）常通过布告来更改，但仍然赶不上市场上的变动速度，以致大家都同意把它作为相应的商品价值来定它的价格，而不按照上一次布告所定的比价。在 1873 年以前的普鲁士，银“塔勒”是本位币，但人们仍使用大量的金“克朗”。它们的币价每天在报上公布，按照那个比价，相当自由地流通。当然，如果接受硬币的人认为一二天内价格将有所下降，则会有讨价还价。这就是说，黄金和白银都被当作交易的媒介，但只有白银是名副其实的货币，因为当时没有一个建立在黄金和白银相等基础之上的完整的币制。

关于这一点，利物浦尔勋爵在 1805 年所著的《论文》中，特别是在“金银比价的波动所引起的巨大不便和损失”那一章中提供了详细材料。

西欧国家，以及数目增加很快的另一些国家，一般都准备了足够的黄金，以便使各种通货都与表现其价值的金价挂钩。

4. 英国金镑（平时）是用适当的材料铸造成的，不收铸币费。金镑实际上是金块，由公家出钱来保证其重量和质量。英国先令也是一样，政府把一定数量的黄金印在银币上。

杰文斯说得好："硬币是一块金属，其重量和成色由印于其表面的图案如实地证明。"这句话在某种程度上适用于所有硬币，但特别适用于已成为英国通货价值标准的金币。如果硬币中所包含的黄金比硬币本身容易得到得多，那么，非法造币者的机会就太大了。

金币需要用白银和青铜制的"代用品"来补充，这样称呼它们是因为它们的价值（或"威信"）来自金镑的价值。只要它们在流通，它们的购买力就取决于金镑的价值，也就是说，实际上取决于黄金的价值，只加上对于黄金间接抽取的微不足道的铸币税。健全货币制度的特点在于，每种通货的价值都非常稳定地固定在本位币的价值上，使每一个人除了自己一时的方便之外没有任何理由喜欢这种通货而不喜欢另一种通货。这样，每一个人便根据交易额的需要把自己掌握的通货分配于金币、纸币、银币和其他硬币之间。因此，人们的经济状况、习惯和性情决定着人们每掌握一百个金镑要有多少各种代用品。①

① 商人的营业性质必然在很大程度上支配着他在这方面的行动。但对其他人来说，价值一先令的铜币和价值一英镑的银币一般则嫌过多。工人阶级中有自尊心的成员所掌握的铜币的数量也许和其他任何人所掌握的铜币的数量差不多（据说，采用按便士售货的自动出售机以来，人们所掌握的铜币的数量大大增加了）。中下层阶级中有自尊心的成员掌握的银币的数量也相当大。

英国金镑(在平时)是一种特别可靠的价值标准,因为政府把适当质量的黄金铸成一些总重量相等的金镑是不收铸币费的。〔固然要为化验、铸造等等花几天时间,在这几天以后才能交还。除把金条变成比金镑更适合于出口的材料之外,这种延误的间接损失实际上是微不足道的。〕

当然,任何金币的交换价值都不可能大大低于它所包含的黄金的价值,因为以金币形式表现的黄金如果比别种形式的黄金便宜,金币很快就会被熔化掉,另一方面,只在被铸成硬币的黄金高于未铸成硬币的黄金的幅度超过铸币费时,人们才会铸造金镑以外的金币。不兑现的纸币实际上担负了将近百分之一百的铸币费。相反地,担负2%铸币费的硬币,可以说与不兑现通货一样,有降低其价值2%的缺点。在硬币当中,只有金镑一直是可以用于所有方面而其价值无显著降低的金块,因而同其他硬币相比,更适于充当国际金融单位。英国(平时)不阻止任何人向外输出黄金。正是由于这些原因和其他一些原因,伦敦获得并维持了世界金融市场中心的地位,直到世界大战的紧急关头迫使伦敦向纽约大举借款时为止,这一地位甚至没有受到过威胁。总之,由于金镑是一种靠得住的商品,在各地都以其宣布的含金价值来买卖,它在国际上几乎可以说是通行无阻的。其价值中唯一不可靠的信用因素,是它所依附的黄金的价值本身,而黄金的价值不决定于国内,而决定于国际的影响。先令在英国实际上是二十分之一个金镑或五谷半黄金的信用券;在国外,它的价值是在其有价值的市场上扣除直接或间接的买卖费后的信用价值(如果它真能这样买卖,它平时的价值将大大低于三谷黄金的价值)。

因此，在正常情况下，英国政府对金币的质量负责，而不对其数量负责，因为金币的数量是由世界上黄金的供给及国内对金币的需求决定的。另一方面，私人不能把白银或青铜送到造币厂请求铸币，结果，“代用品”的供给便由政府根据银行及其他企业提供的关于社会需要的情报来控制。在这种情况下，银币和铜币就只不过是印在普通金属上的代表不同数量的黄金的不兑现纸币而已，但由于给它们规定了一定的法偿数量，并使它们的供给适合于人们的需要，所以仍能保持其名义价值。

第六章　硬币(续)

1. 格雷欣规律:劣币,如其数量不加限制,将驱逐良币。

配第发表了一种大家都同意的看法,他说:“全世界都用黄金和白银来衡量各种物品,但主要是用白银,因为不宜有两种尺度,所以在许多物品中,比较适宜于充当尺度的,就必然成为唯一的尺度。”①

代用品不应该用优于本位币的金属来制造这一原则,与所谓“格雷欣规律”关系很密切。格雷欣规律的大意是,劣币会把良币驱逐出流通领域。当然,“良”和“劣”这两个词并不是指铸币技术的优劣,而是指用来制造硬币的金属的价值。

该规律所依据的事实是:每当某种硬币的金属价值超过其流通价值的时候,这些硬币就会被熔化掉或被输出到其他国家。正如海平面降低时最先露出水面的是最高的岩石那样,在价值相同的所有硬币的流通价值水平逐渐降低时,最先高于流通水平的是硬币的金属价值,因而最先被熔化的是最好的硬币,然后是次好的

① 《赋税论》1667年第2版第17页。“劣币驱逐良币”这句格言,似乎是在1560年格雷欣起主要作用的宣言中初次使用的。参阅帕尔格雷夫的《政治经济学辞典》,“格雷欣规律”这一词条,并参阅吉芬在《经济学杂志》第1卷里所作的注。

硬币,留下的是最坏的硬币。这就是格雷欣规律的实质。①

格雷欣规律常被认为是自相矛盾的。但实际上它却代表着一大类规律,这类规律虽然很少引起人们的特别注意,但在日常事务中却起着作用。即使是给自己盖房子的人,当他可以买到同样坚固而较便宜的白砖时,也会注意不用昂贵的红砖砌造那与邻居共同而谁也看不见的墙。根据合同为他人盖房子的人则将更进一步;他盖房子用的白砖或红砖不会比合同规定的好;符合合同要求的次砖将驱逐好砖,如果好砖对他还有其他更适当的用途的话。

格雷欣规律所指出的趋势是强大的,但不是不可抗拒的。如果建造合同允许次砖和好砖搭配着用,那么,只要有足够数量的次砖来满足一切需要,次砖就将驱逐好砖。假如没有足够数量的次砖,则好砖就将与次砖同时使用,在这种情况下,供给次砖的人们也许会联合起来把次砖的价格提高到好砖的水平。

同样,如果一盎司黄金的生产成本只等于十盎司白银的生产成本,而造币厂接受一盎司黄金与接受十五个半盎司的白银的条件一

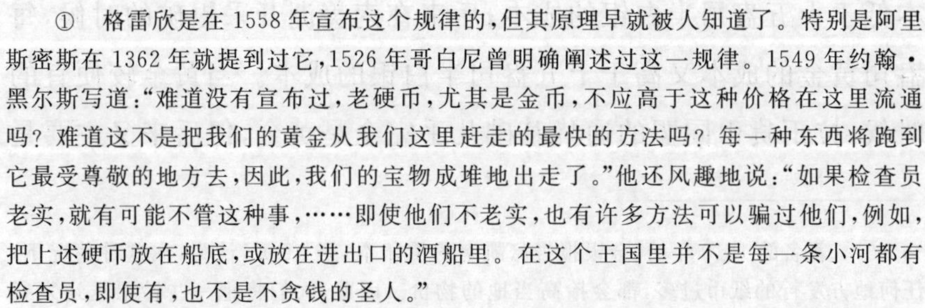

① 格雷欣是在1558年宣布这个规律的,但其原理早就被人知道了。特别是阿里斯密斯在1362年就提到过它,1526年哥白尼曾明确阐述过这一规律。1549年约翰·黑尔斯写道:“难道没有宣布过,老硬币,尤其是金币,不应高于这种价格在这里流通吗?难道这不是把我们的黄金从我们这里赶走的最快的方法吗?每一种东西将跑到它最受尊敬的地方去,因此,我们的宝物成堆地出走了。”他还风趣地说:“如果检查员老实,就有可能不管这种事,……即使他们不老实,也有许多方法可以骗过他们,例如,把上述硬币放在船底,或放在进出口的酒船里。在这个王国里并不是每一条小河都有检查员,即使有,也不是不贪钱的圣人。”

硬币可以很容易地被人偷偷地熔化掉,以致当有大利可图的时候,不管惩罚多么严厉,总有人熔化硬币。有时除了惩罚外,还要求想输出金银块的人宣誓,说它们不是熔化来的。这种被称为“发过誓的金银块”市价极高;这种增加的价值通常被称作假誓及其所附风险的市价。

样，那么，黄金就会把白银驱逐出流通领域，因为按照该厂的规定，黄金是贱金属。另一方面，如果一盎司黄金的生产成本等于二十盎司白银的成本，则在同样的规定下，白银是劣金属，它将驱逐黄金。

一般认为，格雷欣规律是针对铸币而言的，它告诉人们存在着一种把良币驱逐出流通领域的趋势。不受政府有效控制的银行纸币则有相反的趋势：非法偿货币如果丧失了信用会停止流通。[①]

2. 按固定比价永久维持以金银为基础的通货所遇到的困难。

最近爆发的大战使铸造贵金属货币方面的许多协议失去了效力。其中最令人感兴趣和最重要的是"拉丁货币同盟"，该同盟实际上是一些欧洲国家的组织，这些国家的语言中拉丁成分要比条顿成分占优势。在这个同盟中，缔约国家的造币厂，根据一盎司黄金等于十五盎司半白银的比价，对黄金和白银一视同仁，这被称作"复本位制"，但似乎常有变成"交替本位制"的危险，而且也确实变成了"交替本位制"。人类从自然界中开采每盎司黄金所花的劳动和费用，并不是总与开采十五盎司半白银所花的成本一样。当人们在澳大利亚和加利福尼亚开采大金矿的时候，每盎司黄金的成本低于十五盎司半白银的成本；后来在南美洲开采银矿的时候，每盎司黄金的成本又高于十五盎司半白银的成本。当黄金较便宜的时候，拉丁货币同盟的通货基础几乎完全是黄金，但后来又主要是

① 著名的1810年的《金银报告》（凯南的重印本，第61页）认为，在这种情况下，任何地方发行的纸币过多，都会抬高当地的物价。因此，人们将把一些钞票送还发行银行，而要求调换成英格兰银行的钞票或伦敦的汇票，以便能在伦敦买东西，因为那里的物价不高，通货没有膨胀。在预测将来的情况时，该报告认为，如果英格兰银行的纸币发行过多，则将按同一比例扩大英国的整个通货基础，增加的总通货量将远远超过英格兰银行直接增加的通货量。

白银。也就是说,在一段时期内,拉丁货币同盟的通货购买力的变化——在通货依靠贵金属的前提下——几乎完全为开采白银的成本所支配。过了一段时期,钟摆则摇向相反的方向:人们发现了新的金矿,用开采十五盎司半白银所需的劳动和费用可以得到一盎司多的黄金。在这种情况下,拉丁货币同盟的通货基础几乎完全是黄金,缔约国的物价——在通货依靠贵金属的前提下——几乎完全又为开采黄金的成本所支配。这样,所谓"复本位制"实际上是交替地受黄金和白银这两种金属的影响。

毫无疑问,如果世界上所有的商业国家订一协定,令其造币厂按照一合理的比价对金银开放,则只要这一协定被遵守,就会把这两种金属的价值束缚在这个比价上,除非这两种金属中的一种完全被驱逐出流通领域。(白银当然不能直接当做大宗买卖的交易媒介,但它可单独充当政府发行的纸币的基础。)但由于人的本性作怪,在采矿条件的变化使这两种金属的相对生产成本大大不同于协定上所规定的比价之后,这种协定似乎不可能持续很久。特别是,如果黄金是因这种变化而被低估的金属,而人们又知道生产方面对黄金的需求将急剧增加,那就会引诱一些政府把黄金储存起来,因为它们知道,协定一旦中止,它们从拥有大量黄金所得到的利益,就将比从储存白银所得到的利益大得多。虽然在协定规定的比价下白银与黄金相等,但当协定停止生效后,其价值就将大幅度下跌。在现代,黄金特别适用于作战争经费,这将进一步加剧对黄金的抢购。

一个包括世界上几乎所有主要国家的协定(我们可称之为"世界联盟")很可能会遇到拉丁货币同盟所遇到的那些困难及其他许多困难。拉丁货币同盟是由性质相同的国家组成的,它们都有丰

富的商业经验，有同样的经济需要和资源，特别是，其中没有一个对采金或采银有直接的重大利益。但在世界联盟的成员中，必定有一些国家具有不同的经济传统，有一些国家对白银或黄金特别感兴趣，同时成员国之间还潜藏着爆发战争的可能性。在这种情况下，如果矿山的生产能力有可能偏离规定的比价，马上就会谣言四起，说协定有被破坏的危险，就会有人提出修改比价，同金银有很大利害关系的富人也会推波助澜，这将扰乱信用，其广度和深度也许将是史无前例的。

当然，订立国际协定的做法现在确实正在推广到商业和政治的一切领域中，而大约三十年前这还被认为是不可能的；再过几个世代，国际舆论的心理力量便可能足以使任何国际协定得到遵守。但另一方面，考虑周到的人对世界各国的通货依靠两种金属而不依靠一种金属的优点所作的评价，似乎不如以前那么高了。人们越来越清楚地认识到，“以固定比价铸币”的方法（通常被称作“复本位制”）至少可以恰当地称之为“交替本位制”。然而，如果愿意的话，确实还有另一种方法可以使金银共同成为各国通货的基础。

当黄金实际上单独成了世界上大多数文明国家的国际标准单位时，整个西方世界确实有如释重负之感。使这成为可能而未引起物价严重波动的原因是，黄金的供给大大增加，荷兰的方法得到了推广。荷兰所采用的方法是：在荷属东印度群岛的对外贸易中，规定以当地通货按固定比率买卖荷兰的汇票以及金本位通货，从而在国际贸易中，把荷属亚洲殖民地的银币的价值钉牢在黄金的价值上。

3. 虽然按一固定比价铸造金币和银币会使物价的变动在很大程度上交替地受黄金和白银的生产的支配，但可以采用一种方法使这两种金属共同起作用;这种方法可称为对称本位制。

本人在1888年曾向金银委员会提出一个方案,建议在黄金和白银的共同而坚固的基础上创立一种国际通货。[①] 其内容如下:

李嘉图曾建议,我们应该使用一种纸币,其基础不是硬币,而是带有印记的每个重二十盎司的金条。他认为,如果通货过多,其价值有低于金价的迹象,人们就会拿它向造币厂兑换金条向国外输出;如果通货不足,人们则会拿金条向造币厂兑换通货。在国内,这种纸币将是一种理想的交换媒介,而支付对外贸易差额,则带有印记的金条比硬币更适用些。

我的通货方案不同于李嘉图的方案的地方,只在于我主张实行复本位制,而不是单本位制。我建议,在造币厂或发行局兑换的,不单单是黄金,而是黄金和白银这两者;其比价不是一英镑兑换113谷黄金,而是$56\frac{1}{2}$谷黄金和$56\frac{1}{2}\times20$谷白银。我建议用克计量金条和银条的重量,以便能在国际贸易中通用。人们可以用一根重100克的金条和一根重(比如说)100×20克的银条在货币发行部门兑换一定数量的通货;这个数量应该在该方案被采用时一劳永逸地计算和固定下来。(20这个倍数,或任何其他倍数,应果断地予以确定而保持不变。如果我们主要用黄金来规定通货的价格,那银条的重量就该很轻;如果主要用白银来规定通货的价格,则银条的重量就该是金条的50倍或100倍。但如果我们想使这两种金属具有大致相等的影响力,就应该考虑到这两种金属的

① 参阅《最后一份报告的附录》(C. 5512—7),特别是参看对第9 837个问题的回答。该方案的许多内容可参阅1887年3月号《当代评论》上的那篇文章《补救物价波动的方法》,该文讨论了与通货政策有关的一些问题。

现有储量，使银条的重量等于金条重量的20倍。）

凡是只想买卖黄金或只想买卖白银以兑换通货的人，都可以先按照市价把黄金换成白银或把白银换成黄金，然后再兑换通货。政府每天规定黄金和白银比价，以使这两种金属的储量保持适当的比例，从而确保兑换的进行，于是任何人都可以买卖金银以兑换通货。

为了保证兑现，通货的数量不得超过货币发行部门保有的金银准备的两倍，只有在紧急时期，在最低贴现率比方说高于10%的时候，才可违反这个规则，或者像现在这样由政府当局重新规定，或者听任其自行调整，我认为后一种办法较好。国家应节省大量通货，使其能超过上述界限储备价值两千万英镑的金银块作为正常准备，从而不像现在这样，每当哪怕一小部分金银外流，就银根骤紧。和现在一样，仍将有银辅币和铜辅币，但由于金币价值的一小部分就足以供伪造者用，所以看来不再值得铸造金辅币了。

李嘉图是在国内外滥发纸币而使所有精明的人都厌恶纸币的时候提出他的方案的。现在人们更加厌恶没有坚实基础的纸币（即所谓软货币），而喜欢有可靠保证可兑换成硬金属的纸币。许多人对这一奇特的方案也许根本不屑一顾，但我认为，人们只要能够克服内心对纸币的厌恶，就会发现该方案有下面一些优点：(1)它是经济的、可靠的；(2)虽然经济，但其大量金银准备将能避免现在在金融市场上经常出现的大起大落；(3)该方案的重要性将随金银的平均价格的变动而变动；(4)该方案并不想控制金银的相对价格，因而即使1盎司黄金值50盎司白银，它也不会受影响；任何国家都可以立刻采用该方案，没有任何危险，特别是适用于英印帝国；(5)如果若干国家共同采用该方案，它会立刻奠定一个完善的通货和物价的国际基础。如果愿意的话,法国仍可以使用法郎,英国仍可以使用英镑,美国仍可以使用美元。但每一张20法郎的钞票将在其票面上标明多少法郎可以换一条100克重的标准金条和一条2 000克重的标准银条,因此便可一劳永逸地确定100法郎等于多少镑,多少先令,多少便士。那时将可以不再考虑铸币费或硬币的磨损。法郎、英镑或美元将同样支配着一定数量的金条和银条,金条和银条将成为理想的国际支付媒介。

应补充说一句,早在一百多年以前,就有人提出取消金币和银币,而把通货的价值钉牢在金价或银价上或同时钉牢在金银两种金属的价值上。当时人们所受的影响,在某种程度上与大战以后人们所受的影响性质是相同的,但程度更为严重。从1819年亚历山大·巴林和李嘉图向上议院秘密委员会提供的证词中,就可以很清楚地看出这一点。他们赞成这样的建议:“银行”应拿未铸造成硬币的黄金或白银向“标准价格造币厂”换取钞票,而不是拿硬币换取钞票;同时,银行应以较低的价格买进金银。[①]

① 金银交易的数量应加以限制,造币厂仍应对铸造金币开放:他们援引了汉堡银行的先例。补充的次要条件是,不得用小额交易麻烦银行。他们提到,金银相对价值的变动可能带来一些困难,但他们指出,经验表明金银相对价值的变动不大。巴林提出,黄金应具有不变的标准,白银应当充作黄金的等价物,其比价“应每隔十年或每隔规定的一段时期调整一次”。

补充说一下,不久以前很流行的一种看法认为,“复本位制”(在按固定比价铸币的意义上)必定会引起物价大幅度上涨;这种看法似乎根据不足。只有在这两种金属作为通货的基础而相互结合的比例(比方说16∶1)使得增加16盎司白银比增加1盎司黄金更容易增加通货时,物价才会大幅度上涨。但自然界对这两种金属的储藏量一直是遮遮盖盖的。我在1888年12月及1889年1月向金银委员会提供的证词(见QQ6623—10226)中,以及1899年1月向印度通货委员会提供的证词(见QQ11757—11850)中,都提出了这一点。

第二编

商业信用

第二章

[illegible]

第一章 现代资本市场的发展

1. 私人资本——不包括对土地、房屋和奴隶的占有——直到近代才数量大增。

在大工业时代的早期，资本主要由奴隶构成，或至少由农奴构成。但商人却把资本大量投放于存货中，有时也投放于船只或大群骡子或其他驮兽中。

罗马以武力发了财，但以商业精神繁荣了经济。它成了欧洲大部分地区的大工业中心。当它衰落的时候，君士坦丁堡起而代之。在这整个期间，资本主要是投放于船只和奴隶方面，其次是待售的货物方面：当时生产工具并不昂贵。

后来，人们利用瀑布和风的生产能力建造了一些工厂，其中每一个都吸收了大量资本。但若干世纪以后，用蒸汽作动力的工厂和铁路成了国内资本的主要化身，同时用蒸汽推动的船只对统一资本主义世界的贸易发挥了巨大作用。

在资本主义发展的初期，富翁或由富翁组成的小集团占据了首要地位。在现代，许多铁路公司和其他企业在很大程度上则为许许多多小资本家所拥有。由此而带来的主要结果是一方面加强了中产阶级相对于工人的地位，另一方面加强了中产阶级相对于富人的地位。

据说，“capital”（资本）这个词最初是指游牧部落的主要财富牲口的头数，后来是指在耕种土地或“manufacture”（制造）方面所使用的奴隶的人数；“manufacture”这个词的原义是直接的手工劳动。在中世纪，封建的土地占有制使“土地占有者”对居住在其土地上的人拥有某些权利，后者必须向前者提供劳役。而土地占有者则从君主（即国家）那里得到土地，间接地“占有”它，但实际上他们是拥有土地，只不过要向君主尽某些义务（一连好几代律师都在解释和限定这种义务），直到国家的土地成了私产，从而被认为是一种特别稳定的资本为止，这种情况才中止。

在这种情况下，地主本应开办一些大银行，来为迅速发展的工商业提供所需的资金。当时推动工商业迅速发展的因素是世界贸易的扩大，以及制造业和海陆运输业设备的成本和效率的不断提高。但实际上，工商业却一直是大量资本的主要来源，这使得人们在当代几乎能够蔑视这样一条严酷的自然规律，即：把更多的人力加在已经耕种得很好的土地上，会使“报酬”不断“递减”。

2. 商业信用的早期状态：资本家主要是商人；最大的借款人是君主和共和国政府。

现代信用的作用在两方面不同于早期的信用。以前大都是职业放债者借钱给浪荡子弟，而现在则主要是生活节俭的人借钱给不乱花钱的国家，借钱给私人经营的或合股公司经营的大企业。其次，以前借款人一般要受放债人的催逼，而现在借款者则大都是从事生产、运输或商业的有权有势的企业。

君主常常为了战争而大量借款，但大部分借款都被他们自己和他们的宠臣挥霍掉了，偶尔也为筑路和兴办福利事业而大量借钱。的确,他们有时打着兴办急务的旗号大举借债,而把其中很大一部分用来供自己及其朝臣们挥霍。在这种情况下,往往是由银行家和其他资本家出面借款,因而放债者可向法院控告这些名义上的借款人,而这些名义上的借款人则可以向实际借款的君主施加压力,威胁说以后不再借钱给他,从而迫使君主给他们可靠的物质担保品。

但数额最大的借款毕竟还是那些人们认为是消除国难所必需的借款。这方面的例子有英国政府在拿破仑战争时期的借款、美国内战期间和最近欧洲大战期间的借款。

为此而提供贷款的人一般都,或至少一部分是出于爱国的、无私的动机,他们由此赢得了人们的尊敬,从而彻底消除了那种流行很久的看法,即高尚的人不应做贷款生意。①

3. 在英国,有一时期,商人是主要的信用借贷人,但用于制造业的资本也在迅速而稳定地增加。

① 的确,在很长一段时期内教会领袖在其著作中坚持认为,借钱给别人(不同于出租房屋、工具或其他有价值的商品),没有提供可以正当要求报酬的劳务。这种看法的理由是,借钱者往往是遭到不幸的人,当时人们还很少借钱来兴办大企业。

需钱用的人常常先以某一价格把自己的东西卖出去,然后过一段时间再以较高的价格把它买回来,这种虚伪的做法减少了全盘否定"高利贷"可能遇到的困难。也许有人认为,贷款和收取利息也是同样的双重交易。凡是当局禁止存在的东西,便谁也不去仔细想一想这东西是否真的一无是处。

关于这个问题的著作很多,而且有时很琐细。值得参阅的是克尼斯的《信用论》和拉斯贝立斯的《荷兰经济学史》。拉斯贝立斯在其著作的第六编谈到了荷兰国内出现的划时代的冲突,一方面存在着反对一切借款利息的旧偏见,另一方面人们则越来越倾向于把支配资本的权力转让给善于利用资本的人。比维斯在《商业法》(1761年)一书有关高利贷的章节中开列了一长串人们直到十八世纪中叶还采用的手法,来逃避那条禁止收取五厘以上利息的法律。

在中世纪，商人是主要的信用借贷人，他们信贷的数额大，条件合理，而磨坊主们则放账多而规模小。小额贷款的对象常是遇到不幸的人，其条件的苛刻在某种程度上使人们对“高利贷”抱有了成见。[①]

因此，商人们便可以贷出巨额款项而谋取厚利，其利率在资本充裕的现代也许是不合理的，但在当时的条件下却不算高。现在许多声誉卓著的银行，都可以上溯到这些发放信贷的商人。

大商人很受人们的尊敬；其中许多人继承了好几代以诚实地做大生意而赢得的声誉。但制造业却以几乎令人看不见的步伐，依靠粗野的人们在村舍里的劳动而成长起来；这些粗野的人从商人那里得到羊毛或亚麻，然后把这些原料制成呢料或亚麻布出售给商人，从而得到报酬。商人由此而被锻炼成了银行家。

但银行业与工业的关系在逐渐变化。原始手工业让位给了大工业，在大工业中传统方法已无用武之地。不断变化的环境要求制造业者头脑灵活，不向后看。如果他头脑灵活，总是向前看，他就会获得发展，成为富人。固然他也需要了解过去，但他了解过去主要是为了弄清现在同过去有什么不同，从而更准确地预见到将来同现在有什么不同。

制造业上升为金融界的主要顾客，部分是因为不断发展的制造业需要大量资本。但在很大程度上也由于以前需要具有建设性的想象力的是向手工业者们定货的商人，而现在则要求制造业者

① 借款者往往不知道，月息五厘的一镑债务（如果让它滚下去）四年以后就是十镑，十六年以后就是一万镑。但高利贷者对这一点却很清楚。他们知道不可能完全收回这样利滚利的债务，所以便想方设法避免收回全部债务及其利息，劝借款者不要为偿清债务而苦恼。

和商人都具有建设性的想象力。在许多情况下，建设性的想象力实际上首先是来自制造业者，商人只不过是亦步亦趋而已。这种变化，加上不断发展的制造业所需要的资本的增加，改变了而且正在改变着国内和国际信贷市场的结构。①

当大工业的体系确立起来之后，它便不再依靠商人来供给资本，而向银行家去借，银行家则以从一般公众那里得来的钱来补充自己的财源。特别是他们能发行钞票；而钞票可以在市面上流通，这实际上等于公众暗中向银行发放贷款，贷款最终又转到一般公众的手里。最后的结果是：公众几乎无偿地把发行钞票的权力给予银行，银行则把钞票当作提供贷款的主要工具，在双方商定好贷款利息（或贴现率）后，又向公众中的某些人提供贷款。

4. 因为贷款利率通常用货币来表示，所以它实际上（而不是表面上）很容易受货币购买力变动的影响。②

现代商业信用的用途，一般人都了解。本书作者在其以前的

① 在《工业与贸易》第一编第九章里，我曾谈到现代商业的基础是一般信任和信用，并谈到为什么现在工业界的领袖会享有以前只有大商人才享有的声誉，为什么他们现在负有那么大的责任。还谈到采用现代工业方法，首先是把工业从城市迁到了僻静的地方，因为那里瀑布的力量可以用来推动纺织机器和其他机器。但这种力量很少集中于一处，能为一座大工厂提供所需的全部动力，因此人们常利用河流来连续不断地推动许多小工厂的水轮，有时这些小厂同属于一个主人。

好久以前，我曾见到一个矿井利用约四分之一英里以外的瀑布作动力。水推动一个巨大的轮子，轮子每转一圈便把装在滚筒上的一长串木制滑车拉到坑口：轮子转到半圈时，滑车被拉到坑底，拉力停止时，一个几吨重的平衡力又把滑车拉到坑口。现在花不了多少钱就可以很容易地把机械能变成电能，或把电能变成机械能，因而上述器械已经过时了，但它们仍值得人们尊敬。

② 这一节主要转载本书作者 1899 年向印度通货委员会（Q. 11,765）及 1888 年向金银委员会（Q. 9,981）提供的证词。

一些著作中对这个问题也有许多论述。[①]

“利息”这个词严格地说是指任何人在一定时期内因为提供贷款而得到的报酬；贷款对象或者是私人，或者是政府（例如购买统一公债），或者是企业（例如购买铁路公司的债券）。可以想象有这么一个世界，在那里有利可图的投资机会如此之少，以致人们愿意把他们的资本委托给政府或其他一些可靠的接受者，他们除了要求能随时提取全部本金外，不希望有其他报酬。在这样的世界上，人们不会知道有利息这种东西。即使在我们这个世界上，在一些落后地区，人们也很少借钱来增加个人消费或做生意。因此，在这样的地区，可贷资本的供给，除了得到不丧失资本的保证之外，不可能得到高额利息。

一般说来，利息因借款人想要多借款或贷款人不愿多贷款而上升。第一种现象一般表示信心的增加，经济有可能更加繁荣；后者则表示相反的情况。在价格高的时候，贷款给一个人，会使这个人成为另一些人的好主顾，从而使后者也想借钱，而这又使他们成为另一些人的好主顾，如此一环套一环地发展下去。所以，货币购买力下降，过一段时间往往会提高投资的利率，无论是长期投资还是短期投资，都是如此。大量发放短期贷款，是那些不发行通货的银行的利润之主要来源。银行发放信贷大都采用支付现金换取汇票的形式：汇票承诺于某一日期（常常是三个月以后）支付一定金

① 特别请参看《经济学原理》第二篇第六至八章，“资本利息，以及资本与经营能力的利润”，并参看《工业与贸易》第二篇第九章，“商业组织的金融基础”。根据这几章的内容所作的简短摘要见后面的附录D。

额，由此所作的扣除叫作“贴现”。[①]

短期贷款在技术上的这种不精确之处是很明显的。但这种不精确对利率的影响，同货币一般购买力的变动对贷款的实际利率产生的影响（尽管以货币计算的利息不变）相比，则是微不足道的。显而易见，如果在借款人偿还借款以前物价普遍上涨的话，则他将获利。因为物价上涨就是通货价值下跌，因此他就能以低于物价不变时的成本得到要偿还的通货。上面第一章第一、三节已经指出：如果一个人在4月里借了一配克绿豌豆，而在6月里归还两配克，那就等于没有付利息，甚至连本金也没有还；如果一个人借了一百英镑，按合同在年底归还一百零五英镑，而在此期间货币的购买力上升了10%，那么，他如果不比年初多卖出十分之一的商品，就得不到他必须归还的一百零五英镑。另一方面，如果物价的上涨使货币的购买力在这一年中下降了10%，那么，他出售年初值九十英镑的东西就可以偿还那一百英镑。因此，他不但没有付5%的利息，反而得到了5.5%的保管费。

这说明了这样一条原理，即如果人们预期通货的价值与商品价值相比将逐渐下跌，那就将提高一般利率；如预期通货的价值将上升，则即使需求和供给的一般情况没有变化，利率也将下降。物价涨落与利率涨落之间的关系也是如此。

当然，通货的购买力突然下降，也就是说，物价突然上涨，可能是由国内的歉收造成的，这显然是一件坏事；也可能是由别国的歉

① 因此，如果贴现率为4%，银行就要付给三个月后到期的汇票九十九镑。当然，以4%计算，九十九镑在这个期间的利息少于一镑。

收造成的，例如 1891 年印度物价的上涨主要是俄国的饥荒造成的，这对印度来说是一件好事。但物价突然上涨，特别是在西方，一般都是通货膨胀或信贷增加造成的。如果高信用是工业体系通过前一时期的低信用清除了不健康因素后的复兴，则高信用可以说是恢复健康的好迹象。但高信用伴随以更加谨慎地使用信贷，使物价更加趋于稳定，则高信用可能只是暂时有好处，尽管从长期来看可能更加有益。事实上，信用膨胀会使贷款者们轻率大意，所有商人似乎都可能得到厚利，一些投机商可以用借来的钱贱价买进和高价卖出而致富。他们的致富并不能增加公共财富，只不过是成功地抢劫公共财富的结果。他们的致富使商业呈现出虚假的繁荣景象。贴现率取决于不同企业的平均利润，也就是部分地取决于寻找投资机会的资本额与修建新船坞，购买新机器等的机会的比例，而投资机会的多寡，在其他条件不变的情况下，实际上主要取决于人们预期物价是上涨还是下跌，因为如果他们认为物价将下跌，他们就不愿借钱。一方面是贷款的供给，另一方面是人们借款的愿望，决定了贴现率是八厘、六厘、五厘，还是二厘；在这种情况下，若再注入放贷人手里少许黄金，就会使供给多于需求，使贴现率低于其均衡水平（不管均衡水平有多低），从而刺激投机。

诚然，由于投资场合少，资本供给多而引起的贴现率下降，是不会增加投机的，因为其本身就是因不易找到有利的投机机会而引起的。然而不久之后，尽管有利地使用资本的机会仍然较少，但贴现率却会低到足以吸收资本的程度。于是就在贴现率较低的情况下形成了贷款的需求与其供给之间的新均衡。新的贴现率是由于使资本落在投机者（他们在旧的贴现率之下不接受资本，但在新的贴现率之下却接受资本）手中而使贷款的供给与需求达到均衡的。因此，不管他们的投机采取何种形式，几乎肯定要直接地或间接地抬高物价。这是主要的问题。

但还有一个次要的问题，在某些情况下，它比主要问题还重要。这就是，当有一批黄金要运来的时候，人们事先是会知道的，因而预料物价将会有所上涨。在这种情况下，一个对是否借钱来投资犹豫不决的人，就有理由相信，物价将会上涨，从而愿意付三厘的利息来借一笔款，而在以前只有当利率不超过二厘五的时候，他才会借钱。所以，黄金流入国内，会使人认为物价将会上涨，从而增加对购买商品的手段即通货的需求，使一些人在物价上涨中获利。因此，黄金流入国内会抬高贴现率。这个问题将在下面第四编第四章里进一步讨论。

第二章　合资中的资本所有权[①]

1. 英国在大规模经营工商业方面的最初经验。

从前，工商业所需的物质动力是来自兽和人的肌肉，只稍微借助一点风和瀑布的力量。现在则大部分以某种方式来自煤炭。人在这方面的主要任务，是为此目的而设计和供应适当的机械。十八世纪首先从事这项工作的伟人们不可能预见到他们将直接对工商业的技术，以及间接对金融机构所产生的全部影响。后来一些有限公司和老牌的合股公司从事起英国与遥远国家的贸易并在那里建立了许多企业，这也许使人想到，随着与外国有关的工商业的发展，将有越来越多的股份落到不直接从事工商业的人手里。但人们并没有想到，过不了多久，就会有许多主要供应国内市场的工商企业在很大程度上为了从事工商业的人所拥有。

的确，当时人们不可能预见到现在的大工厂是什么样子。当时制造业中的许多工具是如此简单和便宜，以致人们可以在农舍里干活，因而任何工业中的大工厂都只不过是由许多小厂集合而成的。如前所述[②]，这种方法目前只是在纺织行业的一些部门中

---

① 熟悉本章的基本观点，对全面掌握本书的内容似乎是必要的，但有些读者也许只喜欢读一读各节的标题。

② 参阅《工业与贸易》附录C4。

采用,但以前采用的却很普遍。因此,资本不多的人创立较小的企业,不会遇到多大困难。

许多现代企业如没有大量资本,是不可能顺利发展的,而那些从事长距离运输的企业更需要有巨额资本。的确,在一些工业部门中,用少量资本是创办不了企业的。才能卓著的人也许有时可以创办一个中等规模的企业,使它能够应付只有大资本才能应付的困难。但即使在这种情况下,当其创办人年老时或在其死后,这企业也常变为合股企业。

2. 短期贷款可以极为方便地从银行或其他放债人那里得到,而长期贷款则是直接从公众那里获得的。长期贷款通常采取债券形式;债券实际上是对有关企业的财产的留置权。

正如小帆船与大帆船没有根本的区别那样,短期信贷与长期信贷之间也没有根本的区别。但发放短期信贷和长期信贷的方法却有很大不同。一个精明能干的金融家固然能用不全部收回债务及其所生利息的方法,来把债务人拖住好久,但在现代,长期信贷是通过发行统一"证券"来发放的,这种证券可以在证券交易所买卖,虽然银行充当着某些顾客和证券交易所经纪人之间的中间人。另一方面,短期信贷则大都是顾客从其往来银行那里获得的。他可以把地契或证券交易所的证券交给银行,作为实际上的(虽然不是法律上的)借款担保品。但这种借款除了借款人的个人品德之外,往往别无任何担保。在合股银行业创办的初期,证券交易所的证券很少,那时很强调合股银行的职员不能像私人银行家那样随便发放短期信贷,因为后者在这样做的时候,只不过是使自己的资本冒风险而已。

“股份公司是一种公司或合伙企业，其资本分为若干股份，通常可以转让，每一股东都掌握一定数量的股票。有限责任公司是这样一种公司，其股东对公司的债务只负一定数目的责任，这个数目往往不超过每人所持有的股票额。”这种公司的股票常分为两类，即“普通股”和“优先股”。股份公司还可能发行“公司债券”。公司债券在某种程度上是债权凭证，凭它可领取固定利息；只要付出利息，债券持有人就无权过问公司的事务。所以公司的产业归股东所有。债券持有人实际上只是公司的债权人；只要他们如期收到利息，就不能要求提前归还他们的借款。公司的风险主要落在普通股东身上；但如果公司按照“有限责任”法注册登记，那么公司的债权人对他们所要求的，至多不过是他们股票的全部票面价值。如果这个数目不够还债，债权人可以要求用优先股东们所持有的股票的全部票面价值还债。如果公司破产，债券持有人可能会丧失应得的全部本金和利息，是他们对公司的其他债权人不负直接责任。

3. 有相当保证的长期借款(不包括政府的长期借款)的正常利率，现在是由股份公司债券的行市决定的。

经营良好的股份公司的可预见到的寿命，是决定投资者对其证券抱有多大信任的一个重要因素。一个人即使知道自己看不到某一公司的实力和声誉的全面发展，他也晓得，该公司证券的价值将随着公司的不断发展壮大而上涨，因而对自己以及自己的继承人将是一项较好的产业。的确，一个人在投资的时候，很可能既想到他自己将从投资中获得的直接利益，也想到它对他的继承人可能具有的价值。由于这些及其他类似的原因，一些一流商业企业发行的债券，常被认为和强大的政府发行的证券一样，可以带来可靠的长期收入。当然，有些企业，特别是与继承有关的企业，特别有理由选择那些有政府担保的证券。英国统一公债的价格高于其债息，部分是由于它可以优先用于信托基金的投资。

在股份公司里，开支经常需要与资产作比较。有形资产无须超过支出，因为一个年轻的企业常常有意花很多钱建立附属企业，其主要果实要在若干年以后才能收获，但是，凡根据这种理由申请的大笔开支，都需要经过严格的审核。

部分由于这个缘故，一项大的冒险事业常常由一群精明的资本家共同完成，他们可以各自对这项事业的价值作出自己的正确判断。只有在其纯利润已达到一定水平，可以使一切开支都获得好收入的时候，认真负责的人才会邀请公众来参加这项事业。①

① 他们往往自己留下大多数普通股票，直到新企业已得到公众的很大信任为止。在此期间，他们用出售债券所得的资金来应付急需。现在债券的确在很大程度上起着以前抵押单所常起的作用。

第三章　英国银行的发展

1. 绪论。

“bank(银行)这个词在经济学上有各种各样的含义,但都表示一个事物,即为某一共同的目的而贡献货币。”培根在论“高利贷”那篇文章里,当说到“如何最能避免它的缺点和保留它的优点”时,就是这样使用他的读者们所熟悉的“bank”这个词的。该词最初的含义与“mound”(堆)类似——因而与意大利文中的“monte”(堆)也类似——后来慢慢地用来指一些做货币买卖的机构。[①]

金融业和其他行业一样,也受到了日益增长的营业额、日益增多的标准化手段和不断发展的通讯技术的影响。必要时以密码发出的电文,使银行与其他金融机构之间,尤其是总行与分行之间得以保持密切的协作。实际上,在现代,几乎每一个大城市的居民都能立即间接地接近本国的金融中心。

这样,银行便从自由职业者以及其他顾客那里收到大量货币或对货币的支配权。它通过保管这种支配权并按照他们的指示,一般以支票的形式,把它转交给其他地方的银行,来为他们提供重

---

① 这段话摘自帕米格雷夫为新版《英国百科全书》所撰写的“银行和银行业”那一词条。

要的服务。对委托其保管大笔款项的顾客,它支付以低利息。当然,这些营业项目的细节因地点和情况的不同而各异。作为这种服务的报酬,银行对存在它那里的任何数量的货币有贷出权。它由此而获得的收入要比付给存款人的利息多得多。余额用来弥补贷款方面的小损失,给银行职员开工资和支付其他各种费用,最后剩下的便是银行所有人的收入。

现在英国银行的主要工作几乎都可以归在以下两大项目之下。一是把货币或对货币的支配权从一个人或一家公司手里转给另一个人或另一家公司。这种工作责任是很重大的,但却是一种日常工作。它要求做这项工作的人头脑灵活,严守时刻,一丝不苟,但并不太需要较高级的业务工作所特别需要的那种相当难得的能力。

银行的第二项,也是责任更为重大的工作,是决定应该向谁提供信贷,信贷额应该多大,应该以什么作为担保品。在银行建立的初期,发放信贷主要是依据对贷款申请人的直接了解,或依据他存入银行的不动产或可出卖的商品的凭证。现在则可以依据他存入银行的交易所证券,而且在许多情况下,只依据这一点就够了。在一般情况下,高质量证券的价格是天天公布的。因而银行通常无须作专门的调查,便可知道贷款申请人存入银行的证券的总市价是否高于其所担保的数目。有了充分保证后,虽然仍要求银行家具有灵活、机敏的头脑,但却不再要求他单独负责了。

不过,在许多情况下,新的商人或农场主,除了自己经营的店铺或农场外,别无可以抵押的东西。一个银行家若一直与住在其银行附近的人来往,则常常可以只根据个人信用很有把握地发放贷款，而这是那些与其顾客不直接打交道的大股份银行的分行经理所做不到的。可以想见，如果大银行的分行取代了所有小银行，则小农场主和小商人在困难时便无人可以求助，而只有向那些手段毒辣的私人放债者合贷。

关于英国银行业的发展，在附录E里还有补充说明。

2. 英格兰银行是银行家之银行，而且在某些方面是国家利益的监护人。

英格兰银行在停止兑现期间获得的精神上和物质上的最高地位，在黄金又充分流通以后被保存了下来。它不仅成了商人的银行，而且也成了银行家的银行，并一直保持着这种地位。的确，随着时间的推移，银行得到了进一步的发展，硬币使用得越来越少，每一次这种变化都加重了英格兰银行所负的责任。因为，虽然国内银行业务迅速增加，但不管是在伦敦还是在伦敦以外的地方，银行所掌握的现金准备却在不断减少。它们已习惯于只保存"备用现金"，即足以应付其顾客们支付工资和其他零星交易的现金。对发行钞票的银行来说，这个数目是很小的。它们的实际准备在英格兰银行手里；它们自己相互之间的较大来往，部分地通过各种"汇划结算"办法或相互抵销债务的办法来清算，其差额最初是用英格兰银行发行的纸币来偿付，后来则用对它开的支票来偿付。①

① 查尔斯·博赞克特(1870年)在说明了这一点之后补充说："受委托的经纪人们现在无时无刻不在伦巴第街上奔走，把一个银行家的任何数目的余款借给另一个银行家，为期不一，一周或一天，'甚至'在三点钟借出，四点钟即以汇票在票据交换所清偿。……伦敦的银行就好像是街道两旁装的许多贮水器，相互之间由水管子连接了起来。"(接下页)

由此便奠定了英国银行业两大特征的基础。英国银行业的第一特征是，金银准备较少，而在发生恐慌时全国巨大的交易额却要依靠这较少的金银准备获取直接信用；第二个特征是，英格兰银行享有特殊地位。实际上，它是社会的受托人，管理着社会的最后现金准备，尽管政府、议会或银行家没有通过正式法令委托它为了公众的利益管理现金准备。①

英格兰银行不仅已成了银行家们的银行，而且在直接影响国内商业信用的问题上已成了银行家的领袖。它的董事中有许多大商人。他们曾公开声明：一般说来，英格兰银行本身对他们所具有的利害关系，远不如国内商业的繁荣对他们的利害关系大，因此他们不能只顾该行股东的利益而牺牲公众的利益。他们常常必须很快地对一些棘手的问题作出重要决议。批评家们偶尔也怀疑他们的决定是否正确，但却无人说他们为了个人利益而牺牲公众利益。

(接上页)但下面这一说法在很大程度上仍然是正确的："英格兰银行是国家纸币的一个大调节器；当它增发或减发它的纸币的时候，地方银行家们也跟着效仿。"(参阅李嘉图的《金块的高价》，并与他的《答复博赞克特的考察》第五章和索顿的《论纸币信用》第八章比较一下。)许多银行董事和其他人于 1819 年向下议院委员会提供了同样的证词。同样的看法在某种程度上也适用于汇票，因为汇票是当时和稍晚一些时候兰开夏的主要流通媒介。当汇票由地方银行开出的时候，与银行钞等没有多少区别，参阅斯塔基和刘易斯·劳埃德 1819 年向上议院委员会提供的证词。

① 银行家和经济学家英格利斯·帕尔格雷夫曾说过："伦敦的银行家们在英格兰银行保留的余额，与其说是他们的准备，不如说是他们的'备用现金'。"(见《银行利率与金融市场》，1903 年，第 23 页)因为，实际上这笔钱是"每个银行家不得不牢牢抓在手里以应付急需的那个数目。……只是为了方便才把它转给了英格兰银行"。根据同样的方法，他比较了银行对以现时交易为基础的汇票所负的责任(即把它们转换成货币)和银行对承兑订约人及其他人的票据所负的责任。"银行承兑这些人的票据虽然最后无疑地将得到报偿，但却要求不断发放新的贷款。"(第 29 页)

实际上，他们像政府部长那样，具有很强的责任感。[①]

至此还没有提到英格兰银行在发生信用危机时所拥有的特殊权力和所肩负的特殊责任，这一点留待后面讨论。

3. 私人银行改组为股份公司以后，伴随而来的往往是所发放的信贷中个人因素的减少。

亚当·斯密在1776年就曾把银行业看作是“业务活动可以化减成日常事务”的少数行业之一，也就是说，它们的“业务活动千篇一律，容不得有任何变化”，因而可以稳妥地委托给职责分明、分工精细的股份公司去办理。但他说这话时似乎指的主要是苏格兰股份银行的业务。另一方面，英格兰银行家们在十九世纪初则认为银行业的业务并不是千篇一律的日常工作，他们直到1833年在议会委员会上作证时还坚决反对股份公司原则。

奥弗斯顿勋爵在1832年写道：“股份银行除了负有很大责任这一点外，在其他各方面都不适于经营银行业务”；因为银行业务

① 1837年和1839年的危机使人们对通货管理工作提出了强烈批评，因此，1844年的法令把英格兰银行的业务分成了两部分。根据该法令，银行部像其他银行那样，负责发放信贷等事项。但负责发行银行券的部门必须严格遵守这样一条规定，即它发行的银行券的总票面价值不能超过作为这种银行券的准备金的金块的价值，也就是不能超过借给政府的款项；同时，该法令允许英格兰银行从其他银行那里购买一部分货币发行权。其他银行所保留的发行权受到了严格的限制。实际上，通货总量的增加额（增加通货要经过的程序与前面提到的发行银币和铜币的程序相同）必须等于该行借给政府的款项。与此同时，其他一些银行仍在某种程度上保留有无准备发行权，并掌握着一些金币和金块当作通货。但在最近的战争期间，暂时停止了这些条例的实施，英国的通货一度成了纸通货，没有明确规定的金块准备。由此而出现的形势是复杂的、过渡性的。截至1921年的情况，可以从一系列国会法案和一些权力很大的委员会发表的公告和报告中看出。柯卡尔迪在《1915—1921年的英国财政》一书中作为附录转载了这些文件。

要求精细地注意详细情况和“精密调查各方不同程度的偿付能力以作出迅速而谨慎的决断”。其实，要做到这一点，还不止这一条件。关于这一点，巴奇霍特说，奥弗斯顿时代的银行家大都是把钱借给私人，而从他们那里是无法得到担保品的，因此，只有根据“自己对借款人的品行和偿付能力的判断来行事。……股份银行很不适于从事奥弗斯顿勋爵所说的那种业务工作，而当时那种工作方法也很不适应现在的情况。”这段话写于 1873 年。巴奇霍特所见到的那种变化，在过去半个世纪期间一直以日益加快的速度在不断发展。①

的确，私人银行的股东们只关心自己银行的繁荣，而且可以根据自己的判断和考虑不受任何约束地从事自己认为值得的冒险，尽管这种冒险在银行看来是不值得的。的确，他们也很可能会与银行附近的工商业界的领袖们平等地密切往来，从而可以对借款申请人的个人品质和经济情况作出正确的判断，获得有关当地情况的可靠而机密的情报。

另一方面，地方性的信用和经济活动的紊乱，日益与全国工商业的一般信用和活动的变动有关，并取决于它。在了解全国的情况方面，大银行的中心人物享有很大的方便条件。某一地区的商业利益与全国的商业利益联系愈紧密并受它的影响愈大，大银行的分行经理从其总行接到的指示就愈重要。的确，他不如私人银行的经理们那么自由，但在适当的条件下，他会被授权大力资助某

① 他的《伦巴第街：金融市场纪实》（1873 年出版）是一部杰作，后人读它的兴趣可能将与他写作时的那一代同样浓厚。

一冒险事业。如果一家私人小银行所在的地区有时需要大量资本；有时需要很少资本，则该银行的经理可以从中心市场调度款项，但这种调度在一个大银行的集中的指挥下往往更加容易。当然，现在这种做法已不如以前那么重要了，因为即期付款的变动和资本需求的变动，在很大程度上已非地方所能控制，全国信用的普遍紊乱，很可能影响所有工商业中心的银行。

在这种时候，僻静的居民区的分行会间接地帮助那些业务虽较活跃但较不稳定的分行。但为此目的和其他目的，也就需要有某种全国性的组织。满足这种需要的方式，本来可以是政府出面干预，或当时存在的银行家的地方性组织发展成为全国性的组织。实际上，这种需要是由伦敦一家银行的崛起来满足的。该银行获得了如此重要的地位，以致它可以充当全国银行业的票据交换所，全国银行业的票据交换所涉及的范围要比当时存在的银行家的地方性组织涉及的范围广泛。这些地方性的组织本来也需要有一个总的票据交换所；英格兰银行上升到领导地位，自然而然地发挥了总票据交换所的许多作用。每个银行很快就与它发生了关系（虽然往往不是直接的关系），因而它成了非地方性银行业务的主要中心。

每个银行都很可能收到别的银行的支票，这些支票被送到"票据交换所"去相互抵消，其差额用支票偿付。票据交换所的中心当然是在伦敦，不久以前在那里清算的平均额每天超过一百二十亿镑。

4. 公布股份银行的部分资产，并不像以前想象的那么不方便，采用这种做法实际上很有好处，这已对大银行产生了影响。

从某种意义上说，公布股份银行的资产是力量的一种源泉。两百多年以前配第就写道："信用在一切地方——特别是在伦敦——都只是一种虚幻的东西，如果对人们拥有的财富或实际资产毫无所知，那就不能了解人们是不是可靠，……我想证明：尽管比较穷困的人一般都比别人勤勉，但如果每个人都能随时将其资产状况写在他的前额上，那我国的产业将会因而大大发展。"[①]十九世纪，我国的产业日益繁忙兴旺，正是在这种情况下，人们感到猜测交易对手拥有多少资产太麻烦了。因而越来越多地与股份公司来往，因为股份公司的资产就写在公布的账目上，账目上的数字反映了实际情况，而且一些投资者认为还可以从这些数字中了解到更多的东西。

也许我们应该回顾一下最近一百年来的情况。1826 年的严重危机使许多私人银行纷纷倒闭。这不仅使助成这场灾难的不诚实的或不谨慎的人遭受了损失，而且使一些无辜的人也遭受了损失，从而使人们强烈主张赋予那些想开办储蓄银行的人以建立股份公司的权利。当然，没有赋予他们限定责任的权利(这一权利 1855 年赋予了其他公司)，但 1857 年苏格兰西部银行和利物浦市银行的破产造成的严重后果，迫使议会于 1858 年把这一权利也赋予了储蓄银行。这两家银行的破产告诉人们：当一家银行因大量亏空而倒闭的时候，头几项索债"要求"会使较穷的股东破产，随后几项索债"要求"会使大部分相当富裕的股东破产，剩下的可以分担债务的股东就不多了，因而最后的索债要求必定使每一股分摊

① 《赋税论》，1679 年，第 33 页。

的债务相对来说非常巨大。这种灾难使考虑周到的人对保有普通银行的股票是否明智产生了怀疑。1878年，格拉斯哥市银行因管理不善和处境不利而破产，由此而带来的严重灾难，使许多人遭受了损失，议会不得不通过了一项法令，允许无限责任的银行在某种条件下注册登记为“有限”银行。许多银行立即利用了这个特权。1890年巴林斯（当时英国特有的一家最大的信贷机构，不算作银行）的破产，加速了这个运动的完成。

银行对信用和物价的波动产生的影响将在第四编中讨论。

第四章 证券交易所[①]

1. 绪论。

证券交易所的交易方法各不相同，但其目的却几乎相同。本章将以伦敦证券交易所的交易方法来说明这些目的，虽然它的交易方法在某些方面是有其特殊性的。[②]

一个有组织的市场总是明确规定在该市场订立契约的条件及履行契约的方法。证券交易所正是这种市场当中最主要的一种；它们买卖股份公司的股票及这些公司和中央与地方政府所发行的每年有一定收入的证券。“证券交易所是这样一种组织，其成员按照固定的规则和惯例买卖股票，通常是受托为别人买卖。”

证券交易所上做成的交易的总货币价值要比任何其他有组织的市场上的交易额大得多；它们的成交纪录清清楚楚，因为它们的材料异常标准化。虽然大的谷物市场可以使它所经手的每一类小麦接近于标准化，但在证券交易所买卖的每一种证券都是绝对标准化的证券。各证券交易所的交易规则虽然在某些方面有所不

① 本章同《工业与贸易》第二编第五章的内容有些相似，那一章讨论的是有组织的商品市场上的投机活动。

② 在《政治袖珍词典》上，在埃伦贝格撰写的“交易所性质”这一词条下有“往来资金”一节，该节说明了各种证券交易所的交易方法。

同，但这些规则是精密而严格的，而且其主要目的是相同的。

证券交易所不仅是大宗交易成交的主要场所，而且还是反映一般商业情况的晴雨表。信用不佳时，证券交易所上证券的价格会下跌。信用高涨时，价格则会上升。但当证券的价格上升得太高时，乐观的情绪之上就会笼罩上一层阴云，预示着信贷发放得太多了，天气将越来越闷，最终将雷雨大作。于是过分的希望消逝了，但保存下来的企业却可以在比以前更有利的环境下渐渐恢复元气，因为信用差的企业已被淘汰，而信用好的企业由于不再受赖企业的牵连而得到加强。这些问题将在下面讨论。

交易所起源于中世纪末欧洲的一些主要商业城市。起初专门从事投机活动，其中有些是投机者们不能控制的事件，而有些则是他们在某种程度上能控制的，如未来的汇率。在这种交易所里，人们从事资本的借贷，形成了正式的市场贴现率和各处的货币交换率，从而出现了投机活动。

在很长一段时间内，交易所的主要金融业务是与王公贵族们为了进行战争而获取的借款（并不经常是自愿提供的借款）联系在一起的。金银的供应，那时和现在一样，可以增加资本的流动性；这并没有大大增加世界上资本的存量，但信贷机构却可以把涓涓细流汇成大河，把从私人那里聚集起来的资金贷给大企业，并从中获利。[①]

---

① 这些大企业中有些是工业企业，但多数是军事企业。因为正如埃伦贝格所说的那样，制造武器在封建时代一直是所有人的天然职业，到十三和十四世纪则变成了需要技能的手工业，许多人为了获得报酬而从事这一职业，到十五世纪又变成了制造大炮和步枪等武器的资本主义工业。但资本并不是王公贵族提供的，而是由（接下页）

2. 在很长一段时间内，证券交易所主要是从事政府债券的买卖，但现在则主要从事股份公司证券的买卖。

证券交易所是一种有组织的市场，专门买卖某些标准化的权利。在一个长时间内，主要的标准化的权利是君主或公共当局所欠的债务。购买这种权利的人，一般说来每年也就有权得到一定的收入，一直到债务被还清（如果真能还清的话）时为止。但大公司的发展，特别是铁路公司的发展，却使政府证券的发展相形见绌，尽管政府证券在许多国家获得了迅速发展。①

一般说来，任何一种证券只要在证券交易所上经常被大量买卖，其购买人就会确信，精明而消息灵通的资本家们认为其价格基本上代表其真正的价值。因此，虽然证券交易所的操纵偶尔也能把某一种证券的价格定得太高或太低，但总的来看，只要投资时小心谨慎，消息灵通和精明强干的人的判断就可以保护公众，使其在投资中的判断免于犯严重的错误。

（接上页）私人金融家提供的，一部分是他们自己的，一部分是别人的。这种企业并不总是能给借者或贷者带来好处，十六世纪交易所发生的一些大危机，就是由于王公贵族还不起债而引起的。在此期间，大贸易公司的股票则日益为人所瞩目，到十七世纪末十八世纪初便成了疯狂投机的对象。

关于早期证券交易所的全面论述，参阅埃伦贝格的《权利的世纪》第 2 卷，我的叙述有些是从那里转录的。关于早期的证券交易所，如有兴趣的话，还可参阅安德森和麦克弗森的《商业史》以及罗杰斯的《英格兰银行的最初九年》。还可参阅弗朗西斯的《证券交易所的编年史及其性质》(1849 年)，该书转载了一本 1719 年出版的很有特色的小册子，题为《对交易所或买卖股票的一种方式的分析表明：现在所进行的那种可耻的交易，以私言是无赖，以公言是叛逆》。甚至像 1701 年出版的《东印度贸易》（转载于麦克库洛赫的《商业论文选集》）一书的作者那样严肃而很有才智的作家也认为，代人买卖股票的害处很多，应取消在交易所出售股票的公司。

① 英国政府的大部分债务是在拿破仑战争期间借的，在以后的各次大规模战争期间也借了一些钱。但在和平时期，它都尽力偿还债务。因此，它能以特别宽厚的条件举债。

“公司债券”一般每年有权优先取得固定的利息。“优先”股一般也有权优先取得利息，但在顺序上要次于公司债券。这两种证券是“标准的”，也就是说，某一公司发行的同一种证券当中的两张证券具有同等价值。

这里要谈一谈证券交易所上的各种不同证券对储蓄的刺激。有些投资者，或者由于胆小或者由于知道自己对工商业一无所知，把安全置于一切考虑之上，满足这些人的需要的首先是第一流的公司债券，其次是贤明政府的证券。有些人喜欢暂时性的投资，有机会的时候可以买进卖出，担保确实，费用小；统一公债可以满足他们的需要。就统一公债而言，买者出的买价总是与卖价很接近，证券交易所收费很少，因为统一公债市场大而活跃。那些不怕冒险，并自以为（常常是错误地以为）对证券好坏的判断相当正确的人，往往选择大企业的普通股或其他企业的优先股。最后，那些了解或自以为了解某些企业的资产、技术、商业和人员等方面的情况的人，至少会用一部分资本购买那些他们相信有坚实基础并由能干而正直的人管理的公司的普通股。一般说来，享有这种有利条件的投资者所得到的收益，可能仅比购买统一公债得到的收益多50％，因为在计算他们的收益时，一方面要考虑到他们购买的某些股票的市价的上涨，另一方面也要考虑到另一些股票价值的下跌。

信托资金常（有时必须）投资于政府证券。其次是投资于强大而稳固的企业的债券，主要是铁路公司的债券。再其次是投资于大公司的优先股。为此常可得到抵押品，但有些抵押品人们只愿意用自己的钱去买，而不愿负责把别人的钱贷出去。

3. 证券交易所的交易方法各不相同，但伦敦证券交易所所取得的结果却很有代表性。

所有西方国家的证券交易所，不管其名称如何，实际上都是把资本的支配权从保有现钱的人那里转给愿意用它去投资获取收入的人的媒介，但在交易方法上，似乎只有纽约证券交易所与伦敦证券交易所相似。我们将用伦敦证券交易所的情况来说明证券交易所的一般情况。

凡从事证券交易所业务的人，一般都被称作"证券经纪人"，但在证券交易所里，只有一般公众与实际的买卖者之间的中间人才被称作"经纪人"；实际的买卖者被称为"商人"。

每个商人不可能完全熟悉伦敦证券交易所中买进卖出的所有证券；某一种证券往往出现在交易所的某一角落。满足特殊条件的证券，很可能只为一两个商人所需要，因而必须由想购买或想卖掉该种证券的经纪人来搜寻它们。

经纪人愿意为任何人购买证券交易所的证券（如果交易额很大，他可以要求顾客充分保证他不受证券价格迅速下跌的损失，尽管顾客期望证券价格将上涨；在要他卖出证券的相反的情况下也是如此）。①

假设3%的"保证金"足以补偿证券价格的损失（包括手续费在内），那么三百镑就可以为购买现值一万镑的证券担保。如果证券价格上涨，投机者将得到超过手续费的数额。如果证券价格保持不变，投机者将损失手续费。如果证券价格下跌，他还将损失有

① 在英国的证券交易所里，"经纪人"这个词的含义很狭，是指一般大众和证券交易所里的买卖人之间的中间人，后者的专门名称是"股票经纪人"。

关证券的票面价值下跌的数额。

获得了“保证金”后，证券经纪人就将执行投机者的指示。如果所购买的证券的价格上涨，证券经纪人在扣除适当手续费后，将把因价格上涨而得到的收益交给投机者。如果所购买的证券的价格下跌，则投机者除了损失手续费外，价格下降多少，他还将损失多少。因此，从长期来看，业余投机者几乎必定要遭受损失。

另一方面，投资者们有时联合起来买卖证券。每一个人都可以提供一些一般人得不到的有关普通股消息，都可以直接地或间接地影响这种证券的价格，使其暂时对他们有利。这种操纵偶尔会使个人得到很多利益，但一般却会损害公众利益。以前，舆论谴责几乎所有形式的对未来价格的投机。现在人们认识到，从整体来看，允许人们自由地投机会大大增进公众利益。但不择手段的投机，特别是散布谣言来操纵物价，却是对公众的犯罪。可惜对犯罪者们定罪的一些必要事实不易确定，他们一般都能言善辩，很会为自己的可疑行为开脱。

几乎每一种重要的工商业活动都包含有很大的投机因素。气候变化不定使农民要冒很大的风险。即使获得了大丰收，也有供过于求的危险。

此外，积存大量原料的工厂主可能发现，他不得不与别人竞争来出售同样的产品，而别人的原料是以低得多的价格买进的。他还要冒这种风险，即不能按对自己有利的条件得到必要的劳动力。在工商业中到处都会碰到投机的危险。

证券交易所的活动和一般信用的波动、工业的产量、贸易的发展之间的关系密切而复杂，对这一问题下面将有所论述。

4. 在一般信用相当稳定的时候，证券交易所的交易方法可以很好地保护那些不特别长于投资的购买者。

投资使资本所有者不再能支配自己的资本。在许多情况下，投资者首先考虑的是这种危险，即支配资本的权力可能得不到恢复（除非大拍卖而遭受巨大损失），而不是另一种危险，即投资可能不像所期望的那样产生那么多收入。第一种危险差不多已被证券交易所消除了。当然，证券的价格可能发生变动，但如果不变动的话，其所有者就能以当初所付的价格出售它。相反的情况是，如果一个并非牲口贩子的人花了八十镑买了一匹小马，到了第二年，计划的改变使他想卖掉这匹强壮的马，那么，他能得到七十镑的卖价，就算很运气了。然而几天以后，他可能发现，他的一个朋友以八十镑的价钱或更高的价钱从一个牲口贩子那里买了这匹马。证券交易所几乎消除了造成这种损失的根源，连那种机会也大大减少了，即一个无人指导的投资者会出高价买进消息较灵通的人知道价值很小的债券或股票，因为在证券交易所里，任何一个有理由怀疑一种证券的人都可以把该种证券卖出去，不管他有没有现货。如果这种证券的价格如他所期望的那样迅速下跌，他就将从中获利。

购买某一铁路公司股票的人，对增进或削弱该公司业务的内在原因，可能毫无所知。他可能不知道它的管理比以前是好还是坏。他可能说不出哪些是假账，说不出哪些应该出在收入账上的大宗开支，出在了资本账上。但他购买该公司的股票时相信，所有这些都由许多精明而具有专门知识的人仔细审查过了，这些人能够而且有决心“支持”这种股票，即使发现它有一般公众所未注意到的、而没有在其价值中扣除的任何弱点。此外,股票经纪人购买证券的价格和卖出证券的价格之间差距很小,这也使外行的投资者更加经济、更加安全。

由此可见,证券交易所乃是现代工商业所必需的辅助物,它为公众提供的服务可能远远超过它所造成的祸害。它所提供的真正的服务的大小并不随交易所中营业额的大小而变化,如果没有证券交易所,业余投机者很可能会丧失自己的资财而对公众没有任何益处。

5. 暂时影响证券交易所证券价值的因素和持久影响证券交易所证券价值的因素之间的对比。

没有经验的投资者常常缺乏眼光,过分看重上市企业挣钱能力的一时变动,而精明的投资家则可以从中获利;当一种证券的价格被过分抬高时,他们就出售这种证券。例如,当假期中特别好的天气使主要从事客运的铁路公司的净收益增加时,盲目的投机会过分抬高该公司证券的价格,精明的投机家会立即注意到这一事实,因而此时他可能是卖出而不是买进该铁路公司的股票。他甚至可能把注意力转向因假期较长而运输量受到影响的煤矿区和铁矿区内的铁路,或把注意力转向出过大事故而付出过巨额赔款的铁路。外行的投资者可能不了解,一时的灾祸造成的后果在证券交易所里会很快消除,因而有人购买出事公司的证券时他会欣然出售,而这正中购买者的下怀。的确可以这样说:精明而有远见的投机者的行动,有时与其说决定于对遥远未来的预测,倒不如说决定于对预测的不准确性的进一步预测。

6. 证券交易所证券在国内和国际资本市场上所起的作用越

来越重要。

直到最近，一个国家还不能在一个年度中预先挪用很多属于未来几年的收入，因为使它想挪用未来收入的战争和其他事变的压力降低了它在国际市场上的信用。但这种情况在很大程度上已为证券交易所证券的迅速增加改变了，因为这种证券常常在几个国家的证券交易所中买卖和报价。这种所谓"国际证券"——在没有战争和没有即将爆发战争的耸人听闻的谣言时——对整个西方世界的长期抵押贷款的利率趋于一致，起着极大的作用。其原因是，这种证券不能在一个国家比在另一个国家以高得多的价格（用相同单位计算的价格），持久地大量地买进和卖出。

如果有关的通货都牢固地以黄金为基础，那上面所说明的道理便不言自明。如果它们以不同金属为基础，或两种通货都不牢固地以一种金属为基础，那就需要作较为复杂的说明了，其一般性质将在下面研究国际贸易的过程中讨论。但这里应当指出的是，以不兑现的外国纸币计算的债券，其实际价值波动很大。一个已发行大量债券的公司的普通股，其实际的和票面的价值，都可能因降低了其债券收入的实际价值的币值波动而提高。在这种情况下，优先股股东的得失，以这个公司的情况为转移。

上面我们以英国为例论述了国内信用的组织结构。下一步似乎应该研究一下造成国内信用紊乱的原因和由此而产生的后果。但在现代，国内信用是与国际信用紧密地联系在一起的，因而，在研究信用的变动以前，似乎最好先讨论国际贸易。不过在这里应补充提一下，许多证券交易所的一流证券是可以输出的。几乎可以这样说：电话和电报使证券成了贸易差额的自动调节器。如果某个国家的甲某要汇钱给另一个国家的乙某，他直接地或间接地把证券交易所的证券（多半是国际证券）存入一家合适的银行，要求这家银行打电报给乙某所在国家的银行把相当于证券价值的金额记在乙某的账上。具体如何转账是金融家的事，我们所感兴趣的是，主要正是因为有了这种方法，我们才有理由（至少是在和平时期）使用“世界资本市场”这个词。由此我们也就接近了国际贸易问题。在讨论信用波动这个有很大国际因素而且国际因素还在不断增大的问题之前，最好对国际贸易问题先有所论列。本编的主题将在第四编中继续讨论。

第 三 编

国 际 贸 易

第一章　运输工具对贸易的影响

1. 长距离贸易的一些特点。

斯蒂芬森发明的火车便利了货物从国内一个地区运到另一个地区。但长途货车优于马或牛所拖的二轮运货车的程度，可能比不上作为运货工具的一流轮船优于最好帆船的程度。近年来许多货物，特别是煤的海运费，相对于陆运费一再下降；部分原因是，制造和营运船舶的费用，比建造和营运铁路的费用，下降得快；同时，装卸笨重货物的电气设备和其他设备，也使海运的装卸费用比陆运降低得更多些。

买卖人之间用来进行口头联系和其他方式的联系的机械设备也属于这一类。随着铁路的出现，人类的体力消耗，长途跋涉的疲劳和痛苦大大减少了，而且海陆运输工具的改进正在迅速降低一些长距离贸易的费用。电话和电报在许多种贸易中也正在发生同样的影响。

汇票和世界金融市场上的其他初级工具早就为长距离贸易提供了便利。大约三十年前，快邮和电报的出现，使这些工具的作用获得了发展，接近了现在的水平。的确，这类工具的改进对国际贸易和国内贸易的促进作用是一样的，但一般说来对长距离贸易要比对短距离贸易更重要些。

拉德纳的"运输和贸易的平方规律"的大意是：如果某地的贸易路线向几个方向延伸，那么在一定的运费下，运货距离的增加，将会扩大有利地销售货物的面积，就像增加运货距离的平方那样（因为圆的面积与其半径的平方成正比）。英国所处的位置特别适宜于海运，尤其是适宜于大西洋上的海运，其大多数工业区都在海边。它在欧洲大陆上的竞争对手们在这方面则不如它有利，但它们可利用铁路把货物从生产者那里运给最后消费者，中间无须卸货。日本在太平洋上的位置类似英国在大西洋上的位置。①

如果人们是在北美洲发现金银矿，那西班牙人和葡萄牙人就会被吸引到美国和加拿大去；由于鄙视艰苦的体力劳动，他们不可能很好地开发美国和加拿大，尽管有奴隶帮助他们。事实上，他们占据了南美洲和北美洲的热带和亚热带地区，而荷兰人、英国人和法国人则占据了具有很大发展潜力的北美洲地区。后来，英国人在北美洲占据了统治地位，他们主要是为了寻求宗教信仰和宗教仪式上的自由而来到这里的。"正统的"、比较富裕的、有教养的保皇党人喜欢南部各州，因为在那里利用黑人劳动很容易致富，而体格强壮、意志坚强的清教徒则定居于生气勃勃的北方。

欧亚大陆的历史以很快的速度在美洲重演。那些最不易生产财富的地区现在是最富的地区：北方比南方富，南方又比更接近于赤道的、由南欧民族居住的地区富得多。在这两个大陆上，人类努力的这种自北而南的分布状态，大大影响了现在的贸易路线，但它自身是结果，而不是终极的原因。因为，最终决定国家财富的是人

① 《工业与贸易》第一编第二章对这个问题有所论述。

的性格，而不是自然的恩赐。高爽的气候吸引和培养性格坚强的人，而财富亦随之而来。

经济学家必须依赖植物学家来解释这一奇怪的现象，即世界上的主要粮食作物均产于温带；在这个问题上，气候影响人力的说法似乎是不够的。这种现象在某种程度上似乎可以归因于人们坚持不懈的努力，人们通过人工选种和适当施肥等方法改良了温带的主要粮食作物。①

当然，如果仅从自然条件来考虑的话，人们会认为温带地区与热带地区之间的动植物产品的主要贸易路线应是由北而南的。凯里，一位鼓吹美国实行贸易保护政策的有影响的人物曾埋怨说，自由贸易使贸易路线由东而西，但他似乎忽略了这一事实，即气候条件既控制植物的性质，又控制人的性质。他没有想到，贸易在北温带之所以是由东而西，一方面，是由于地球的形状使北温带比南温带更重要，另一方面是由于气候条件不利于其他地带的人们充分发挥自己的能力。②

2. 在许多世纪中，地中海是世界上大部分先进工业、长期信贷

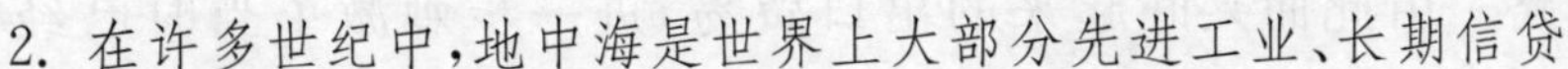

① 世界上的主要粮食作物产于温带这个说法只是就一般情况而言的，还有一些例外，如稻米、糖、热带高原地区的某些玉米和小麦、西米以及香蕉就不产于温带。在欧美，通过人们的努力，已从不好种植的甜菜身上榨出了越来越多的糖，而在某些地方由于人们的懒惰，从比较好种植的甘蔗身上榨出的糖却在相对减少。巴克尔曾指出，大自然界的不公道表现在对热带人民给予的太多，给了他们多产的玉米（他认为过了四十纬度就难得看见玉米）和香蕉，其每英亩的产量“可以养活五十人以上，而在欧洲，每英亩麦地只能养活两个人”（《文明史》，1851—1861 年版，第二章）。但玉米现已在温带大量种植。

② 参阅 R. E. 史密斯的《世界上的麦田》（圣路易，1908 年），特别是第二十九章。北方各州的人比南方各州的人精力充沛，已使北方各州的货运到达大西洋沿岸各港口，尽管单纯就地理情况而言，南方各州通往墨西哥湾的道路并不比北方差。

和大规模贸易的中心。

建设性地运用信贷是随着人们对制造业和运输业中人为动力的利用而发展起来的，这两方面的发展在很大程度上是相互依存的。毫无疑问，南欧、南亚和北非的工商业是在没有利用蒸汽的情况下获得巨大发展的。欧洲西部与美洲东部之间的联系是靠帆船建立起来的，这种帆船运输吸收了大量资本。但运输和贸易的巨大发展，要求有大量的资本供应，要求由巨大的信贷市场来组织这种供应。

无疑，为现代工业的发展开辟道路的是一些勇敢的人，是一些物质装备很差的人。1486 年，葡萄牙人科里尔哈姆（Corilham）只携带很少资金，驾驶几只小船，便抵达了印度西南部的卡利卡特；十二年以后，他的同胞、更为知名的达·伽马也到了卡利卡特。差不多与此同时，哥伦布也在物质条件很差的情况下抵达了北美洲东海岸。这些事件并不仅仅是世界经济统一的开端。它们还为欧洲与其他大陆之间的大规模海上贸易开辟了道路。由此而兴旺起来的出口贸易，进一步刺激了当时已经很强大的，利用巨额资本从事大规模生产的趋势。水利和汽力使西北欧得以建立起大工业，为其邻国和世界其他地区的人民制造消费品，正是在这种情况下，对资本的大规模利用和现代国际资本市场获得了迅速发展。

西欧在其领土内也许无法为其新近积累起来的全部资本找到高报酬的用场，但最先主要用于制造业的蒸汽动力，大大促进了“西方”国家用工业品同其他国家（它们的工业处于欧洲中世纪的

水平)交换粮食和原料。[①]

3. 在工业发展的不同阶段,影响主要贸易路线的因素。

工业技术的进步主要取决于制造商和其他生产者是否享有越来越多的便利,来得到最有助于(在考虑成本的条件下)达到其各项目的的原料、工具和劳务。经常"调换"(与其成本比较)效率更高的要素(即原料),是精干的企业家的主要任务,是他建立强大的企业并增进公众的物质福利的主要手段。当他能够从与他有交往的人控制的邻近的原料产地获取适当的原料时,这是一个比较简单的任务,但如果原料产地距离很远,则困难将随之而增加,特别是在缺乏良好的交通工具的时候。

在发明现代运输工具以前,人口稠密地区的矿物和植物资源,不仅用于非常合适的用途,而且也用于不那么合适的用途。在后一种情况下,如果对资源分布情况了解得更好而且运输便利的话,

① 可以想象,另一个星球上的文明比我们的文明发展得早,该星球上的居民可能已经全面研究了给我们地球的表面带来的变化和对其他方面产生的影响。他们也许猜测到了,我们文明的发祥地离赤道不远,但文明发展最充分的地方却不在赤道附近。借助于比我们好的望远镜,他们可能已注意到了那个被人为地划分为欧洲和亚洲的北方大陆具有多种多样的自然条件。他们可能已经注意到,便利的水上交通可以满足大商业城市的许多需要。最后,当他们的比我们精密的望远镜发现我们在地球上几乎不计费用地修筑了无数条铁路的时候,他们会推测到,这些铁路或许把地球上那些既非群岛又非大河三角洲的大工业区连成了一片。由此,他们可能已经推测到,欧洲和南亚的文明统治了世界很长一段时间,美洲则由于缺少岛屿和半岛(其居民在比较平静的水面上享有便利的交通)而稍稍落后一些。他们也许比不久以前地球上的居民更清楚为什么埃及富庶,为什么澳大利亚落后,为什么不与太平洋和印度洋比邻的亚洲地区落后。他们也许已经猜测到,社会的不平等在文明的最初阶段就已存在,并随着文明的进步而在世界各地加剧,其部分原因是,不断增长的财富使那些已掌握一定财富和拥有一定势力的人的后裔在教育和物质方面日益占有优势。

本来是应该用其他资源取代的。例如，欧洲连贫矿都被开采了，而在其他大陆上，即使在交通便利的地方，富得多的矿也在睡大觉。虽然最近落后国家的铁路获得了很大发展，但世界上仍可能有一半最富的矿藏未被开采。

因此，国际贸易的主要路线，就其决定于矿产而言，是人们所无法预料的。一些植物产品，特别是热带植物产品的贸易路线，也是人们无法预料的，因为蓬勃向上的民族还没有大规模栽培热带植物。但世界上的温带地区已被充分勘探过了，农业专家们知道这些地区应该采用哪种已知的方法来生产谷物、肉类、乳产品及其他主要农产品。当然，某些方法在某些地区比在另一些地区更有效，例如农业专家正在干旱地区试验"干种"法，正计划在水利资源丰富的地方利用电力从大气中获取硝酸盐来为土壤施肥。

人力因素也是不确定的。日本的崛起向人们提出了警告，但在现代，人口仍迅速地、源源不断地迁移到自然条件好的地方。可以肯定，要不了许多世代，最强大的工业都将集中到动力供给最丰富的地区，不管这种动力是来自煤炭，水力，还是其他方面。交通运输设施将以日益加快的速度改进和推广，直到把地球上所有可以居住人的地方都联接起来为止。

不久以前，几乎所有长距离贸易都是通过水路进行的；只有香料和其他轻巧物品经由陆路运销得很远，很少有人家拥有许多远地出产的笨重物品。但现在英国的每一个农民都在购买来自远地的茶、糖、烟草和别的舒适品。他们的衣料大都经由陆路来自几百英里以外的地方，或经由水路来自几千英里以外的地方。以前，几乎所有建筑材料都来自近处的森林、采石场或矿山。但现在，巴西、挪威和其他遥远地方的森林却供给用于各方面的木材，为制造桌椅和别的普通家具提供上等木料。在工业区，现在连打短工的木匠都十分注意木材是否轻便，是否坚硬，是否便宜，是否耐用，从世界各地运来的各种不同的松木和杉木中挑选最适用的木材。大工厂有时同时使用二十种不同的木材，同时使用许多种羊毛和皮革。

一个国家往往从这个边境输出一种商品，又从那个边境输入同样的商品。例如，德国一直从北海和莱茵河下游输入英国的煤，同时它又几乎从每个内陆边境输出煤。新英格兰从新斯科舍输入煤，而宾夕法尼亚又向安大略输出煤。宾夕法尼亚从加拿大输入软材，而缅因州和太平洋沿岸各州又大量输出软材。但在一般情况下，这种贸易中的商品虽然名称一样，但质量和用途却有所不同。例如，比利时在向英国输出钢材的同时，又从英国输入钢材，输出输入的钢材不仅质量不同，用途也不同。[①]

此外，如果两种相同的商品用处不同而运费相同，则较优的商品将被运往远地销售。在木材充裕的地区，人们喜欢的是用生长很快的劣等木材制作的粗大梁，而不喜欢价格高一倍的用优等木材制作的细大梁；但如果两者都是从远处运来的，则人们将转而喜欢优等木材制作的细大梁，因为粗大梁的运费较高。正由于这一原因，英国把各种各样的煤卖给北欧沿海的消费者，而把最优等的气煤经由陆路运往欧洲大陆的腹地。

① 造成这种状况的原因可能是：每个国家的生产者都同意限制自己在本国的销售量，以便维持国内价格，同时不允许本国商品拿到外国去“倾销”，各国的生产者都对其他国家的工业存有戒心。

此外，较普通的酒一般就近销售，而高级酒则运往远处。只生产高级酒的地方多半输入普通酒供平常饮用。法国是世界上酒的最大生产者和出口者，又是酒的第二大输入者，不过有一些输入的酒是经过无与伦比的技术加工以后作为法国酒再输出的。威尼斯从意大利南部买进粗橄榄油，而向意大利北部输出精橄榄油。格恩西岛在年初以高价输出马铃薯，年底为了本岛居民的消费又以低价买进马铃薯。英国的一些牧区以高价把鲜牛奶卖给工业中心，而从远地买进干酪，甚至牛油。

在世界贸易总额中，受自然资源的差别支配的贸易额正在增加，而受工业发展阶段的差别和制造业种类的不同支配的贸易额现在比以前小了，虽然其绝对额仍在增加。由工业发展阶段不同和工业种类不同引起的贸易额的增长在中欧特别显著。工业发展阶段极不相同的各个国家之间正在建立新的交通联系。德国东部边境的贸易大都源于它自身的发达和目前斯拉夫地区的落后。它从西方为自己输入一些高级制造品，而又向东方输出制造品，有高级的也有低级的。俄国也通过其亚洲边境输出制造品，同时它自己所需的高级制造品仍主要依靠西方。

看来一个国家由于工业发展早而得到的好处将越来越少，因为几乎每个国家的工业都将逐步发展到相当高的水平。到那时，各种工业都将使用效率最高的原料、机械设备和人力来生产。如果它们容易运输，就把它们运到有关工业的所在地。如果它们不好运输而该工业的制成品好运输，那该工业就迁到它们那里去。

在一般情况下，得力于良好自然条件的、蓬勃发展的工业会把整个世界（除了受到限制的地区外）当作自己的市场，因而一切具有牢固基础的贸易路线都将得到扩大。但落后国家将赶上先进国家，所以总的来看，各地方因人的才能不同而造成的发展不平衡（目前正是这种不平衡为贸易提供了牢固的基础）似乎很可能缩小，尽管一些可以从大规模生产中取得巨大利益的工业仍将趋于集中。其原因是，交通工具的改进和人类对环境的适应能力的增强造成的均等化趋势，似乎还没有获得充分发展，而单纯依靠扩大生产规模来增加经济收益的努力，大多数与此有重大关系的工业已进行得很久了。

这是两种不同的趋势，一种将加强许多工业不发达国家的力量，另一种将加强工业发达国家的力量。一百年以后，经济历史学家回顾这两种趋势之间的斗争时一定会感到很有趣。他定将发现事物的发展，如现在已很令人瞩目的航空事业的发展，以及另外一些我们无从想象的事物的出现，使我们的一些预言落空了。他还可能发现，我们对许多已知事物的判断也是错误的，而回顾历史的人却对它们的发展道路看得很清楚。

世界上的很大一部分资源由于地球表面大部分地区卫生状况不佳而被浪费了。但我们有理由认为，这种状况将逐渐被纠正。如果这种状况被纠正，上一世纪的那种大规模移民的势头很可能至少仍将持续一个世纪。在此期间，那些在欧洲还处于野蛮状态时就已开化的民族将焕发出新的活力，将掌握现代科学技术。如果真的发生这种变化，至少另外两个大陆的经济力量将赶上西欧的经济力量。那时，世界贸易的主要路线很可能将受气候的支配，南北之间的贸易将比以往任何时候都更普遍。

第二章　国际贸易的特征

1. 直到国家在工商业中的利益得到承认，国际贸易的特征才明显起来。李嘉图说明了国际贸易的全部意义。

如前所述[①]，以前，地方利益与国家利益的关系，多少有些类似于（和平时期）国家利益与世界利益的关系。在德国和其他国家，政治经济学有时被称为"国民经济学"。政治经济学在其早期研究的主要是个别国家的物质利益问题，特别是贵金属的输出输入问题。但后来，它越来越多地研究人类福利的问题，其精神日益接近柏拉图对话录中的精神，其研究方法日益接近培根、牛顿和达尔文采用的方法。

《工业与贸易》第二章里关于"工业与贸易之间的一般关系"的讨论，实际上既是那本书的绪论也是本书的绪论。本章似乎应复述其一部分内容，偶尔甚至应全文照抄。《工业与贸易》的着眼点是工业，而本书只讨论对贸易路线有影响的工业问题。[②]

实际上，当时不可能深入地研究各国的经济，因为那时很少有

---

① 见绪论第一节。

② 《工业与贸易》一书的许多章节都谈到了国际贸易。参看该书第一编第一章第四至第六节，第三章第三、四两节，第四章第六节，第五章第一节。并参看该书第二编第九章第三至第五节，第三编第十三章第四、五两节及附录B。

人熟悉或关心自己周围以外的工商业。事实上，“政治经济学”本来的含义是某一城市的经济状况，这倒比现在的含义更合适些。亚当·斯密在“国民财富的性质和原因的研究”这一题目下，进行了迄今为止政治经济学方面的最重要的研究。然而，他的著作的第一编的标题是“论劳动生产力增进的原因，并论劳动生产物自然而然地分配给各阶级人民的顺序”，这影响了他的信徒们的研究方向。①

在十七和十八世纪许多国家的经济著作中，国际贸易问题已占有很突出的位置。一批杰出的英国经济学家掌握了国际贸易的主要原理，他们迫于英法战争的需要，研究了国家通货、金融以及贸易等问题。李嘉图对这些问题，特别是国际贸易问题作了最透彻的研究。关于决定价值的因素，他参阅了十八世纪所有与此有关的著作，特别是英国和法国的著作。他进而强调和说明了劳动和资本不易流通的地区之间货币价值和真正成本之间的差异。这种差异并不是国际贸易所特有的，但它在国际贸易中特别显著，因为劳动和资本的迁移，在不同国家之间比在同一国家的不同地区之间更加困难。②

警惕地守卫边境是民族精神的体现，正因为具有民族精神，人们才普遍关心那种有系统统计记录的贸易。全体人民所共有的希

① 亚当·斯密的主张与其上一代和同时代的重农学派的主张（他们主张让“自然规律”自由地发挥作用）的关系是众所周知的。我在《经济学原理》附录 B 第二节里对这一问题有所论述。

② 关于这一点，应该指出，大多数欧洲城市都曾向来城里卖东西的农民征收过境税，普通叫做“入市税”，而且现在仍有许多城市征收这种税。终止这种贸易对市民的损害可能比对农民的损害更大，不过市民穿得起高价的盔甲，而乡下人则往往穿不起。

望与恐惧、抱负与忧虑、理想与失望，要求国家拥有大量公共资金，不仅用来支付抵御外敌的费用，而且用来支付全国在宗教、教育以及防疫方面的费用。全体人民的共同思想感情还要求具有并有助于维持一个共同的金融市场，在这个金融市场上使用统一的通货，资本几乎完全可以自由地从国内的这一地区流到另一地区。此外，共同的风俗习惯、共同的法律和行政制度，以及共同的语言便利了人们在国内的迁移。虽然正如亚当·斯密所说的："人是各种行李之中最难搬运的东西，"但使一个人在国内迁移要比让他离开自己的国家所需要的气力少得多。

2. 国家得自一般对外贸易的利益。

每个家庭的实际收入取决于它自身的努力、才能和它可以支配的财力。在原始社会，家庭基本上是自给自足的，因而上述因素具有绝对的重要性。但工匠家庭的实际收入则在很大程度上取决于它用自己的产品和劳务换得的东西。自然资源丰富而生活简朴的大国，如俄国和中国，很像自给自足的家庭，因为它的实际收入主要由自己的产品构成，它用小部分产品换取外国产品的条件对其实际收入的影响很小。美国几乎也是一样，因为，尽管它的经济生活很复杂，尽管它的人民善于发现并有决心获得满足他们需要和爱好的任何一种外国产品，但它的面积如此之广阔，它的矿产资源如此之多种多样，它的南北各州之间的气候的差别又如此之大，以致它消费的外国产品相对来说很少，用出口产品换取进口产品的条件是否有利对它无足轻重。但对一个自然资源很少的国家来说，那就不同了，特别是如果其人民已习惯于主要依靠进口产品过奢侈生活的话。

可以概括地说，一个国家从其对外贸易中得到的确实而直接的利益在于输入的东西对它的价值，是否能超过它自己用资本和劳动来制造的那些用于交换的出口品对它的价值，当然进行贸易的费用要计算在内。

但却无法获得统计数字来精确地计算这一超过额，因此，人们常采用另一种能给人以较明确概念的方法来说明一个国家从其对外贸易中获得的利益。这种方法虽然不能给出精确的数字，但在某些方面却很有用。该方法理所当然地认为，一个国家如果不能通过贸易得到某种进口产品，它便会自己制造它，因此，它得自贸易的利益应该是它自己制造进口货所付出的成本大于它制造别的货物以换取进口货所付出的成本的余额。当然，这不适用于英国进口的热带食物，因为它自己不能大量生产热带食物，如果不能进口，热带食物就很少。另一方面，如果它无法进口小麦和其他主要粮食，则它将不得不自己生产来补足缺额，尽管由于土壤和气候不适宜种粮食，付出很大劳动而产量很低。如果它无法进口法国的毛织品，它很可能用本国的产品来弥补大部分不足，迫使人们使用本国的产品，尽管法国产品更受人喜爱。

3. 一个国家的一部分对外贸易常常是由其资源或能力的某种不足引起的，但一般说来，巨额贸易常表示国家具有很高的效率。

当一国的输出额相对于其面积来说很大时，几乎可以肯定它输出的货物主要是制成品。西印度群岛在生产蔗糖和其他产品方面享有极为有利的条件，岛上的人口如此之稠密，以致不得不输入所需的大部分粮食，矿藏极为丰富的小国情况也是如此。但它们并没有代表性。

一些英国属国和其他地方人口稀少，居住着充满活力的人们，这些地区的贸易使人很感兴趣。它们输出的几乎全是原料，换回来的是制成品和其他产品，它们因为没有专门的设备而无法生产这些产品。它们的进口往往大于出口。这种借贷虽然有时是性情的放纵和怠惰以及生活的奢侈造成的，但一般也表明了旧世界的资本家对殖民地居民的努力和诚实抱有的信心。当货物从旧世界运到新世界，向殖民地人民提供了开发丰富自然资源的手段时，可以说借贷双方做了一件很有益的事。这不仅可以使借贷双方从中获得厚利，而且由于新世界增加了原料和食物的供应，世界其他地方也可以得到好处。

因而很难断定，一国贸易额的增长是否表示该国力量的增强。实际上，如果不付出巨大努力，任何一个国家都不可能拥有巨大的贸易额。固然某些国家由于刚刚建立，人口稀少，资源丰富，即使不付出很大努力去开发资源，按人口计算的贸易额也很大，但这毕竟不是一般情况。巨大的贸易额一向是工业高度发达的表现。的确，容易开采的富矿或特别良好的土壤和气候，有时也可以使人口稀少的国家按人口平均的对外贸易额很大，但却从来没有使哪个国家的贸易总额很大。巨大的贸易总额总是属于大量输出工业原料和制成品的伟大而充满活力的民族。

说一国拥有巨大的对外贸易额表示该国的工业具有很高的效率，的确是有充分依据的。因为，使某一国家工业发达的那种活力，也会使它的商人们机敏地抓住每一个机会向另一些国家销售它所擅长生产的产品，后一类国家虽然需要这类产品，但却不能像生产其他产品那样容易而有效地生产它们。当出口货物主要是高级产品时，这种情况表现得特别明显。

人口稠密的国家的确很可能主要输出制造品，使其对外贸易额迅速增长的原因有若干个。首先，它很可能大量输入原料，然后再以制成品的形式输出，因而这种原料的价值使两次出现在它的对外贸易中。英国曾是一个主要的羊毛输出国；后来，自己的羊毛全供给自己使用；现在它的很大一部分出口货物则是用输入的羊毛生产的制造品；羊毛的价值在它的对外贸易中出现两次。

其次，任何国家制造业的扩大，一般都会提高该国制造业的效率和节约水平。技术在数量、质量和多样性方面都将有所提高，各个种类和各个级别的技术将各得其所，厂房设备将得到迅速改进。那些不再是最好的设备，将被迅速淘汰，被淘汰的设备往往输出到工业仍然落后的国家。

上面两个原因早已是众所周知的了，这里提到它们，只是为了论述的完备，但有一类原因却还没有引起人们足够的重视。它们是与下面显而易见的事实分不开的，即一国对外贸易的扩大，主要依赖于它国内运输的便利，这种便利，如果不是来自天然水路的话，一般都是国内商业高度发展的表现。但当来自工业发达国家的移民开发一个新国家的矿产、畜牧或农业资源丰富的地区时，我们也会看到这条规律的例外，因为这些移民可以从他们本国获得修筑从内地到沿海港口的铁路所必需的大部分资本。在这种情况下，是对外贸易的发展促进了各种工业的活动，并为工业活动铺平了道路，这只是外贸促进工业的许多例子当中的一个。

在一个新国家发展的过程中，其输入往往大于其输出，因为它不能立刻偿付用于修筑铁路和其他发展项目上的资本。过一段时间，它可能变得足够富裕起来，可以为本国的大多数企业提供所需要的资本。这时偿付其早期所借的资本利息，也将相对于其输入来说，增加其输出。

4. 同任何其他统计资料相比，人们一直更广泛、更全面地收集有关国际贸易的统计资料，其部分原因是，人们有时用它来说明一国力量和繁荣的变化。但这种统计资料并不很适合于这一目的。

同任何其他统计数字相比，人们可以更迅速、更精确地收集到一国对外贸易的统计数字，可以很容易地用它来衡量该国的经济发展情况。它反映出来的情况一般是正确的，但有时也会使人产生误解。当然，输入和输出的表面增加可能由物价上涨所引起，而实际上没有变动，但这种误解很容易察觉。不过还有另一种较为隐蔽的误解，要求我们给予更多的注意。其一般性质可举一个例子来说明。

英国的对外贸易主要是用制造品换取谷物和肉类。让我们假设集约耕作的方法获得了很大改进，于是英国农庄的产量大大地增加，因为农民用和以前相同的劳动和资本可以获得较多的报酬。英国的财富由此而大大增加。但它输入的谷物和肉类却会减少，它的输出也会减少(除非它借机收回它的一部分资本)。

英国人民生活水平的提高，将使他们之间结婚的人数增加，减少移居国外的人数，结果输入的谷类和肉类可能不久又达到原来的水平。但在此期间，英国人民效率的提高将阻止其对外贸易的扩大，因为他们已减少了对外国货物的依赖性。

至此我们讨论的主要是一国出口货物的数量，但在某些方面，出口货物的质量对国家的未来甚至更重要。检验一个国家是否处于领先地位，是看它能否制造出这样一些货物，这些货物其他一些具有类似经济问题的国家虽然以后将能制造出来，但现在还造不出来。因此，衡量一国是否处于领先地位的可靠尺度，是看它输出的是什么样的制造品和其他商品，输入的又是什么样的商品。

一般说来，一国输出的货物总是由该国比输入国更容易生产的东西所构成。但这并不是一条普遍适用的规律。显然，一个花匠可能向一个不仅智力而且体力都比他强的非常能干的植物学家“输出”产品或提供劳务。接受或“输入”劳务的植物学家，便可以把全部才能用于价值较高的研究工作，研究工作的价值之所以较高，部分是由于它比单纯的熟练体力劳动稀少。同样，海峡群岛买进很多谷物，其中一部分是在比自己的土地更不适宜种植这些谷物的土地上生产的，因为它们自己的土地特别适宜种植高价的早熟蔬菜、水果和花卉。更概括地说，某一地区，不管是一个村庄还是一个国家，尽力生产那些它相对来说享有最大有利条件的东西，而输入其他东西，这对它多半是有利的。即使总的说来它与贸易对手势均力敌，或者各个行业都优于或不如贸易对手，这句话也是对的。总之，只要有利条件不是平均地分配在各个行业之间，开展贸易就对双方都有利，即使其中一方在各方面都比另一方强。

应该指出，在其他条件相同的情况下，小国的工业种类要少一些，因而相对于人口而言，它需要比大国输入更多的货物。而且，它的边境相对于国土的面积而言往往很长，虽然这一点是次要的。但其他条件很少相同。大国往往具有集中发展高度专业化的部门的便利，更有可能获得特殊的天才人物来开创新事业。①

5. 人们不可能获得衡量一国进出口总额（有别于进出口总值）变动的尺度。

计量一国进出口的吨数，当然是可能的，如把一吨煤当作一吨亚麻制品来计算。但这种计算，除与陆运或水运的总量统计有关外，是没有用处的，而且即使在那种统计中也无多大用处。因此，进出口总额一般必须用货币价值来表现。但由于金矿产量的变动和其他一些原因，一般物价水平容易缓慢地变动，又由于一般信用的波动，会使物价发生剧烈而迅速的变动，所以必须采用某种方法来消除物价变动对贸易额的影响。为此目的，通常把某一年的物价当作标准物价。例如，把每一年的每吨煤的价格换算为基年的价格，对每码布，每加仑汽油等等也是如此。这样得到的价值总额就可大体上代表我们所研究的时期中不受物价变动影响的贸易变动总额。②

采用这种方法往往夸大钢铁和其他一些商品的重要性，不管它们是进口货物还是出口货物，它们或者生产方法最近获得了很

① 如果两个国家的形状相似，而其中一个国家的面积比另一个国家的面积大三倍，则前者的边境只比后者长一倍。如果前者的面积比后者大八倍，则其边境只比后者长两倍。

② 这种把每年的实际物价化为基年的物价，然后再把它们加起来计算贸易额的方法，首次见于已故吉芬爵士主持编制的英国官方统计资料；参阅1888年5386号文书。在吉芬爵士主持编制的详细统计表中，许多货物只列有价值，而未列数量，这些货物总价值的变动（如果以基年价格计算，就会显示出这种变动），是通过“把它们分为若干相互关联的”、其总价值和总数量为已知的组群来估算的。

在十八世纪和十九世纪的一部分时期内，英国贸易的粗略的“官方”统计忽视了这种困难。

大改进，或者供应来源最近大大增加。采用该方法往往低估煤炭和乳制品的相对重要性，这些东西至少现在和好久以前同样难于获得。它甚至低估普通纺织品和其他一些商品的重要性，这些东西目前还不是特别容易获得。如果这种统计表明，一个国家的输入额整个说来比其价值增加得快得多，而其输出额则不然，那么，就有理由认为它的对外贸易正在给它带来越来越多的利益。但这种最初的印象必须加以检验，首先要检查一下该国的输出品是否比以前更难生产；其次要检查一下输入品生产方法的改进，是否使它可以比较容易地自己生产它们。①

6. 一般说来，按人口计算的价值及其变动百分比的统计资料，最适于用来研究国际贸易与一国内部经济的关系。总值及其变动百分比的统计资料，比较适于用来研究世界经济和世界政治形势。当一个强国正在发展它以前忽视的贸易时，增长百分比的统计资料特别容易使人产生误解。

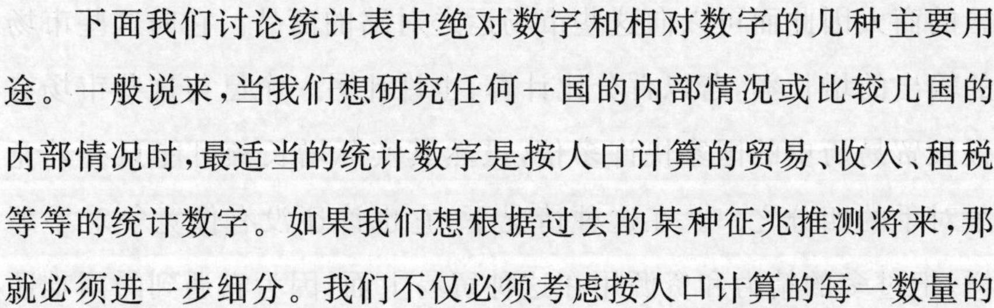

下面我们讨论统计表中绝对数字和相对数字的几种主要用途。一般说来，当我们想研究任何一国的内部情况或比较几国的内部情况时，最适当的统计数字是按人口计算的贸易、收入、租税等等的统计数字。如果我们想根据过去的某种征兆推测将来，那就必须进一步细分。我们不仅必须考虑按人口计算的每一数量的

① 在比较1881—1900年英德贸易的时候，鲍利教授指出(《经济杂志》，1903年，第632页)，(契约规定的)输入品的价格在两国都跌得很快，而且下跌的比例大致相同，但德国输出品的价格跌得较慢，英国跌得更慢。所以单就物价而言(不考虑生产上的实际困难的变化)，德国的输入品在二十年之后便宜了十分之一，而英国的输入品则只便宜了五分之一。

真正增长或缩减，而且还必须考虑其增长速度，也就是说，我们必须指明按人口平均的每一总量每年(或任何其他时间单位)增长的百分比。但绝不可单纯研究增长的百分比，因为数量的差别几乎总是带来质量的差别，而且如果我们不知道质量，我们就不能说出数量增加(比方说10%)的真正意义。对吃不饱的人们来说，粮食分配增加10%，将使他们的体力、智力和道德观念发生很大变化，但对吃得很好的人们来说却没有这样的作用。俄国和英国的商人各增加10%，其意义是大不相同的。①

一个大城市的新郊区的工业人口和贸易增加四倍，从各方面来看其意义都不如全城人口增加四分之一大；新西兰的贸易增加一倍，其意义要小于俄国的贸易增加一半。

一个工业大国的经济发生波动，要比小国发生经济危机带来更严重的后果，等等，等等。

假设某一工业大国开辟了直达一些巨大市场的海上交通，该国的商人因此而可以向这些市场运送对路的商品。它向这些市场的输出的增长额，若以百分比计算，也许比另一个已与这些市场有很长贸易历史的国家快许多倍，虽然其实际增长额可能只有其竞争对手的四分之一。在这种情况下，它也许还没有像竞争对手那样，把过多的精力和资源用在这种贸易上面，因为它遇到的困难还比较小。当然，它最终可能超过竞争对手，但增长的百分比本身并不使人有充分理由相信，它会如此。如果只举出百分比而没有总

① 这告诉人们，对数表和与此相类似的只注重经济数量百分比变化的方法，用途很窄。

数，就无从表示它所面临的困难或许比它已经克服的困难大得多。

所以，总数和百分比必须一同研究，不可分开。实践会使每个人都能一边看连续各年的总值数字，一边相当正确地写出变动的百分比，反过来也是一样。

第三章　英国的对外贸易[①]

1. 十七和十八世纪英国的对外贸易。

英国贸易史已由两部简明的编年体著作叙述过了，一部是安德森1787年出版的，另一部是麦克弗森1805年出版的。这两部编年史都大量引用了从1698年起的官方贸易档案。[②] 但英国现代对外贸易史却是在大约一百年以后，也就是在版图辽阔的美洲殖民地脱离英国的时候开始的。因为，大致在那个时候，大规模生产才在制造业中占据主导地位，美利坚合众国的独立大大刺激了英国人民转向自己所擅长的大规模生产。他们对机械设备的需求涉及整个工业领域，其范围如此之广，来势如此之猛，如果没有任何羁绊的话，英国的贸易额一定会比其实际数额不知要大多少倍，然而它却受到了中世纪残余制度的束缚。

现在让我们来看看英国的一些主要竞争对手。法国受到了非常严厉和愚昧的保护政策的阻碍，这在某种程度上拖延了其铁路

① 附录F属于本章。

② 安德森和麦克弗森都首先泛泛论述了史前时期，在若干论述古代史的、无所不包的章节中都把整个世界当作研究对象。但当他们真正开始工作时，却只涉及英格兰史和后来的联合王国史，其他国家的历史很少涉及。十七、十八世纪以后的贸易史，可参看阿什利、坎宁安和利瓦伊的有关著作。

的建设，而且导致了后来法国最发达的工业都是最不受保护的工业。比利时的工业几乎与英国的工业同样先进，因而它乐于购买许多在别处用处不大的英国产品。瑞士和萨克森也很好地开发了它们的有限资源。德国被贫困、国内贸易壁垒以及统治阶级对工业的厌恶所阻碍。不过，德国有几个州的关税政策并不太严厉，而且关税同盟使德国在国内享有很大的自由和稳定，足以弥补其对外贸易所受的限制。①

2. 1850 年以来英国对外贸易额的变化。

约在上世纪中叶，英国摆脱了国内外有阻碍作用的规章制度的束缚，大大地增加了它的生产力，增加了它用自己的每种商品换得的别种商品的数量，减少了双重运输所引起的费用。贸易进行得更快了，过去常常需要许多个月的来往，现在由于有了蒸汽、电报和邮政，只要几个星期就够了。中世纪高利贷法的令人讨厌的

① 比利时的关税很低，和英国一样，它抓住新时代向它提供的机会，努力开发自己丰富的煤炭资源和铁矿资源。1830 年脱离荷兰以后，它的斯凯尔特航路受到了阻碍，这促使它修筑了两条铁路，把一些港口与法德边境接连起来并在马林斯处交汇；比利时比欧洲大陆上的任何其他国家都更加卖力地修筑铁路。

麦克格雷戈尔在其 1847 年出版的《商业统计》（其扉页上的标题《各国生产资源摘要》也许更适合该书的内容）一书中指出，比利时和美国在其努力的多样性和伸缩性方面，除英国以外大大超过所有其他国家。在该书中和在 1840 年向进口税委员会提供的证词中，他特别赞赏比利时不征收限制性关税的做法，尽管他本人并不赞成完全取消英国的谷物法，而主张对每蒲式耳谷物征一先令的固定税。

西蒙斯的《国内外的技艺和工匠》（1833 年出版）一书对关税这个题目作了简短而生动的论述。不过他认为关税是造成国家之间差别的唯一原因，虽然现在看起来似乎有更深刻得多的原因。但他通过对许多国家的研究认为，当时在欧洲实行的关税政策并不能促进国家的繁荣，这一真知灼见对人们从历史的角度研究贸易政策问题十分重要。

最后遗迹在1854年就被清除了。1855年开始赋予股份公司以有限责任，1862年完成了这一任务，这促进了资本流向一些大的冒险企业（人们有时经营这种企业的劲头似乎太大了）。

当时英国无论进行何种事业，都会得到好机会，几乎遇不到有力的对手与其竞争。新的商业路线不断被开辟。沿着这些路线，它可以比过去更有利地售出自己的商品，可以比过去更方便、更安全、更便宜地换回货物来满足自己的需要。与俄国的战争结束得很快，即使在战争期间，这两个国家仍经由不太绕远的普鲁士悄悄地做买卖。这场战争和印度的叛乱结束以后，它的潜在的主要竞争对手都忙于打仗，这使它们几乎不计较价钱地购买英国最容易生产的东西。于是它的输出额及输入所需货物的能力更为迅速地增长。下面我们将广泛地引用一些统计数字，至于解释上的困难则在附录F里讨论。

1854年是英国"真正"记录贸易价值的第一年，该年英国的净输入（即减去明显的重复输出后的输入）为一亿三千三百万镑，1873年为三亿一千五百万镑，增长几乎是持续不断的，虽然由于农产品，特别是谷物和棉花的价格变动，以及战争和信用的波动等，曾出现过增长不稳定的情况。然而，输入价值增长的主要原因是，黄金供应量的增加导致了物价的上涨，以及欧洲大陆各国有点过早地采用了盎格鲁-撒克逊式的节约通货的办法。

1873年以后，相反的力量导致了物价的下降。所以，虽然输入总额仍急剧增加，但其货币价值却徘徊在1873年的水平达十五年之久；以后，开始稳步上升，1907年达到五亿五千三百万镑的最高额；接着又有所下降，随后又上升到1913年的六亿九千三百万镑和1920年的十三亿二千一百万镑。英国的输出价值变动得更不规则。它先是急速而稳定地从1840年的五千一百万镑增加到1873年的二亿五千六百万镑。但其后,却由于上面提到的物价下跌而下降。直到1900年它只有一次(1890年)又达到了1873年的水平。1900年输出价值迅速上升,1907年达到了四亿二千六百万镑的最高额,接着又有所下降,后来又大幅度上升。①

3. 1800年以来英国出口贸易性质的变化。

拿破仑战争的阴影笼罩着莱比锡和滑铁卢两次战役以后的岁月。但英国并没有因此而停滞不前,在1830年,它的铁路比世界任何其他地区都多。1840年欧洲大陆和美国超过了它。1860年它们的铁路各比英国多两倍,现在欧洲大陆的铁路比英国多八倍,美国比它多九倍。当然,它的双轨、三重轨和四重轨铁路的百分比比任何其他大国都多,但即使把这一因素估计在内,仍很显然,单纯依靠它自己的资源,不管多么努力地进行开发,也无法长久维持其统治地位。英国能获得统治地位,一方面是由于其人民具有进取精神,另一方面是由于欧洲大陆战祸频仍。1815年战乱暂告结束,无怪乎1840年前后一些有识之士敦促英国议会和政府较为自由地处理对外商业关系,着重强调了限制政策的徒劳无益。他们认为:英国要管束其他国家,那是不可能的。它的不准输出机器的

① 1914年爆发的欧洲大战对贸易产生了一系列影响,至今这种影响还没有完全消失。战争期间英国似乎贷给俄国五亿六千八百万镑,法国五亿零八百万镑,意大利四亿六千七百万镑,并贷给其他国家一些钱,共计十七亿四千万镑,而它自己则从美国借了八亿四千二百万镑。J. M. 凯恩斯在其1919年出版的《凡尔赛和约的经济后果》一书中注意到了这些和其他有关的事实。

禁令犹如一纸空文，工业正在它的四面八方成长。它愈是不准从其他国家输入小麦和其他它们可以提供的东西，它们就愈渴望发展工业，渴望摆脱对它的依赖。依靠限制性关税和法令，它也许可以暂时阻止它们进步，但却因此而刺激了它们与它竞争。

十九世纪初期，欧洲大陆上的织布工从英国纺纱工那里得到除了最粗的棉纱（一磅不到两柄的棉纱）以外的所有棉纱，但没过多久，他们的自给率就达到了 40%，瑞士甚至达到了 70%。[①] 这种趋势一直在不断发展。现在英国输往欧洲大陆的棉纱和棉纺织品几乎都是上等货；其原因之一是：它的粗货在许多市场上遇到了激烈的竞争，并且被重税排斥于一些市场之外；而它的上等货则由于多少有些垄断价值，能够闯过关税壁垒。另一个原因是，对较优美、较雅致的棉纺织品的需求在不断增加。

1820 年，五分之四的英国棉纺织品输往欧洲和北美。虽然英国也向亚洲输出很多棉纺织品，但它却带回来价值几乎相等的、质量更好的棉织品。这种情况现在几乎颠倒了过来。欧洲现在从英国只购买上等棉纱和上等棉织品，其每磅的价值要比亚洲、非洲和南美洲从英国购买的花布的价值高得多。

1840 年，英国的许多大工业仍遥遥领先于其他国家，如果这些国家富有，而运输又便宜通畅，它可能得到一个比其实际制造品输出额大十倍以上的有利可图的市场，条件只是它能足够迅速地

① 《制造业委员会报告》，1833 年，问题 5 368。那时英国非常害怕的是美国的竞争，部分是由于美国运输原棉的费用较便宜（这一因素当时要比现在重要一些），部分是由于美国的机器设备得到了很大改进，而英国却没有立即采用新技术，还由于当时美国妇女几乎只能在棉纺业中就业，因而她们的工资比较低。

增加工厂和熟练工人。

诚然，萨克森的袜子、西利西亚的亚麻布、法国的丝绸和其他一些制造品顶得住英国的竞争，而且英国人科克里尔在比利时创办的铁厂大于英国任何铁厂，拥有极好的设备。但它们缺乏资本和熟练工人，英国满足自己的需要也很不够，然而几乎每一新企业都有英国资本帮助，并都由监护英国机器的英国工头管理。

至于毛织品及毛线的输出，其历史基本上和棉织品相似，但细节有很大不同。因为，在生产普通毛织品中老式设备从来不像在生产棉织品中那样不适用，因此连一个很落后的地区也能把自己的羊毛造成有其自己某种天然风格的坚实材料。所以，英国毛织品的输出从来不像它的棉织品输出那样，在世界产量中占有很大的份额。但英国毛料在式样方面长期以来一直领导着世界潮流，而且英国最善于制作男装的上等毛料，虽然在女装的式样和材料方面稍稍落后一些。它的最好的毛料甚至可以越过美国的极高的关税壁垒。

法国也有许多非常高级的、非常昂贵的毛织品和精纺毛织品在英国市场上出售，还向英国出售一种薄绒纱，这种薄绒纱由于用料讲究、便宜、图案新颖、符合英国人的口味，所以曾在英国盛极一时。英国似乎只从法国那里买进大量的货物，其质量和价格都与它卖给法国的货物相同。

值得注意的是，英国的贸易统计资料告诉我们，1846 年以后，服装的输出额增长特别显著。其原因是，马铃薯的歉收、黄金热和 1848 年的危机使英国移民大量涌到一些新国家里，这些移民都愿意买家乡的衣服而且其中有许多人出得起高价。英国服装由此而开始大量输出，而且几乎完全输往它的殖民地。它的一大部分殖民地贸易一直是由食品、衣着等构成，因为它的儿女们喜欢老家的式样。它为侨居印度的英国人输出的东西基本上也是食品和衣着。这使人们联想到一个人所共知的事实："国旗所到之处贸易随之而来。"

推动英国的殖民地贸易迅速发展的原因还有，英国的船只经常来往于它的殖民地，后来又与殖民地建立了定期通邮制度。英国还借资本给殖民地，同时英国商人向殖民地的店主赊销货物。此外，那些管理殖民地的铁路和企业的人可以从英国制造商那里更有把握、更方便地买进机器设备。这些因素因国旗相同而增加了分量。不过大部分贸易并不依靠国旗。阿根廷与意大利之间存在大规模贸易，是因为有许多意大利人住在阿根廷，而这两个国家并不在同一国旗之下。

但是，随着时间的推移，习惯和情感的影响很容易减弱。现在，那些记得起英国本土的人，在几乎每个英国属地里都只是总人口之中的很小一部分，而且很自然地，同相对于人口和资本而言缺少土地的英国比较，这些新兴国家在农业、矿业和其他许多工业方面亟待解决的问题，与美国在这些方面的问题具有更多的共性。

因此，在加拿大、澳大利亚和其他英国殖民地，居民中与英国保持亲密个人交往的人所占的百分比在不断减少，而德国人、美国人和其他一些国家的人（他们与英国的关系不像同他们本国那样亲密）所占的百分比则不断增加，虽然他们所占的百分比仍比较小。英国依然供给其殖民地大部分所需的资本，而且向他们输出的"无形的"劳务额也很大。但德国和其他国家现在开辟有通往英国殖民地的航线，虽然航线上的船只不多，但运送的都是精选的特产。同时美国在与加拿大自治领的西北部的贸易中，占有几乎独一无二的地理上的优势。结果，英国与其殖民地的贸易额下降了。

上世纪中叶，英国在工业方面确实比其他国家都发达，因而其输入品是其土壤和气候不容易供给的粮食和原料，以及其他国家制造的式样较好、价格较低的少数制成品和机器设备。其中某个国家在某种新工业，或某种新机器和新工艺方面或许能暂时超过它，但只要它愿意，就能迅速地赶上去，因为它已拥有所需要的资本和所需要的主要技术。另一方面，近年来主要的西方国家已几乎处于同一工业阶段，它们相互之间都从对方购买改进的机器和许多种半成品。

但另一方面，落后国家则很少需要这些东西。它们觉得纺纱机没用，不想得到机器纺的棉纱，却很愿意输入花洋布。它们宁愿输入自行车，而不愿输入自行车零件，更不愿意输入自动车床来制造自行车的车轮。因此，落后国家对英国货物的需求，总是随着其经济的发展而不断发生变化。大部分变化都相同，但细节上也有许多差异。实际上，一个国家的一些生产部门对英国货物的需求，可能从成品转为半成品；而该国另一些部门对英国货物的需求，则可能从普遍半成品转为质量特别高的完全制成品。

一个“新兴”国家（即先进国家的移民正在迅速建设的国家）可能除少数工业外其他一切工业都很落后，而特别适合该国条件的工业则居于领先地位。一个新矿区如德兰士瓦或西澳大利亚，可能比西方任何一个工业中心都更迅速地采用电气设备以节省运输和捣碎的劳动，然而纺纱机或织布机则可能对它没用，普通布匹的用处也不大。它宁愿输入现成衣服来满足自己的大部分需要。随着人口的增长，社会中会出现这样一个阶层，他们愿意做报酬不高的普通工厂工作。一般说来，新兴国家首先发展的是很需要灵活的头脑和充足的干劲，而不大需要高度专门技术的制造业，这种制造业所需的按人口计算的资本支出不是很大，并可以最有效地利用本国的物质资源。同落后国家一样，新兴国家选择英国半成品和制成品的变化，也表现出许多交叉趋势。两者的交叉趋势在性质上是不同的，因为落后国家要避免的是耗资巨大的事业，而新兴国家要避免的是花大气力而得不到好报酬的事业。但在后一种情况下和在前一种情况下一样，交叉趋势将使人们根据粗略的总计统计得到的简单推论很靠不住。

4. 英国的对外贸易并不像其统计数字表明的那么重要，数额也没有那么大，因为它包括许多隐而不见的再输出和大量对流运输(即相类似的货物在同一路线上作相对方向的运输)。

1869年苏伊士运河的开放使英国运送东方货物的转口贸易趋于减少。但它依仗其根据需要迅速装备船只的能力，依仗其金融和商业上的信誉，依仗其主要市场与外国的联系，最终仍相当稳固地保住了自己的地位。然而，时间对那些与地中海各主要港口有良好铁路交通的地方的直接贸易是有利的。而且，大陆上铁路的迅速延长，虽然增加了英国与中欧贸易的便利，但更增加了通过马赛、热那亚、的里雅斯特、哈佛、安特卫普、汉堡等地与其他大陆通商的便利。结果，羊毛和其他原料的交易(伦敦曾一度是这种交易的世界市场)不可避免地分散于许多市场。但是，英国对高级产品具有广泛而多样的需求，其商人和经纪人无比精通自己的业务，办事迅速果断，其银行系统方便灵活，使人们喜欢伦敦的票据而不喜欢其他任何地方的票据，这些都促进了伦敦再输出贸易的发展。

与此同时，英国工业品（大部分是制成品）的出口获得了迅速发展，但这些工业品主要是用进口原料制造的。其主要原因是，英国的面积狭小而人口众多，几乎没有任何一种重要原料能自给自足，因而其出口货物中只有很小一部分完全是自己的产品。不错，它出口的某些钢铁是用自己的煤和自己的矿石炼成的，这些钢铁完完全全是它自己的产品，但它输出的花洋布的价值却有很大一部分是从输入的原棉中得来的。它输出的毛织品含有许多进口原料，以致我们可以说，它实际上并没有输出羊毛，而只是输出了工人和其他人对羊毛的加工。同样，虽然它的出口货物中有少量小麦和面粉饼干，但实际上它并没有输出小麦。的确，除了煤、盐、鱼、玻璃和陶器以外，它没有输出任何用本国原料制造的重要货物。①

当然，英国再输出的性质很受它处在欧洲和其他大陆间的水陆交通线上这一地理位置的影响，很受它与澳大利亚、南非和其他产金国的密切关系的影响。它主要向欧洲大陆再输出大量黄金，从美洲输入大量白银，再主要运往印度。因为金银不列入英国的

① 的确，在其他一切欧洲国家的统计中，列有许多从英国输入的原料项目，其原因是它们把英国输入而又再输出的一大部分（有时是全部）原料算作从英国输入的原料。这些原料在英国官方的统计资料中大都列为“再输出”项目，尽管从远离码头的地方运来的货物往往被列为特别输出项目。列入这个项目的有部分牛肉、牛乳、棉籽油和其他外国油、糖、木材、亚麻、丝、棉花和其他种子、生兽皮、皮衣，以及其他生产（如果生产的话）少于消费的货物。但是在这方面英国的统计要比大多数其他欧洲国家的统计都精确，部分因为它的几乎全部再输出贸易都在海港进行。

一般进出口统计资料，所以它对欧洲大陆和印度的输出实际上要比统计资料表明的多得多，它从澳大利亚、南非及美洲的输入实际上也要比统计资料表明的多得多。

此外，英国再输出的未加工和加过工的原料，主要来自其他大陆，大部分东运到欧洲。另一方面，它输入的制成品（再输出时或进一步加工或不加工）主要来自欧洲大陆而运往较远的大陆。这些事实对实际比较英国与不同国家的贸易是非常重要的。

英国还进行大量的“交叉贸易”。所谓交叉贸易就是两国在同一条运输线上相互输出极为相似的货物。这种贸易往往是由行市的变动和其他偶然事件引起的。例如，西方各国常把贵金属运往其他一些国家，这些国家虽然比它更接近金矿，但它们的金融市场碰巧暂时需要黄金。再举一个例子，如果某种产品在某个国家，特别是在港口附近的地区供过于求，就常常输出该种货物，以便以低价出售它而不损害其物主所特别关心的那个市场。在运往其他国家的途中，该种货物很可能与某种类似的货物相遇，这种货物同样由于要被杀价，或根据某种契约而正在从其本国运往其他国家。但除了供求的变化引起货物流动外，那些在质量上或在用途上稍有不同的东西，也常常在各国之间流动。有时引起货物流动的差别极其微小，只有专家才看得出。英国与其邻近工业国的贸易有相当一部分就属于这一类，特别是毛织品、丝织品和金属方面的贸易。

英国是个比任何国家都讲究的买主；在其输入中，一定数量的肉类、或牛油、或水果、或烟叶、或棉花、或酒，其价值很可能要比列在多数其他国家输入单上的相同数量的同类货物高。而且一般地

说，英国出口货物的质量越来越好。因此，列在其出口单上的一百万磅棉纱，甚至一百万码花洋布所代表的真正价值，多半高于二十年前列在它自己的出口单上或现在列在多数其他国家的出口单上的同类货物的价值。另外还有制造品或“大体上加过工的产品”等含义模糊的名词引起的误会。当然，英国出口货物的数量由于大量输出煤炭而显得很大，因为煤炭的体积和重量相对于其价值来说是很大的。

英国输出的“完全加过工的或大体上加过工的产品”包括一些笨重的原料和其他加工不多的东西，如锡块和其他金属块、皮革、捻丝等等。但除少数不重要的例外，这些出口货物和相同的再出口货物，比它输入的“完全加过工的或大体上加过工的”同类货物要少。也就是说，英国粗制造品的输出是一个负数。这里不包括纱线，因为前面已经说过，纺高级棉纱和精梳高级毛条(这些上等货物只有英国一家大量出口)要比普通织布困难。

如果输入的制造品和输出的制造品能够按质量的不同精细分类，那么只要减去相应的输入就可以得出任何质量的制造品的净输出。但实际上“英国制造品的净输出”这一短语不可能有任何实际意义，因为英国输入的大部分制造品质量都很低，而输出的大部分同类制造品质量都很高。

英国输出的“无形的”海运劳务似乎与其输出的有形货物不同。其实这种差别只是表面的。这里要强调的只是以下事实：船舶上的补给品和燃料舱里的煤显然是有形货物的输出；如果一条英国船在运送比如说澳大利西亚和太平洋西海岸的货物中用得不能再用了，则很显然这条船是一件出口给其他国家的有形货物，实际上是逐渐地卖给了它们；最后，一条来往于英国和外国港口之间的英国船如果是为外国人服务的，那它也是一件出口给其他国家的有形货物。

第四章 输入与输出之间的差额

1. 贸易"顺"差这个词。

为了论述的完备,需要写这一章。但它只讨论许多商人所熟悉的问题,各节的标题足以向他们表明这一章在本编中的作用。

在讨论国际贸易时,"国家"被看作是由一个有确定边境的国家的居民构成的。对通过边境的货物一般都征税;由于这个原因和其他原因,通过边境的贸易都受到"海关"官员的监视。海关官员相当于过去征收"习惯"过境税的人,以往各公侯国都在其领地的边境上征收过境税。

从前,人们一心要在其国内保留尽可能多的贵金属。如前所述,这种愿望在某种程度上产生于这样一种错误的看法,即认为在某种意义上,贵金属就是财富。但它也有一些可靠的根据,因为只有金银在发生大规模战争的紧急情况下能提供立刻支配军队给养的手段。如果一个国家从国外买进东西,其以贵金属表现的价值高于其向国外卖出的东西的价值,则它就是在向"贸易差额"不利于它的方向迈进,在这种情况下,如果爆发战争,即使本国人民充满爱国热情,它也难于供养在国外的军队。当然,那时不把战争看作是国事,其意义和现在不完全一样。战争有时是为某一王朝或某一统治阶级的特殊利益发动的,而不是为整个国家的利益发动的。既然这样，以白银（或在少数情况下以黄金）支付就使许多精明的商人按照国王或统治阶级的意图办事。

但是，拿破仑这个寡廉鲜耻的天才使英国人和其他国家的人民认识到了，整个国家的利益高于国家中某一部分人的利益，因而在十九世纪，国家贸易在西方每个国家的事业中占据了很高的地位。

一国的贸易是由其商品的输出和商品的输入这两方面构成的，而且输出和输入的总值有相等的趋向。但这种趋向在某种程度上很容易受资本输出和资本利息（有时是利润）输入的阻碍。此外，从乙国得到其收入的一个人在甲国消费的商品，实际上是乙国对甲国的输出，但除少数例外，这种商品既没有列入乙国的输出表，也没有列入甲国的输入表。

而且我们无从知道一个住在法国的比利时人（比方说）的开支，多少得自他在比利时的产业，多少得自他在法国的工作和产业。为了本章的目的，我们暂且不考虑法国输入比利时的货物的最终目的地，而只估计其总数。

2. 如果其他条件相等，一国登记的输入有超过其登记的输出的倾向，其超过的数目等于在本国与任何一个外国之间或两个外国之间运送货物以及运送外国旅客所花的全部费用，再加上其船主、商人、代理人和银行家的全部纯利润（只限于来自对外贸易和带回国的利润）。

在中世纪初期，白银和黄金曾被看作是国家繁荣的尺度，有时甚至被看作是繁荣的真实所在，因而对任何输出金银的人都加以处罚。但重商主义者放松了这条规则。他们允许商人输出金银，只要商人能再输出一部分进口货，换回至少数量相等的金银。重商主义者的另一同样重要但不那么显眼的进步之处是，他们坚持认为：商业也是一种工业，认为“水手的劳动和船只的运输具有输出商品的性质，其超过输入额的部分可以带回货币以及其他东西”。①

现在让我们来作具体的说明。如果一个农民答应向一个马车主供应麦秸以换取肥料并自己运去麦秸运回肥料，那他运去的麦秸在城里可能值十镑而在农场只值六镑，换回的肥料在城里可能值十镑而在农场值十四镑。如果需要运四十次，每次运费为四先令，这种交易就是公平的交易。但是，虽然马车主的“有形”输入和输出的价值相等，即各为十镑，但农场的“有形”输出在农场上只值六镑而其输入则值十四镑。农民实际上提供了八镑的运输劳务。第二年或许这样安排：由马车主负责全部运输，农民将在农场交货，他除了提供麦秸外，还必须提供在农场值八镑而在城里或许值十一镑的干草。现在马车主的输入在城里将值二十一镑，而他的有形输出只有十镑，但他还要付出十一镑的运输费。由于农民的一切输入和输出都是有形的，因而其价值将相等，实际上，输入和输出在农场都价值十四镑。如果货物一部分由马车主运送，一部分由农民运送，那用少量干草就可以弥补差额。

① 这句话出自比重商主义者还要进步的配第之口，但其实质在托马斯·曼的以下看法中也可以看到，曼认为，“长途贸易必将给共和国带来最大的好处”，因为英国船只在这种贸易中提供的劳务具有输出货物的性质，最终往往可以带回金银。在《工业与贸易》第一编第三章及附录C至G里，我曾谈到重商主义者与其前人及其继承者的关系。

两群人之间的贸易，两个城市之间或一个城与其附近农业区之间的贸易，都和个人之间的贸易一样。但一般只有跨越国境的贸易的统计资料。

再假设有一个英国人以英国为其业务活动的基地，用自己的船运货到巴西出售；用所得到的收入购买巴西货物，再用自己的船运回国；最后以使他能获得本行业正常利润的价格在本国出售。他的输入价值将超过其输出的价值，其超过的数目等于他作为一个运输者和商人所付出的全部费用和所得的利润。如果他出钱雇一个英国人为他运送一部分货物，其结果将是一样，只不过他将动用一部分输入超过输出的余额，来偿付为他工作的那个英国人。

但是，如果这个商人的一部分工作由一个外国人来做，也就是由一个住在另一个国家的人来做，结果就不同了。举例来说，如果他的回头货很重，他雇用一个挪威托运人把一部分货物运回国，他就将不得不把其对巴西货物的一部分支配权让给这个挪威人，或更正确地说，把在英国出售巴西货物的一部分收入让给这个挪威人。这将使这个挪威人能从英国得到商品而不偿还任何东西，这样就将减少英国的输入超过其输出的数目，减少额等于那个挪威人为运输工作所付出的代价。

此外，船上的高级船员和普通水手也要在巴西花一些钱，用来购买补给品和其他东西，用来雇代理商和搬运工等。这种开支将直接地或间接地从在巴西卖货所得的收入中支付。这或者将减少该船运回国的巴西货物，或者将使巴西能够从英国再得到一些货物而不用输出任何东西与之交换。

综上所述，该商人有能力带回巴西的货物；这些货物在英国出售时，其价值要超过他输出的货物的价值，超过额等于来往航程的全部费用。但其中一部分将变成从巴西购买的船用补给品，这些补给品将在航行中消费掉，因而不列入英国的输入。而且他把一部分购买力给予了水手，而水手可能把其中一部分花在当地的劳务或货物上面，这些也不列入英国的输入。所以，产生于来往航程的英国输入超过其输出的数目，应减去该船在巴西所付出的开支总额。

由此可以得出结论，一国的表面输入有超过其表面输出的倾向，超过额等于在国内因进行国外贸易而付出的一切费用，加上归其自己人民所有的这种贸易的利润。

至此我们还没有考虑这条船在运货的同时还很可能运送旅客。外国旅客必须汇钱来买船票，因而相对于输出而言，该国的输入将相应有所增加。当然，必须减去该船在外国港口为运送旅客所支付的开支。但如果旅客的钱来自这个国家本身，则票价的支付只不过是金钱在其境内转移而已，因而并不影响输入和输出的平衡。所以，一个国家因从事航运业而输入超过输出的数额，等于该国航运业运货和运送那些不住在其境内的旅客所获得的总收入。但必须减去航运业在国外的开支和国外居民在该行业中占有的那部分利润。①

此外，如果一个商人或其他人在甲国长大，而在乙国度过大半

① 几年前R.吉芬爵士曾估计过英国船舶和商人的服务所需的费用；他认为这些费用必须和利润一道送回国，以使资本和人力得以继续流到这个行业里。他的结论是，英国的有形输入超过输出的数额中每年必须有一亿到一亿二千五百万镑用来支付这笔费用。自他说这话以来，造船业的改进已大大降低了有同样运输能力的开船费用。但最近的战争及随之而来的原料和劳动力成本的提高，又起了相反的作用。还要再过几年我们才能比较有把握地估计这种费用的未来数额。

生，他也许会把他的一些储蓄以贵金属的形式带回国。甲国用于他的早期教养的费用的利益主要归乙国所得，乙国从这个精明强干的人身上得到的好处，也许要大于此人带回国的财富，不管这种财富是不是以贵金属的形式带回国。目前英国与印度之间的情况正是如此。英国向印度输出许多年轻有为的人，而他们并不列入印度的输入表，但可以说，他们为它服务的价值要超过它付给他们的全部报酬。他们往往是在年老体衰的时候才返回英国（如果真的返回的话），他们是未被计算的英国输出品。但他们节省下来的那部分收入或迟或早会以有形货物的形式列入英国的输入表。另一方面，印度也把这些有形货物算作它向英国的输出，虽然它并不把英国运送给它的那些花很多钱培养起来的年轻人记在自己的输入账上。

3. 在外国人向一个国家投资，或外国以任何其他形式向它提供信贷的时候，这个国家的输入就会相对于其输出暂时有所增加。这种入超最终常由出超来补偿而有余，因为输出资本的那些人将收回资本的利息或利润，而且最后也许将把资本收回本国。

当时的形势没有促使重商主义者像研究商业劳务和航运劳务那样去研究另外两种无形的输入和输出，即国际信贷和居住国外引起的输入和输出。但是，法国战争带来的财政上和商业上的困难，使英国的政治家和经济学家对贸易平衡进行了前所未有的认真而全面的研究，他们发现，一些重要事项被忽略了。这项工作进行了三十年，因而留下来供后人去探索的重要领域很少。[①]

---

① 参看“金块委员会”1810 年发表的那份划时代的报告，特别是第 28—29 页。该报告研究了“金块涨价的原因”及“大不列颠与外国之间的流通媒介和汇兑情况”。

相当一部分国际信贷是小额信贷，如以长期信贷方式卖货给外国商人和店主，或先把货物运送给总委托代理人或本国商行的分店，等到货物卖出去后再收钱。但大部分国际信贷还是大宗交易引起的，如替外国或殖民地政府，或私人铁路公司或其他贸易公司在伦敦市场上发放大笔贷款。贷款额无论大小，贷款国都会得到已收到贷款的通知，借款国也会及时得到已收到利息和本金的通知。如果有可能把这些通知书记入输入表，则发放贷款和清偿贷款都不会改变输入和输出的平衡，但这是做不到的。简言之，当一个国家以任何形式贷给外国一百万镑的时候，它就使外国人能从它那里取走一百万镑的货物，而它自己则暂时不运什么东西回来。另一方面，这笔贷款的利息，或许贷款本身最后可望回到本国，而在归还的时候，就将使英国的输入相对于其输出有所增加。

延期债权和即期债权之间的这种差别对国际汇兑非常重要。戈申说得好："当说到两个国家之间的相对债务和贸易差额的时候，一般不考虑一个国家欠另一个国家的长期债务，至少在其归还期到来之前是如此，因为贸易差额决定于必须结算的交易，而不决定于那些双方同意搁置若干年再结算的交易。"[①]一个国家任何一年的输入和输出的差额与延期债权没有直接关系，尽管这一年到期的贷款(或者是它发放的或者是它借入的)利息对它有影响。

另一方面，任何一年的进出口与该年到期的各种债务之间则关系密切。任何一年的息票，比如说 1922 年到期的债券，1922 年旅行者为旅费开的汇票等等，所有这些都构成了该国或另一国的

① 《国际汇兑》，第二章。

即期债权，记入国家的账簿，和这一年中一个国家的商品输入和输出所分别构成的两方面的要求权完全一样。①

如果一家英国银行，或火灾保险公司或人寿保险公司或其他金融机构在外国设立分号，则一般为了直接使用(除了输出小额现金外)都要输出一定数量的英国资本，这便增加了英国的输出。如果不再需要更多的资本，它就可以把全部纯利润送回国，这又增加了英国的输入。

强大的金融机构常在外国的证券交易所和产品交易所上搞投机活动，由此而获得相当多的纯利。这种纯利加上火灾保险公司和人寿保险公司从外国企业那里赚得的纯利润，会增加本国的输入。一般说来，投机买卖用赚头来结算，其资本价值列入每年国际收支平衡表内的并不多。但在金融市场发生混乱的时候，外国金融机构哪怕是暂时购买证券交易所的证券，也会起到提供国际援助的重要作用。它可以大大减轻压力，不必把货物输往滞销市场，这种缓和作用可维持若干个月。

由此可见，信用的波动对进出口差额的影响是多种多样的。如果某一国家的信用发生动摇，该国的资本家也许会把资本带回国，尽管

① 为简单起见，这里假定每年的交易在年内清账，或假定(与上面的假定基本一样)年底未清账的交易与下一年年底未清账的交易大致相等。但是，如果欧洲的歉收适逢小麦输出国家丰收，当然秋天就会有很多粮食运到欧洲，粮价很可能上涨。这样，那一年欧洲的输入就会大大增加，而用来偿还粮食的输出品则要过一段时间才运出。国际信贷的暂时紊乱也会引起同样的不均衡。

此外，有些借款者惯于拖欠债务，从不完全偿还输给他们的出口品。但在一切具有冒险性质的贸易中，都需要用某些冒险事业的厚利来弥补另一些冒险事业的损失。贷款者需要比较高的利率来引诱他们贷款给冒险事业，特别是在外国的冒险事业。从那些全部归还的高利息的借款中所获得的厚利，可用来弥补呆账的损失。

其经济活动正在衰退，尽管向新建企业或扩建企业投资的机会极少。

4. 航运业的总收入随商业信用的变动而变动。但在萧条时期，英国输入超过输出的表面数额常常很大，因为这时它往往限制其对外投资。

自上世纪中叶以来，英国航运的总吨位一直在迅速地增加，其总运输能力增加得更快。结果，运费也降低得很快，虽然有时被战争和商业活动突然增加所打断。伴随着造船成本及驾船成本的降低，长距离海运的笨重货物所占的百分比不断增加，这进一步降低了吨海里的平均运费率。英国航运业的总收入一直增加得很快，虽然增加得并不平稳。航运企业一直在获利，无论如何按照现代那些没有有效垄断权的企业日益降低的利润标准来计算是如此。但其纯利润的波动要比其总收入的波动大。

在商业活动增加和信用上升的时候，船货增加得很快，而商船的总收入增加得更快，因为运费对需求的每一变动极其敏感。英国输出的纯"无形"航运劳务的价值，要比在英国输出表上占第二位的棉织品的纯有形输出大得多，因而可以料想到，在繁荣时期，英国有形输入超过输出的数额要比输入本身增加得快，比输出增加得更快。①

① 1854 年英国的入超为三千六百万镑，到 1868 年(该年贸易陷入了不景气)增加了一倍左右。1868 年以后，入超不断下降，降到 1854 年的水平，直到 1872 年为止，这一年贸易空前繁荣。1877 年上升到一亿四千五百万镑，大约四倍于 1873 年。1877 年是工业特别不景气的一年。1877 年以后又不规则地下降，宜到 1886 年，这年以后不断上升，一直增加到 1903 年的一亿八千二百万镑，该年又是不景气的一年。这年以后跌到 1907 年(膨胀的一年)的一亿二千八百万镑。1918 年达到七亿八千三百万镑(纸币)。入超与资本输出的关系在上面第二节里已有论述。

但实际情况并非如此，而是相反，因为在繁荣时期英国的出口大部分以信贷为基础。它的国土面积与它的资本比起来如此之小——其资本的充裕程度可以说已接近于饱和状态——以致任何有获厚利前景的新企业都有发挥能力的机会。结果，在很大程度上，英国的工业活动取决于别国特别是新兴国家的工商企业所获得的信任和拥有的力量。虽然有时会信错人，但只要存在信任，资本就会从英国流到国外，特别是流到新兴国家，而能使资本流向国外的唯一途径是增加有形的和无形的输出，也就是使输出总额大于输入总额，而不是相反。当然，英国对任何一个国家投资的增加与它对这个国家输出的增加之间，没有必然的联系。[①]

几乎所有先进的工业国家都是债权国，因为它们的工业向它们提供了一时用不完的资本。充裕的资本使它们具有特别优越的条件来生产那些只有用昂贵的设备才制造得好的东西，也就是说它们生产的是借债国一般不能很容易生产的东西。与此同时，廉价而快速的运输和通讯，使国际贸易总额不断增长，尽管关税壁垒很高。电报和电话便利了所有先进国家之间公私消息的流通，使它们能与其在新兴国家和落后国家的代表保持密切联系。因此，工业活动的繁荣和不景气正越来越具有国际性。英国是最古老的工业大国，其工业活动要比任何其他类似国家的工业活动都更受国际因素的影响。

① 举例来说，假设俄国东部的一家铁路公司在伦敦借了一笔钱来购买火车车轮，它可能向德国的机车工厂购买车轮，并用自己的车陆运回国，而不是经由里加海运回国。德国可能用从俄国那里得到的钱购买中国货（实际上钱是由俄国付的），而中国又用从俄国那里得到的钱购买英国货。当然，这是通过国际汇兑完成的。国际汇兑问题我们下面就要讨论。

第五章　国际汇兑

1. 汇票用来清算各地的债务时对经济产生的影响。

本章简要叙述的是每个商人都熟悉，大部分公众都了解的事情，因而许多读者可以略过这章。①

当汇兑最初引起公众注意的时候，诺里奇是除伦敦外英国工业的主要中心。从下面一段常被人引用的话中就可以看出诺里奇当时所处的地位："当通过邻近地区之间的安排可以避免长途运送纸币、硬币或任何其他形式的贵金属时，各个时期的商业（除最原始的商业外）一直是这样做的。如果伦敦的甲欠诺里奇的乙的钱，和诺里奇的丙欠伦敦的丁的钱数额相同，那么只要甲偿付丁，丙偿付乙，就可以清偿这两笔债务了，而不必花汇款钱。因此而产生了汇票和汇兑机构。"

汇票一般是"开票人"对另一个人即"付款人"的书面要求，要求后者付给汇票上指定的人以一定金额，这个人称作收款人。这

① 本章讨论的是一般情况，不涉及战争或信用崩溃可能引起的混乱。即使通货牢固地以黄金或白银为基础或这两者都是其基础，战争也往往使它们的价值发生剧烈波动。因为，在大规模战争的压力之下，哪怕是强大而坚定的政府也会发行大量不兑现纸币，以致大大降低其价值。关于这一点可参阅 J. M. 凯恩斯在《条约的修改》（1922 年出版）一书中对"马克汇兑"所作的注解。

个人可以是开票人自己，也可以是另一个人。汇票可要求付款人在某种条件和形式下付款给收款人所要转让的人。汇票载明付款的时间，例如见票即付或以三个月为期。当汇票由付款人签名“承兑”后，它就成了承兑人签发的期票。因为收款人可以把它卖给第二个人，第二个人又可以把它卖给第三个人，等等。每一个人在把它卖给别人以前都在其后面签名即背书。它的卖价等于从其票面价值减去一定的“贴现率”所剩的余额。这种贴现率首先是随着汇票未到期的时间的长短而变动；其次是随着短期担保放款的市场贴现率的高低而变动；再其次是随着收款困难，甚至不可能收回的危险的大小而变动。持票人应先向承兑人要求付款，如果承兑人付不出，可向开票人要求付款；如果开票人也付不出，可按签名次序向背书人要求付款。

汇票最初主要是用来把一个人的债务转给另一个人，以减少现金在空间上的转移。但在这样做的同时，汇票也就把收款的时间从这一日期转移到了另一日期，这种时间上的转移在某些方面要比空间上的转移更为重要。一个人对另一个人开的汇票有时被用作向第三者借钱的工具，但常被滥用；“假”汇票这个词指的就是这种情况，虽然不甚恰当。①

① 现代使用的汇票似乎自十一世纪以来就有了。十二世纪，威尼斯和整个伦巴第已普遍使用汇票，汉萨同盟的城市显然也已使用汇票。在整个中世纪，人们是从世界各地用汇票向教皇纳税的。国内汇票的使用要晚一些。当然，犹太人在这两种汇票的交易中总是占很大份额。据认为，荷兰之所以拥有巨大的商业力量，很大程度上就是由于充分而巧妙地利用了汇票，使其资本具有流动性。乔赛亚·蔡尔德爵士在其《贸易论》(1751 年出版)一书的第五章曾为使用汇票辩护，即使现在读他这本书，也还使人很受启发。

此外，在汇票背面每添上一个人名，就不费任何手续地使它多了一层保证。而且，汇票使持票人每天都有利息收入，他投资于其中的资本是活的，什么时候需要什么时候就可以兑现成现款，这就无怪乎汇票在商人中间很快使用起来并受到欢迎了。十九世纪初在兰开夏，汇票，主要是国内汇票，从甲手转到乙手，有时有一百个人签名，其间进行的交易比银行券多十倍。自那时以来，汇票仍同样可靠和方便，但在各国，银行券、支票、银行承兑汇票以及电汇的数额、可靠性和便利性在不同程度上大大增加，因而汇票的作用不再那么突出了。现在汇票在国内贸易中只起很小的作用，在对外贸易中所起的作用也在不断地减少。①

当商业越来越现代化的时候，运输，特别是国内运输的费用和风险如此之大，以致商人宁愿花相当一笔钱来购买数百英里以外的城镇的汇票，只要这样做能避免运送硬币，因而汇票也要定期报价。对许多商人来说，汇到某一处的汇票总额及国内汇票的汇率，比国外汇率更为重要。②

① 下面引用的一个有经验的银行家在1842年说的话，可表明英国人最近对银行券的信任。“当汇票来源真实和合法的时候，我认为有开票人、承兑人及背书人（或许有二十个背书人）担保的汇票比钞票还可靠，仅次于黄金。除了支付工资外（在联合王国各地汇票不适用于付工资，虽然在伦敦不是没有），我不知道货币有什么用处。”（见J. W. 博赞克特著的《硬币等等》，第91页）并参阅刘易斯·劳埃德1819年向上议院恢复现金支付委员会提供的证词。

② 因此，在1757年出版的《论纸币和硬币》一书中，哈里斯在论述国际汇兑（虽然他的论述很精辟，但却不如休谟1753年发表的论文论述的深刻）时首先援引了对法贸易的最有力的反对者《英国商人》（1721年）中关于伦敦与诺里奇之间的汇兑的一段详细记载。反对与法国做生意的理由是，法国卖给英国很多货物，而买回的却很少。较开明的重商主义者认为光凭这一点反对同法国做生意是站不住脚的。1755年，才华横溢的康梯龙研究汇兑时，也是先详细描述巴黎和查隆之间的汇兑。

从英国一个地方汇款到另一个地方的汇费，现在一般都并入了银行的通融汇费里，不再专门公布两个地方之间的汇兑率。但在德国和美国等金融市场高度发达的国家，现在仍公布离得较远的城市如汉堡与法兰克福、纽约与芝加哥之间的汇兑率。在落后国家，甚至对距离很近的城市之间的汇款一般也收费。但是，西方国家之间金融交易通过商业资本进行的部分如此之大，以致习惯上把任何两个国家之间的汇兑都说成是一个单独单位，这充分表明了经济民族性的加强。

如上所述，汇票的主要职能是节约，也就是使诺里奇的两个商人和伦敦的两个商人能通过在伦敦和诺里奇汇款来清算他们的债务，而无须在这两个地方之间运送货币。当汇兑获得充分发展后，国家之间的结算也可取得同样的节约效果。如果英国欠美国大笔款项，美国欠中国大笔款项，中国又欠英国大笔款项，那么英国很可能用中国的汇票来偿还欠美国的一部分债务。如果真这样做，英国的商人就会抢购中国的汇票，在这种情况下，英国与中国的汇兑就将变为逆差，虽然贸易差额仍为顺差。这一点现在看起来是很明显的，但亚当·斯密及其许多前人却不能不费很大力气与少数重商主义者争论这一点。

汇兑正是通过这种“迂回”的交易取得主要经济效果的。例如，美国在生产亚洲大量需要的商品方面优势较少，但它却大量消费亚洲的商品，并向英国和其他欧洲国家输出大量农产品。如果不是通过汇票和世界市场上的其他工具来迂回地清算债务，美国就必须向亚洲运送大量金银，而这些金银过一段时候又通过欧洲运回美国。事实上，美国从全世界的输入(有形的和无形的)基本上等于它向全世界的输出（有形的和无形的），由运入和运出贵金属来调整的贸易额是较小的。

2. 在以黄金为通货基础的国家之间，汇兑率的变动是有限度的。

目前（1922 年），黄金的国际价格与各国的一般物价水平只有很微小的间接关系，因为纸币至少暂时已代替了金币。但在以黄金为通货基础的国家之间，从长期来看，汇兑是具有科学性质的。我们希望这种科学性质不久将与一般实践发生直接关系，因为以某种本位市（本位币很容易受有关国家的经济或政治情况的影响）为计算单位签订的长期合同，只能是属于投机的范围而不属于坚实的业务领域。不过，如前所述（第一编第四章第六节），有关国家可以人为地调整不兑现纸币，使其成为比金（或银）本位更好的价值标准，但显然还要过很长一段时间这种人为的标准才能为国际贸易服务。

现在让我们来看看两个邻国（比方说法国和比利时）把本位币都定为每枚二十个金法郎时它们之间的汇兑情况。我们姑且假设它们只是彼此之间开展贸易，而且不考虑如不升水一般就不能获得出口的黄金这一事实。在这种情况下，如果由于出售货物、借款及到期的汇款等等，比利时要求法国立即支付的款项，正好等于法国要求比利时支付的款项，那么要出售的汇票就将等于要买入的汇票。这时在法国一千法郎的比利时汇票就将卖一千法郎（当然要考虑未到期的贴现率）；在比利时一千法郎的法国汇票也将卖一千法郎。这就是所谓汇兑率**相等**。

但是，如果法国对比利时的债权总额大于比利时对法国的债权总额,那么持有比利时汇票的人就不容易找到买主,因而在法国一千法郎的比利时汇票就卖不到一千法郎(当然要考虑未到期的贴现率)。另一方面,由于在比利时法国的汇票较少,因而法国的汇票将升水,也就是其卖价将高于一千法郎(当然也要考虑未到期的贴现率)。

这种汇兑情况习惯上叫做对法国有利,对比利时不利。但实际上是对从比利时运货到法国的人有利,不管是法国的进口商还是比利时的出口商都一样,而对按相反方向运货的人则都不利。黄金也是可以运送的货物之一。如果汇兑对比利时非常不利,以致在比利时出售一千法郎的法国汇票,其贴水超过运送价值一千法郎黄金到法国的运费(加上保险费和利息),那就到达了值得从比利时运黄金到法国的那一点,也就是到达了所谓的"输金点"。另一方面,如果汇兑对比利时非常有利,对法国非常不利,那就会到达另一输金点,也就是到达黄金将开始从法国流向比利时的那一点。[①]

英国与澳大利亚之间的汇兑在某些方面甚至比法国与比利时之间的汇兑更简单。其原因不仅在于金镑是两国的共同法币,而

---

① 所有国家都以同一含义使用"顺汇"这个词。但某一国的汇率"上升"对一个国家是"有利"还是"不利",则要看汇兑行情是以"一定"数目的本国货币等于"多少"外币来表示,还是以多少外币等于一定数目的本国货币来表示。英国对几乎所有国家都采用前一种表示法。例如,伦敦对巴黎汇兑的标价为一镑等于多少法郎。汇率表上列出的是一镑等于多少法郎和生丁等的数字,一镑被认为是当然的数字,不特别指出。另一方面,在加尔各答,汇率则以多少便士和铜子等于一个卢比来表示。因此,法国汇率的上升对英国"有利",而印度汇率的上升对英国"不利"。以上叙述引自哈里斯的著作,这一叙述在形式和内容上都与现代有关外汇的书籍的论述相似。

且还在于这两个国家不论想出口多少金镑，都可以在正常的金融市场条件下立刻获得金镑，而在许多欧洲国家要获得出口的黄金，则会遇到许多困难。但由于澳大利亚产金很多，英国的汇票扣除未到期的贴现率后，一般仍比所代表的黄金价值高，高出额相当于把黄金运到英国的运费，换句话说，汇兑对英国的有利程度可达到输金点。

采用不同通货的国家，尤其是如果其中有一个国家征收铸币税，它们之间的汇兑就更加复杂了，即使它们的通货都是以黄金为基础。例如，在正常情况下，二十马克的铸币必须值与其重量和成色相等的黄金，再加上对它征收的小额铸币费，因为如果不然的话，就不会有人拿黄金到造币厂去铸币。但是，如果在正常的金融市场条件下，英国缺少金块而必须把黄金从德国运往英国，那么英国的造币厂势必把运来的德国金币仅仅看作是金块（虽然在这种情况下一些金融机构常常以稍高于金块的价格买进输入的金币，希望它们不被熔化掉）。因此在这个时候，德国如果不运出含有一千金镑黄金的二十马克铸币，就不能偿还一千英镑的债务，也就是说，在德国只有用重量等于一千金镑的马克再加上运费才能买到价值一千镑的英国汇票（不计贴现率）。

当汇兑转到另一极端，德国缺少通货，黄金流向德国的造币厂时，在德国就能以重一千金镑的黄金（减去运到德国的运费）买到价值一千镑的英国汇票，并且可以用轻于一千金镑的德国铸币购得一千金镑重的黄金，减轻额等于铸币税。这就是说，英德之间汇兑率变动的极限是双重运费加上在德国征收的铸币税。当然德国和法国（那里也征收铸币税）之间汇兑率变动的限度是双重运费加上两国征收的铸币税的总额。但在发生动乱时，如爆发战争或两个国家当中一个国家的通货贬值或受到其他破坏，这种限度也可能被突破。货币贬值使汇兑率的变动突破限度的情况，只限于本位币是由不同材料（如金、银、纸）制成的国家之间的汇兑，这里我们不准备对此详加论述。①

到现在为止，我们所讨论的只是以黄金为通货基础的国家在汇兑方面遇到的问题。三十年以前，这些国家与那些以白银为通货基础或表面上以白银为基础但实际上并不能兑换白银的国家之间，贸易很发达。但现在这种贸易在世界贸易总额中所占的比重已经比较小了；与此有关的问题将在附录 G 里讨论。

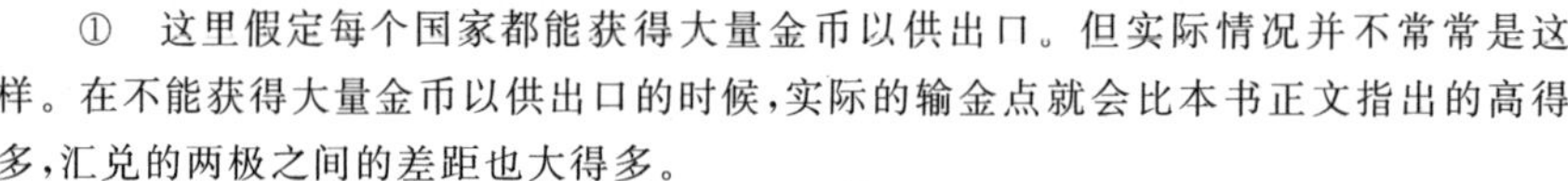

① 这里假定每个国家都能获得大量金币以供出口。但实际情况并不常常是这样。在不能获得大量金币以供出口的时候，实际的输金点就会比本书正文指出的高得多，汇兑的两极之间的差距也大得多。

此外，当必须输出硬币时，可能发现硬币的重量不足；这时汇兑率会根据平均的不足量而进一步变动，当然这不是全部流通的硬币的平均不足量，而是分量缺的最少、精心挑选来出口的那些硬币的平均不足量。一般说来，英国的金镑都是足量的，只是常常听凭半镑金币被磨损而不给以补充。表面上英国不收铸币税，但实际上，铸币工作的拖延等于对每个金镑征收半便士不到的铸币税。

在硬币质量差、有磨损的时候，汇兑者会遇到很大麻烦。哈斯里告诉我们："那些做过适当试验的人发现，大多数外国铸币厂工作都很马虎，以致很难确定各不同国家法币的相对的正确价值。……商人必须留心的是他得到的一定数量的货币中究竟含有多少黄金。如果一个国家的贸易差额通常用硬币来偿还，而这些硬币由于磨损或其他原因低于法定标准，……那么，汇兑在表面上就不利于这个国家，虽然实际上并非如此。"毫无疑问，这就是康梯龙等人所记载的汇费很高的原因；这种费用大大高于运送黄金时所必须担负的运费和保险费，尽管运费和保险费已经很高。亚当·斯密在其著作中曾顺便说明向阿姆斯特丹银行兑付"银行货币"的汇票的价值，何以能实际上稍稍高于其所代表的金块的十足价值，他的有关论述是有名的，他谈这个问题是想告诉人们："在威廉国王时代改铸银币以前，英荷之间的汇兑，依照普通计算法，要英国贴水25％"，虽然"真实的汇兑可能总是对英国有利的"。

3. 一国金融市场上贴现率的变动，对维持该国商业债务的平衡所起的作用。

至此，我们讨论的都是“短”期汇票，也就是即刻兑付的汇票，或兑付期限很短的汇票，以致贴现率无足轻重。但现在我们必须考虑为期“三个月”的汇票或其他“长”期汇票的贴现率变动对国际贸易的影响。贴现率的变化往往改变商业结构，使其适应变化了的情况，并有助于形成新的均衡势态，这种均衡势态在一些情况下是暂时的，但在另一些情况下却是相当持久的。

汇票的价格部分取决于签章人的信用，不那么可靠的汇票，其“贴现率”常常包含有保险这个大因素在内。但这个问题现在并不特别使我们感兴趣，因为我们可以假设，头等汇票的价格决定着其他汇票的价格，可以单独计算那个必不可少的保险因素。

在任何一个国家，当头等汇票的贴现率较高时，那些出钱获取汇票的人都能从高贴现率中获利，至少可获得其中一部分利益；因此，如果该国信用很好，外国人就会尽可能多地借钱给它，而尽可能少地向它借钱。如果他们对它有即期债权要求，他们将很愿意把即期债权变成高利息的延期债权，并用各种方法出高价来购买延期债权。例如，如果巴黎的利率高于伦敦，则贷款就会从伦敦流向巴黎。那些有“钱”在巴黎的伦敦人，即在巴黎有资本的人，会把钱暂时留在巴黎不动，以获得那里的较高利息。而在伦敦有钱的巴黎人，即在伦敦有资本的人，则会把钱收回国内使用。他们或者用它来偿还债务，以避免支付高利率，或者把它贷出，以得到高利率。在此期间，比利时人、德国人和其他国家的人，如果想汇“款”回国，将从伦敦而不是从巴黎汇款；如果想把钱贷出去，他们将把它送到巴黎而不是送到伦敦。这种变化可以通过各种不同的方式表现出来，但无论采用哪种方式，其最后结果总是一样的。巴黎拥有的资本将有所增加，伦敦拥有的资本将有所减少。因此，在一定程度上，要求巴黎立刻偿付外国债务的压力将得到缓和。由于要求它立刻偿付其他国家的债务有所减少，汇兑将对它更为有利。

此外，当对外国货的需求增加或其他原因使汇兑对该国不利的时候，也就是，当上述原因使外国汇票的卖价高于平常的卖价的时候，该国的商人就更加需要借款，这也会抬高贴现率。如果人们担心黄金被运出国，担心银行家和其他贷款人将因此而限制他们的放款，那么上述趋势就会特别强烈。同时，部分由于汇兑率的下降，部分由于贴现率的提高，该国汇票的价格将下跌，这将诱使外国人购买和保有它的汇票，从而将缓和该国金融市场所受的压力，阻止贴现率上升。由此可见，一国的贴现率与其国际汇兑经常是相互影响的。

如果能保持住足够高的贴现率，黄金就会流入国内；黄金的流入会使银行家们愿意多放款。也许只有很少新黄金或者根本没有新黄金立刻变成通货，但通货的替代品却会增加，因而物价即使不上升，也不会下降。

4. 汇兑银行的汇票、电汇以及其他证券交易所业务对调整现代国际商业债务所起的作用。

至此我们所说的差不多每一件事，在一个世纪以前或一个多世纪以前已有人说过了，的确，至此我们所说的大多数事情已有人说过了。但对现代使用蒸汽和电力及日益增长的商业来往的数量和速度所引起的技术变革，我们可以稍许补充说一些。

货币和集市使想出让一匹马而要一条船的原始人能卖出马和买进船，而不必等待“双重的巧合”，即找到一个要买马而想出让船的人。后来，汇票使商人能专门从事例如刀剑或洋布的出口贸易，而不必成为最后运回来与之交换的酒、丝或米的生产专家。再后来，迂回汇兑使一个国家的商人从另一个国家买进的货物总额能大大多于卖出的货物总额，而不用花钱运送黄金去偿付多进口的货物，因为他们可以把向他们买入很多货物的第三个国家的汇票寄给它。现在，各国金融市场与国际金融市场的统一，使任何人都能在任何地方买卖那些他认为价格合适的东西，而且他知道付款和收款将是迅速而有保证的，不会遇到麻烦，也不必为此而支付很大费用。

各大国商业中心的一些银行和其他金融机构，主要或完全从事新旧世界各国或国家集团的支付业务。当然，它们自己购买各国(甚至与之有接触的国家)各类生产者和商人所开的汇票和其他商业票据，不能完全不冒风险，因为其中有些人的情况需要进行专门而仔细的研究。因此，这类商人通常要付比较高的利率向经纪人贴现汇票，这些经纪人专门研究向他们贴现汇票的商人的市场活动和个人情况。经纪人在汇票上背书之后再向银行或其他一般金融机构贴现汇票。但“汇兑银行”(人们经常这样称呼上述银行)直接地或间接地成了以各种形式的契约支付大宗外国通货的中心。因此，它们可以很容易、很迅速地卖出这些国家的面额巨大的汇票。多年来，它们在一些外国商业中心一直用往来银行(或自己的分行)的汇票来从事这种业务。这种汇票挤掉了很多国际汇款业务，以致把商业汇票降低到了第二位。最近，这种汇票本身又在很大程度上为电汇代替了。

与此同时，一种新的力量蓬勃兴起，它与汇兑银行合作迅速地调整国际关系，特别是调整贷款和资本的供给。三个多世纪以前，现在所谓的证券交易所证券，在欧洲大陆上的一些主要贸易中心已开始同汇票并驾齐驱了，而且到十八世纪初在英国占据了突出的地位。但最近，“国际证券”，也就是在几个国家同时有销路的那些证券，大大增加了。每一笔国际借款，无论是国家借款还是私人借款，都使借款国对另一国拥有与这笔借款相等的债权。作为回报，每张到期的息票或债券和到期的商业票据一样，便成为对借款国的债权。所有这些债权或债权的收益都由国际货币商买进卖出。这种业务已渐渐落入大贴现商行和国际银行手中，它们或者通过信汇或者通过电汇，为任何想获得国际支付手段的人开与之有往来的银行的汇票。这也是一种付款方法，在需要时，进口商可以通过这种方法间接地支付买货的款项，出口商可以通过这种方法收入款项。

由此可见，世界金融市场已成了一个既高度统一又高度专业化的机构。说它统一，是由于它的各个不同部分如此紧密地联系在一起，以致任何一种债权都可以间接地用来抵偿另一种债权。说它专业化程度很高，是由各不同金融机构专门从事某一类国际银行汇票、商业汇票和其他票据的生意。一个金融机构如果拥有过多的某一国的票据，它就会以这种方式或那种方式把这个国家的票据卖给那些要向这个国家付款的人。商业汇票和金融汇票、息票和电汇，最后都是可以相互交换的；这一方的全部票据可以与另一方的全部票据相抵消。如果两者刚好相等，就达到平衡，如果不相等，就进一步流动。

因此，国际汇兑在电汇和证券交易所交易的协助下，可以把一个国家欠另一个国家的债务非常容易而迅速地转给第三国，以致任何两个国家都不会因为使其相互之间的贸易收支趋于平衡而得到什么好处，因为世界上各个国家之间的贸易是一个紧密结合的整体。的确，我们可以从许多角度对一个国家与另一个国家的贸易进行有益的研究，特别是可以由此而弄清其中哪个国家的基础工业更强大些，但从贸易平衡的观点来研究两国之间的贸易是没有任何用处的。

5. 只要各国的通货实实在在以黄金为基础，每一种商品的批发价格就有到处相等的倾向，当然要扣除掉运费、过境税和铸币税等。

下面将要讨论的问题，在英法大战使英国不得不采用不能自由兑换的纸币以前，没有受到人们的足够注意，英法大战使人们对通货问题进行了认真的研究，这一研究持续了有二十年之久，因而留待后人研究的重要问题已经不多了。

尤其是李嘉图等人坚持认为，只要国家造币厂对所有想把黄金铸成本位币的人开放，本位币的价值就将与采金成本和铸币费密切相关。他们一致认为，尚未归还的债务差额只是可能增加一国的输出而不增加其输入的许多原因之一。而究竟是运送贵金属还是运送别的东西来清偿债务，则仅仅取决于各有关国家的贵金属和别的东西的相对价值。当然要考虑到这一事实，即输出包含在贵金属里面的一定数量的价值，要比输出包含在普通商品里的一定数量的价值方便而且便宜。

他们承认，金银在各国的用处不同于普通商品的用处，用现在的话来说，就是金银的“需求弹性”很特殊。[①] 然而他们仍认为：凡在精明的商人（不管这个商人是物主还是代理人）手中为做买卖而保有的东西，都会很快地从一个地方运到另一个地方，条件只是一个地方的售价高于另一个地方的售价，扣除掉运费以及沿途的进出口税后仍能获利。

让我们把他们的论证再往下推一步，把证券交易所证券在国际上销路的增多也考虑在内。证券交易所证券相对于其价值来说，比黄金更便于携带，正如黄金比与其价值相等的笨重商品便于携带一样。让我们假设，某一国家的人民渴望掌握外国的现成购买力，这或者是因为他们输入了很多东西，或者是因为他们惯常输出的某些东西在国外的销路不好，或者是因为他们想偿还旧债，或者是因为他们购买了外国新发行的或以前发行的证券而必须付款，或由于其他原因。这种情况使外国货币相对于该国货币而升水，用金融市场上的语言来说，就是汇兑对该国“不利”。如果这种情况持续的时间很长，那么作为购买外国商品的手段的黄金的价值，就将大幅度上升，以致输出黄金将成为有利可图的事，即使这个国家没有金矿，平时总是输入黄金，情况也是如此。但在这种情况下，商人们多半会考虑一下，看看是否有别的东西，这种东西本国不生产，因而一般也不输出，但在这种情况下输出却可以获利。举例来说，英国总是输入铅和埃及债券。但如果英国商人更迫切地需要法国或别国的购买力，那么，在伦敦，铅或埃及债券的价格

① 参阅前面第一编，第四章，第一节和附录 C。

就会相对于他们想购买的法国货或相对于他们必须用来偿还法国债务的法国通货而降低。在这种情况下,运铅或埃及债券到巴黎,就比运煤或其他英国通常向法国出口的东西合算,甚至比运黄金还合算。因而我们可以说,在达到输金点以前,将先达到"输铅点"或"输埃及债券点",因为商人们在法国出售铅或出售埃及债券所得到的黄金或其他商品的数量,将超过他们在英国出售铅或出售埃及债券所得到的黄金或其他商品的数量,输出铅或埃及债券是合算的。

第六章　国际贸易中需求和供给的一般关系

1. 绪论。[①]

在阻力很小的地方，即使是很小的力，也会引起运动。一般说来，在同一地区内，如果两种行业所需要的物力和才能相同，那么资本和劳动从这个行业流到另一个行业就不会遇到什么阻力。在一般情况下，如果这种变动对才能没有新的要求，而且不破坏社会生活的和谐，那它就很容易实现。儿子无须继承父亲的职业。因此，一代人的时间就足以使同一城市甚至同一工业区的劳动从一个行业大量流向另一个行业。的确，现在仍有一个行业实际上只接纳本行业人员的子弟。但一般说来，一个英国工匠的儿子如果想从事不同于他父亲的职业，则只要他足够机敏，就会得到准许。当然，在他尚未成熟的学艺阶段，他的父亲必须提供一些补贴。[②]

由此可见，一部分国际贸易超出了经济研究的范围，这部分国际贸易主要与情感有关：情感并不总是牢固地以理智为依据，而忽视情感的经济理论又往往使人误入歧途。国际贸易与同一个"国

① 这一章的附录 H，讨论国际贸易中相对价值与相对成本的不吻合。

② 参阅前面绪论第四节。

家”（即同一个自治经济单位）不同地区之间的贸易在性质上的主要差别产生于以下两个相互关联的原因。其一是，劳动和资本在同一国家不同地区之间移动，比在不同国家之间移动更容易，更自由。其二是，一个国家的各个地区都要负担中央政府的开支，其中包括抵御外敌的军费开支以及治安、教育和社会福利方面的国内行政开支。

一个国家要进行国内行政管理，就必须拥有明确的边界并严格控制其边界。有了这种控制，便可以把运过边界的一切货物记录下来，并可以对过境货物征税从而得到收入。这样，政治上的措施就可用来记录一国经济发展的某些重要特征，用来了解该国与其他国家的贸易关系，并用来根据其能力和需要调整财政政策。

2. 虽然可以用货币较为可靠地衡量同一国家制造的货物的相对实际成本，但却不能用货币比较这样两个地方制造的货物的实际成本，在这两个地方之间没有劳动和资本的大量而自由的流动。

人们理所当然地认为：一个商人在用英镑计价的国家以十万镑购得的一般货物，其实际耗费这个国家的劳动和资本量，大约等于另一船价钱二倍于它的不同货物的一半。同样，人们认为，在用元计价的国家以一百万元购得的货物，其实际耗费这个国家的劳动和资本量，等于另一种价钱二倍于它的货物的一半。但因为我们没有假设这两个国家之间的劳动和资本如像在其国内那样自由流动，所以，即使我们知道人们在用上述十万镑的货物交换一百万元的货物，我们也无法确定它们的实际比较成本。

如果镑和元只是地方性通货，彼此没有丝毫联系，则我们根本无法进行比较。但如果我们知道镑和元都由黄金铸成，一镑所含的黄金量比方说是一元的十倍，那么，我们或许就会推测，这两种货物彼此交换，是因为它们代表相等的成本，而且这些成本是实际成本。但实际上，不同国家之间相等的黄金成本一般并不表示两国之间的实际成本也相等。

例如，如果第二个国家对第一个国家商品的需求大大增加，那么第二个国家运金元或其他形式的黄金到第一个国家就将成为有利可图的事。这种黄金的流动将继续下去，直到无利可图时为止。也就是说，直到在这两个国家中的任何一国一公斤黄金都可以在对方买到价值一公斤黄金的商品时为止（扣除运费等等以后）。这时十万镑的货物将再次与一百万元的货物交换。如果我们只看价格，则似乎贸易条件没有发生变化。但事实上，第一个国家十万镑的货物所包含的实际成本要比过去少，而第二个国家一百万元的货物所包含的实际成本则要比过去多。在这种情况下，第一个国家用包含一定实际成本的商品换得的第二个国家的商品所包含的实际成本，可能比过去多例如五分之一。因此，货币即使牢固地以黄金为基础，也不是国际价值的可靠尺度，它不但无助于说明国际需求的巨大变化所引起的国际价值的变化，反而会掩盖这种变化。因为它用以计量价值变化的标准本身，也随着我们想要计量的国际需求的变化而变化。

黄金之不宜于作国际贸易的价值尺度，主要是因为黄金本身可以通过直接的贸易行动自由地从一个国家流到另一个国家，而劳动和资本则不能同样自由地流动。

为了避免这种混乱，穆勒用一码棉布代表一个国家的产品，一码麻布代表另一个国家的产品。但更好的方法似乎是用标准的“包”来代表两个国家各自的出口货物，所谓标准的包就是每一包所含的（各种质量的）劳动和资本的总投入量相等。

3. 两个假定与世界其他地区隔绝的国家之间的贸易问题。

李嘉图是通过研究两个国家之间比较简单的贸易问题来研究复杂的世界贸易问题的。我们也可以沿用他的方法。我们假设E和G两个国家只是彼此进行贸易，两方都不接受信贷，进出口差额不受外国投资或外国股东等等的干扰。假设每个国家担负运货到另一个国家边境的费用，出口货物的价值以此为基础来计算。或假设贸易的经营费用由两个国家的商人平均分摊。后两个假设都能使我们绕过运费问题，我们将采用最后一个假设。我们还假设，每个国家的通货只在本国有价值。稍后再讨论每个国家的通货可能在另一个国家有价值，因而可能成为贸易中的出口货物的情况。

此外，我们还假设，每个商人包办进出口贸易的一切，把其出口货物换得的货物运回国，当然要支付贸易中应付的费用。他不为他的出口货开汇票，因而没有汇兑问题，我们将在稍后讨论汇兑问题。当然，他购买货物时很谨慎。如果他的基地在E，那么他将输出他认为能够在G国卖得最好价钱的货物（当然要计入经营费），并用所得的款项购买他认为能在本国卖得最好价钱的G国货（当然要扣除运费和经营费）。他关心的主要是国内外为数有限的几种商品。他细心观察，唯恐他历来买卖的任何一种商品，由他自己或别人输出或输入得太多，使其卖价不如他所预料的那么高。如果有可能出现这种情况，而他又无法用别的（他向来买卖的或一般由别人买卖的）商品来代替，他就会限制自己的营业额。当然，他的经营区域也同样易受侵占，因此，每个既出口又进口的商人，即使营业范围很窄，也与本国的整个贸易休戚相关，而且国际汇兑使单纯的出口商和单纯的进口商与既出口又进口的商人处于相同的地位。当然，信用和通货发生波动的时候是例外。所以，从大的方面看，某一生产者和商人集团的个别利益在很大程度上是融合于全体人民的集体利益之中的，因为他们既是生产者又是消费者。因而应该从输入总额和输出总额的角度讨论贸易平衡问题。

根据上面的假设，这两个国家之间的贸易完全是易货贸易。E 国商人所想知道的有关 G 国市场的一切，是用他卖给 G 国的货物所得的收入能“实际”（即除去一切必要的开支）买到的 G 国商品的数量和质量。他想知道，他在 G 国出售的货物的价格是否高于他想从 G 国带回国的货物的价格。如果高的话，他就不在乎 G 国的一般物价水平与其本国相比是绝对地高还是相对地高，是绝对地低还是相对地低。他甚至不在乎 G 国的物价是在上升还是下降，只要在完成他的买卖手续的期间没有大的变动；因为，如果他卖出货物得到一包 G 国货币，而这包货币使他能够买到的 G 国货物的数量是一定的，那么包的大小就无关紧要了。同样，如果 G 国的进出口商也把全部净收入用于购买货物，那么在他看来，他在 E 国市场上的交易也完全是易货贸易。

个人之间做交易的时候，一方通常供给钱或其他有购买力的替代品，而需要某些商品；另一方则需要一般购买力，供给某些商品。通常说第一个人引致了需求，第二个人引致了供给，这种说法很方便，而且一般也是无害的。但两个国家做交易时，哪一方都不能专与需求或专与供给有关。每个国家的需求的起因是其人民想要从国外获得某些商品的愿望，而其供给的起因是它便于生产别国人民想要的东西。但一般地说，一国的需求只有得到其供给的支持才引起贸易，只有当它需要外国货物时，其供给才具有活力。

所以说，每个国家的需求刺激另一个国家的供给，每个国家的供给使自己的需求有效。因此，尽管国际贸易问题一直被说成是“国际需求”问题，但也可以说它是“国际供给”问题。当一种新的供给引起前所未有的需求，如一条满载欧洲货物的船出现在一个僻静的美洲海湾，使其人民有目的地生产那些能与之交换的东西的时候，“国际供给”这个词特别恰当。国际需求的变动也许是影响国际贸易的主要因素，但正如有效需求必然引起供给一样，供给也必然引起需求。说国际贸易条件取决于国际需求关系，无疑是正确的，但说它取决于国际供给关系，也同样是正确的。最好似乎是说国际贸易条件取决于国际需求和国际供给。

J. S. 穆勒曾强调了这一事实，即“国际价值规律只不过是我们称之为供求等式的一般价值规律的扩展”。商品的价格总是这样来调整自己，使需求刚好等于供给。但一切贸易，无论是国家间的还是个人间的，都是物的相互交换；任何一方准备脱手的货物，也就构成了其购买的手段，因此，一个国家的供给就构成另一个国家的需求。“供给与需求”不过是“相互需求”的另一种说法。说价格会这样来调整自己，使需求等于供给，实际上是说价格会这样来调整自己，使一方的需求等于另一方的需求。但穆勒有时采用省略的说法，把国际供求等式说成“国际需求等式”（省去了供给这个词），同时有人（如托伦斯）用“相互”这个词来代替“国际”一词。但有些作者过分强调这句短语中“需求”这个词，以致认为国际贸易问题是需求问题，而不是供给问题；我们强调供求的相互依存，其原因正在于此。

4. 下面用数字说明两个彼此进行贸易的国家相互之间的商品需求；贸易条件一般取决于这种需求的相对数量及相对强度。

若要说明两国贸易中需求与价格的关系，最好是用图解法。但并不是所有的读者都能懂曲线图，因此我们把曲线图放在附录J里。这里用数字说明就足够了。数字所代表的是两国进出口的标准单位；上面已说过，为明确起见，可称之为“包”。

在按照李嘉图的方法进行研究的时候，我们可以假定，下面表格中的数字是E和G各自愿意按各种不同的“贸易条件”来进行贸易的数量；或者用“互换率”(rate of interchange)这个在某些方面更为恰当的词来代替“贸易条件”一词。(我们之所以避免使用“汇兑率”(rate of exchange)这个词，是因为它在国际汇兑方面已专门用来表示一国通货兑换另一国通货的比率。)

这些表可叫做E和G的“贸易表”，它们说明了这一事实：如果G的特产在E的市场上很缺乏，非常想得到这种特产的有钱人就会以高价收买。如果供给量大大增加，其中有一些就必须吸引不那么有钱、不那么想买的人，因而在E国市场上其每一百个单位的售价就将大幅度下降。如果相对于E国人口而言其供给量很大，它们就将不得不以更低的价格卖给E国的进口商。在这种低价的情况下，就有可能在E国找到其他一些商品的市场，G国生产这些商品并无很大的优势，因而以前一直没有出口。当G国的大多数出口货物已为E国广大群众买得起的时候，其在E国的销售量将很大；这时售价即使稍稍有所降低，其在E国的销售量也会大大增加。(如果全部贸易被一垄断公司所控制,一切当然就不同了,这种情况将在后面详细论述。)

E 愿意贸易的条件表			G 愿意贸易的条件表	
(1)	(2)	(3)	(4)	(5)
E 的包数	E 愿意以(1)内的每 100 包换 G 的包数	E 愿意以(1)内的包数换 G 的总包数	G 对于(1)中 E 的每 100 包所愿拿出的包数	G 对于(1)所愿拿出的总包数
10 000	10	1 000	230	23 000
20 000	20	4 000	175	35 000
30 000	30	9 000	143	42 900
40 000	35	14 000	122	48 800
50 000	40	20 000	108	54 000
60 000	46	27 600	95	57 000
70 800	55	38 500	86	60 200
80 000	68	54 400	82½	66 000
90 000	78	70 200	78	70 200
100 000	83	83 000	76	76 000
110 000	86	94 600	74½	81 950
120 000	88½	106 200	73¾	88 500

〔借助附录 J 第一节里的曲线图,也许可以更好地理解这些数字的意义。〕

这个表告诉我们,如果在 E 国市场上有 1 000 包 G 国货物,那它们将能以 10 比 100 的比例卖出去,按照这个比例,E 国将愿意输出 10 000 包自己的货物,或换一种说法愿意输入 1 000 包 G 国货物。它如果要获得更为有利的互换比例,就必须扩大贸易的范围。按 20 比 100 的比例,它将愿意输入 4 000 包,输出 20 000 包,

如此等等。同样，在G国市场上，E国的货物如果很少也可能遇到极为强烈的需求，以致10 000包E国货物能以100包换230包的比例卖出去，如此等等。

总起来，我们发现，G国用70 200包换得的E国的包数，如果在一个价格对它不利的市场上逐渐买进的话，也值得用111 950包去换得。因此，这种贸易给它带来的纯收益为其劳动和资本的41 750单位产品。

这样排列数字，对于用同样方法计算E国从这种贸易中得到的纯收益，不太方便。但这些数字告诉我们，E值得以其150 931包换G的70 200包，而实际上它是以90 000包换来的。因此，它从这种贸易中得到的纯收益总额为其劳动和资本的60 931单位产品。而世界贸易的总收益为102 681单位产品。

显而易见，如果贸易的均衡条件与前面一样，而第(4)栏中G国愿意以之进行小额贸易的互换比例大都较高，只是在即将达到贸易均衡点时才骤然下降，那么G国从这种贸易中得到的纯收益将较大。另一方面，如果第(4)栏中的第一个数字是100，而不是230，其下面的数字逐渐降到均衡点78，则G国从这种贸易中得到的直接收益将很少。

5. 一个国家对进口货物的需求有所增加，一般会使其出口货物的数量大幅度增加。

根据上表各种可能的数字排列去推论结果，从纯理论观点看，是很有趣味的，但从实际观点看，只有一组普通的排列相当重要。

所有其他排列都要假设国际贸易具有非同一般的性质。虽然在特殊情况下也会出现某些非同一般的性质，但这毕竟很少见。

它们似乎是李嘉图和 J. S. 穆勒提出的那个大问题的必不可少的组成部分，但这里我们可以暂且把它们撇在一边。

在现代世界的实际贸易条件下，一般情况是：一国市场上进口货物的数量愈大，如果其他条件相等，以这个国家的商品来衡量的进口货物的价值就愈低，互换比例对它就愈有利。结果，在其贸易条件表中，就会显示出这种情况，输入量的增加，必然使互换比例对它更为有利。

可以设想有这样的情况：一个国家输入量的增加，会大大降低输入品的售价，以致其得到的价格总和少于较少的输入量所得到的价格总和。但是，即使这种情况真的会发生，也是很少的，因而我们在这里可不予讨论。[①]

在正常情况下(假定存在自由竞争)，商人们会把 E 国商品大量运到 G 国市场上销售以致达到极限(或限界)，使商人们从这种贸易中得不到普通的利润率。同样，G 国商品也会被大量运到 E 国市场上销售，直到再增加会使商人无厚利可图的时候为止。如果两国是第一次进行这种贸易，那会有一个摸索的过程。但在贸易格局已定、人们已经获得了经验的条件下，E 国运往 G 国的货物量将是这样一个数字，G 国为此而付出的价格，将使 G 国运往 E 国的货物量正好是 E 国愿意以相同价格接受的数量。[②] 让我们

① 这种情况所引起的一些复杂关系，只有借助于曲线图才能比较容易地给予说明。但这个问题颇有趣味，附录 J 将顺便对其作些一般讨论。

② 看一下上表中表示正常贸易条件下的数字，我们会发现，第(3)栏中数字的增大，必然伴随以第(2)栏中数字的增大，第(1)栏中数字的增大，必然伴随以第(4)栏中数字的缩小。同时这些数字还告诉我们，第(3)栏中数字的增大，必然伴随以第(5)栏中数字的增大，反过来也是一样。

根据上面表中的某些数字来假设：当E国的90 000包货物在G国以100比78的比例(运费等等已付)出售时，就达到了均衡点，因为在E国市场上G国的70 200包货物也能以78G包约等于100E包的同样比例出售掉。于是，贸易便处于均衡状态。

而且这种均衡状态是稳定的。因为，如果贸易额超过均衡点，有90 000包以上的E国货物在G国出售，供就会过于求，商人就要用100包以上的E国货物才能换到78包G国货物；如果有70 200包以上的G国货物在E国出售，则商人必须用78包以上的G国货物才能换到100包E国货。这种贸易不但将无利可图，而且可能亏本，因此贸易额将缩小，直到达到均衡水平时为止。这证明均衡是稳定的。不稳定的均衡情况在理论上是可能出现的，这将在附录J中讨论。

在离开这个题目以前，我们想谈一谈上面假想的贸易条件表与可能得到的实际的国际贸易统计资料的关系，我们假设这种国际贸易是在只有两个国家的世界上进行的，两个国家都处于高度发达的经济阶段，但各方都缺少另一方拥有的一些重要资源。如果贸易条件在长时间内与上面列举的情况相去不远，也就是说，如果E国大约90 000包货物(有时多一点，有时少一点)在许多年中一直与G国大约70 200包货物交换，那么人们就会获得丰富的经验，知道E国和G国各自在什么样的条件下愿意小幅度地甚或大幅度地扩大贸易。所以，我们可以在统计资料的基础上，把较为准确的数字填入靠近均衡点的横行。但人们却无从知道这两个国家愿意接受的输入量，不管是远远高于还是远远低于实际经验的输入量，都无从知道，因而无法在统计资料的基础上把哪怕是最粗略的数字填入贸易条件表的最上面一行和最下面一行。

这种困难对经济学的实际应用没有多大影响，因为推测与实际经验相去甚远的情况的结果，难得有很多收获。另一方面，人们一直在推测从未经验过的情况的结果，这种工作应当继续下去，因为事实证明，这种推测是有用的，即使对所要解决的问题无用，也会对另一些表面上与所要解决的问题无相似之处的问题有用。①

① 这个问题存在于经济学的整个分析过程。因为在进行经济分析时，我们为了说明问题，理所当然地假设可以获得所有必需的资料。我们忽略了这一事实：即经验几乎没有告诉我们或没有直接告诉我们，一国的进口货物如果大大减少，这些进口货物将会以什么样的条件卖出去。一些著名的围城经验告诉我们，如果水很缺乏，一品脱水会比一品脱烈酒的卖价还高，因为水更能止渴；又如果每人只配给很少的肉，则一只可自由买卖的普通老鼠，尽管小而讨厌，但其价格可能相当于平时许多磅肉的价格。但无人能猜测皮革的价格，如果其供给在相当长的时间内等于其正常水平的1%。

固然，如果我们要推测某些变得很少或很多的商品的需求强度，可以观察贫苦阶级对那些太昂贵、很少购买的商品的需求，并观察富人对那些他们几乎没有注意价钱的商品的需求。但却很难用这种方法来推测一个国家在其一般经济情况不变的情况下，如果输入量比方说缩小到其现有数量的20%，它对进口货物的总需求强度会是什么样子。在战争期间，输入量减少的情况偶有发生，但战争同时也打乱了所有经济关系。所以即使我们对其结果知道得很清楚，也没有多大用处。因为在那种情况下，一个国家的需求是很“特殊的”，而我们现在的研究并不打算讨论这种情况。

第七章　一国对进口货物的需求弹性

1.“国家需求弹性”这个词的意义。

李嘉图通过自己单独一人的研究，阐明了支配一般国际贸易的原因。但其研究主要限于E与G两个国家之间的贸易。在这一章中，我们先仿效李嘉图的方法，然后再扩大讨论范围。李嘉图的著作主要是写给商人看的，他知道商人是会自己考虑如何把贸易扩大到两个国家以外的范围的。

一条橡皮带的弹性可以用一定的力把它拉长的限度来计量（橡皮带的长度为已知）。所以，我们可以用进口条件的改善导致的进口货物的增加量，来计量一个国家对进口货物的需求弹性。

我们先考虑这种情况，即只有两个国家进行贸易，其中每个国家都需求另一个国家的商品，并通过这同一行动来供给自己的商品；无论怎样，在没有国际信贷的情况下，应该说一方的需求构成了另一方的供给，一方的供给构成了另一方的需求。一个国家同整个世界的贸易也是如此，现在世界各国已被世界市场联结成了一个整体。该国对外国商品有效需求的弹性，不仅取决于它的财富及其人民对外国商品的需求弹性，而且取决于它根据外国市场的需求调节本国商品供给量的能力。

这种情况在早期贸易中很明显，那时只有极少数商品担负得起远距离运费，各国主要是同邻国做生意。就是现在，对于贸易主要得力于特别丰富的自然资源而不是人力的国家来说，这种情况仍很明显。一个国家如果其对外贸易的资源主要得自特别优越的自然条件，那么它扩大贸易额就必然会大大降低对其有利的贸易条件，因为它对自己的资源或许已经开发到了无可再开发的地步，或者因为它的出口产品只有在供给量有限的时候，才能在国外卖得高价。

2. 虽然一个富庶的大国对进口货物的大量需求往往使对外贸易条件不利于它，但其供给的多样性和丰富性可以阻止这种倾向，而且常常压过它。

大国与小国，先进国家与落后国家，土地已集约耕种的国家与困难不在生产农产品方面而在运输方面的国家，它们的需求在性质上有很大的差别。例如，穷国几乎买不起外国的东西，除非这些东西有极大的用处，而富国购买的东西有许多则是可有可无的。因此，富国得自贸易的真正利益少于穷国，其原因与下面的情况相同：当一个富人与一个穷人公平合理地做交易时，即当富人用一件价值一镑的东西与穷人换取另一件价值一镑的东西的时候，富人得到的真正好处，不可能与穷人得到的好处一样多，原因很简单，对拥有很多钱的富人来说，每一英镑购买力所具有的实际效用较小。另外，富国不费什么力气就可以向穷国提供农业工具和狩猎工具，这些工具可以成倍地提高穷国的劳动效率，穷国自己却制造不出来，而富国则可以轻而易举地制造出从穷国那里买来的大部分东西，至少可以找到相当好的代用品。因而一般说来，中止贸易给穷国造成的真正损失要比绘富国造成的损失大得多。

因为李嘉图论述的范围较窄，所以他没有把这些差别考虑在内。但穆勒却前进了一步。他正确地指出："享有最有利的贸易条件的国家，是这样一些国家，外国最需要它的商品，而它们却最不需要外国商品，"他接着说："除其他结论外，由此而得出的一个结论是：在其他条件相同的情况下，最富的国家得自一定对外贸易额的利益最少，其原因是，由于它们对商品的需求一般较大，因而对外国商品的需求也就较大，这就使交换条件变得对它们自己不利。当然，它们得自对外贸易的利益总和，一般说来要大于穷国，因为它们的贸易额较大，可以获得薄利多销的好处，但就个别消费品来说，其所得则较少。"[①]

这一论点，就其本身而言，是正确的，但并不全面。的确，小国的对外贸易额相对于其人口来说往往比大国大，因为小国要靠资源丰富的国家供给许多东西，因而对外国货物的需求很迫切，而富庶的大国则可以用其种类繁多的商品，其中包括许多在普通统计表中显示不出细微差别的上等土特产品，来吸引外国购买者。

但是，穆勒的这一论点需要用另一可能会得出相反结论的论点来补充。这就是：富庶的大国有可能制造出各种新的工具和机械，各种新的舒适品和奢侈品，它往往同许多国家建立有高度发达的运输联系和商业联系，不必向充斥某种货物的市场推销这种货物。富国和穷国不是仅仅彼此进行贸易，它们还同世界上其他各国进行贸易，同穷国相比，富国具有更多的机会使自己的产品适应

---

① 参阅穆勒的《政治经济学原理》第三编第十八章第八节。

各种不同市场的需要。如果一个假想的英国只输出棉布，而一个假想的德国只输出亚麻布，那么，其中随便哪一国愈富，其得自对外贸易的利益肯定就愈小。但实际上，英国和德国在致富的过程中可以很容易地减少那些有可能充斥外国市场的出口货物的产量，而代之以可以满足这里或那里的稳定而有弹性的需求的商品。但在研究这种情况以前，最好是把穆勒的论点稍许引申一下。

让我们假定：G国与E和E′两个国家进行贸易，这两个国家除E十倍于E′，其人口也十倍于E′以外，其他一切方面都相同，也就是说这两个国家的自然资源和所生产出来的产品相类似，两个国家普通居民的富裕程度及其对本国不能生产的产品的渴望程度也相同。在这种情况下，就一定输入总量而言，E的需求弹性就将是E′的十倍。只要E的需求有弹性，G就不会受E′需求变动的严重影响。

这使人联想到其他一些情况，其重要性将在我们讨论特惠关税的影响时显示出来。所谓特惠关税就是对来自某个国家或某些国家的某一种物品征收十足的关税，而对来自另一些国家的同一种物品却不征税，至少是不征收十足的关税。（当然，对某些进口货物征收的保护关税是特惠关税的一种特殊形式，因为对国内生产的相同货物是不征收这种税的。）

在所有这些研究中，重要的是要记住：一个国家对一种物品价值的影响，并不仅仅依赖于它需求或供给该物品的弹性或对该物品需求或供给的反应程度。只有当所有国家在经济力量，即人口、财富和能力上相等时，一国对某一种物品价值的影响才仅仅依赖于该国需求或供给该物品的弹性。但实际情况远非如此。一国对某一种物品价值的影响依赖于该国对较为有利的交换条件的总的反应能力，即依赖于它的进口额乘以其需求弹性所得的数值。如果E和E′都与G进行贸易，E的影响将十倍于E′，因为虽然两个国家的需求弹性相同，但E国的进口额是E′国的十倍。

3. 供给丰富与否是影响需求弹性的一个因素。

实际上可以肯定，在现代工业条件下，李嘉图的两个国家之中每个国家对另一个国家一般商品的需求都有很大的弹性。即使E和G只是彼此进行贸易。如果我们把E看作是富庶的商业大国，而G代表所有的外国，那么就可以绝对肯定上述说法了。因为E肯定要输出许多物品，这些物品至少对某些外国来说是可有可无的，因而如果它提出的条件对买者非常不利，会立即遭到拒绝。另一方面，如果E的出售条件对买者较为有利，则可以肯定它的出口货物在某些国家的销路将有所增加。所以我们可以肯定，在现代商业和现代金融市场的条件下，如果E出售货物的条件对买者较为有利，那么世界各国对其货物的需求就会大大增加；如果E坚持对自己较为有利的出售条件，则世界各国对其货物的需求就会大大减少。而E一方面肯定要从世界各地输入许多物品，这些物品的出售条件如果对它不利，它会拒绝购买；另一方面，如果世界各地向它出售货物的条件更为有利，它会增加进口额。

一个工业大国的繁荣，既依赖于人力资源，也就是依赖于其居民的十足干劲和多种多样的才能，又依赖于大量的资本供应，这两者可以比较容易地适应世界各地范围极其广泛的需要。如果它需要更多的进口货物，它可以通过增加出口来迅速地使它的需求有效，因为增加出口可以使它直接或间接地支配它所需要的物品，而

不致使贸易条件变得对它很不利。它的大多数产品在卖出去以前必须经过激烈的竞争，这一事实表明，外国的需求量也许很大，而这种需求它是能够控制的，如果它自己对外国商品的需求有所增加的话。另一方面，如果外国市场接受它的出口货物的条件不如以前那么有利，一般它可以比较容易地利用生产出口货物的一部分资源，来满足其国内对同类产品的需求。

此外，任何一个国家对输入的需求，一般都要比同一类商品的世界供给少，因而世界几乎总能很容易地通过供给的变动来迅速适应需求的变动。固然也有一些例外，如战争会暂时抑制两个或更多个国家对某些商品的需求，同时又增加对其他商品的需求，战争突然停止也会引起同样的紊乱。还有，个别大国的信用和工业活动的崩溃，甚至其关税制度的大变革，也会使世界大部分地区的出口工业受到干扰。但这些影响是短暂的。下面这个一般规律的例外是不多的：一个工业大国可以很容易地调整它的输出，以适应它愿意从世界其他地区输入的货物量的变化；世界对任何一个国家的输出甚至可以更容易地加以调整，以适应该国买主所愿意接受的贸易条件的变化。

由此可见，有效的国际需求弹性依赖于欲望的弹性和供给的相应调整。但一个发达的工业国家对输入的需求一般还是有弹性的。世界对其商品的需求一般也是如此。

4. 一些主要工业国家对进口货物的需求的特征。

新国家的输入主要取决于它们与旧国家的信用关系。如果信用关系好，它们会输入大量铁路设备和其他设备。因为它们主要是用借款支付新企业中工人的工资，所以这时它们输入的、供国内消费的货物量增加很快。它们的信用部分取决于本国金融领袖的小心谨慎，部分取决于国际信用的动向，部分取决于新矿源的开发，部分取决于谷物的收成和牧草的供给，部分取决于本国关税的变化。一般说来，新国家的人民进取心都很强，都渴求新事物，乐于采取花钱少而收益大的个人支出方式，更乐于采用成本低而效率高的工具或机械。所以说，他们对外国商品的需求是有弹性的。

无论是在新国家还是在旧国家，消费额从而输入额，在一般商业信用上升时期通常都很大；同时物价也较高，所以输入额看起来很大。但像英国这样的贷款国家，在信用好而其工人和别的阶级都在随便花钱的时候，总是大量输出资本，而借款国则会通过赊购来增加其输入，即使它不借款，这时也将是其输入额最大、输入货物价格最高的时候。

日本与新国家相似的地方是，它渴望采用西方的生产技术，尽管西方的生产技术需要的资本多于它拥有的资本。日本输出的那点初级产品必须以很高的实际成本从其狭小的土地上生产出来，因而其人民很贫穷，但它们却很机敏，同西方的思想有密切的接触，很有主见，富于事业进取心，以致日本出口的工业品正在迅速增加，正在用所得的收入购买大米、棉花及自己不能以低价生产的工业品。在这种情况下，它的需求对贸易条件的变化是很敏感的。

印度还未觉醒，还未认识到要向日本学习。虽然其棉纺业大部分掌握在自己人民手里，但它大量出口的茶叶和黄麻却在很大程度上被西方企业控制着。尽管印度人口很稠密，但几乎所有其余的出口货物都是依靠原始方法生产的初级产品。铁路设备在其输入中固然占很重要的地位，但输入的主要还是供本地和欧洲的统治阶级消费的奢侈品。印度正在越来越多地输入的许多物品，如果其人民有所觉醒的话，可以很容易地自己生产出来。印度主要通过出口棉花、黄麻和茶叶来偿付进口货物。最近主要由于这三种种植业获得了发展，才降低了印度为其不断增加的欧洲进口货物付出的实际代价。

中国和俄国在许多方面与印度相似，但高关税和国内运输方面的困难，使它们的贸易少于印度，而且反应力也比较差。过去二百年来，南美洲的巨大财富一直未得到充分的利用。英国和其他西方国家一直对南美洲的财富寄予厚望，希望的破灭对这些国家遭受的许多次商业危机起了巨大作用。但盎格鲁-撒克逊人、德国人和意大利人的毅力正在努力逐步克服政治上和其他方面的困难。当地居民虽然性格柔弱，但头脑很敏捷。特别是在他们的一些主要城市里，对适合需要和卖价便宜的西方商品，其需求极有弹性。他们具有无限的潜力，可以向西方大量输出高档货以偿付他们真正想进口的货物。

外国对一个国家的全部输出的需求，往往不是很迫切，其弹性往往很大。但有几个国家对英国煤的需求却相当迫切。英国可能会以每夸特八十先令的价格购进大量外国小麦而不是放弃大量外国小麦的供应；另一方面，即使每夸特小麦的价格永远定为十五先令，英国也不会大大增加其小麦进口，作为人的粮食（虽然它可能按这种价格买来作饲料和制造酒精）。但没有哪个国家对其大部分进口货物的需求固定不变，每个国家都可以放弃其大部分进口，货物的消费而不感觉很大痛苦。另一方面，如果进口货物的实际价格大幅度下降，它也可以大大增加外国货物的消费。

如果英国能以较低的实际价格获得进口货物，那么，除了那些连贫苦阶级也已充分消费的生活必需品外，英国很快就会大量增加几乎所有进口货物的数量。一些新的进口货物会取代本国制造的同类货物，另一些进口货由于价格降低，消费量会增加，也许会取代从前本国生产或提供的、与进口货很不相同的商品或劳务。原来用于生产国内消费的产品和劳务的资源，现在由于人们不再需要这些产品和劳务，而被用来生产出口货以偿付增加的进口货物。这种变化如果来得突然和猛烈，会使本国的某些行业遭受很大损失。但事实上，这种变化一般都是逐渐发生的。它们很少大规模地发生，不会像取代某种技能的技术革命那样来得那么快。应付这种变化的方法，一般是慢慢减少流向走下坡路的工业的劳动和资本。

一个国家对外国货物的总需求弹性，是由该国对各种货物的需求弹性构成的，当然要考虑到增加需求所需要的时间。如果转到这同一问题的另一方面，则我们必须把一国多供给出口货物（这些出口货物要能在国外卖得好价钱）的能力，分解为该国各种出口工业的扩建能力和财力物力的丰富程度，以及情况发生变化时从为国外市场服务转为国内市场服务的能力。在这方面，时间因素极为重要。因为，只有经过足够长的时间，等到拥有了更多的贵重设备和专门技术，新企业得以建立，老企业得以扩建的时候，才能够全面调整供给以适应变化了的情况；只有等到旧设备价值猛跌，可以被废弃的时候，等到现在已不太需要的专门技术和知识转用于别的工作或退出历史舞台的时候，才能适当减少供给。

我们还可以从另一方面，即从过境税（无论是出口税还是进口税）的归宿这一角度来考虑上面的问题。从过境税对整个国家的影响来说，我们要考虑的主要不是构成国家的个人所受的影响，而是个人的总和所受的影响。无论是在国内还是在国外，也无论是长期还是短期，只要消费者不能或不愿减少某种商品的消费额，或无法从其他来源以较低的价格买到这种商品，那么，对该商品征的税就要由消费者来负担，这种说法基本上是正确的。但是，如果某种商品因价格提高而消费额减少，同时生产者又无法把其才能、精力、设备以及商业关系迅速转到其他有利可图的方面，那么，对该商品征的税就要落在生产者的头上。

第八章　需求弹性对国际贸易条件和进口税归宿的影响[①]

1. 绪论。

让我们假设:在 E 和 G 两个国家之间的贸易处于均衡状态的情况下,E 国对 G 国商品的需求大大增加,而 G 国对 E 国商品的需求却没有相应增加。第一个结果将是:E 国的进口商将能够用每包 G 国商品换取更多的 E 国商品。第二个结果将是:商人们将能够而且也不得不在 G 国市场上用更多的 E 国商品来换每包 G 国商品,因为相互竞争将迫使他们这样做。也就是说,国际贸易条件将变得有利于 G 国。但将有利到什么程度呢?

答案取决于这两个国家彼此需求的相对弹性。如果 G 国的需求对有利于它的贸易条件的变化很敏感,则只要稍微有一点变化就够了。否则就需要很大的变化。因此,如果其他条件相等,G 国的需求弹性愈大,E 国的需求增加使交换比例不利于自己(因而有利于 G 国)的程度就愈小。

---

① 这一章对进一步抽象地研究国际贸易问题似乎是必要的,抽象研究国际贸易的方法是李嘉图和约翰·斯图亚特·穆勒创立的。但本章对解决紧迫的实际问题没有多大用处,所以可以省略。具有数学才能的读者,可以参看附录 J 用图解法对这个问题的表述。

但其他条件不可能相等，因而结果将部分地取决于 E 的需求弹性。因为，G 国无论如何都将向 E 国运送更多的货物，而如果交换比例不稍微降低一点（比方说，相对有利于 G 的旧均衡比例降低六分之一），也就是说，如果新的交换比例不比 E（由于其需求新近增加）已经愿意接受的交换比例低一点，E 将不愿意接受多运来的货物。如果 E 的需求弹性很大，它将接受大量 G 国多运来的商品，而只要求交换比例稍稍有所降低。如果它的需求没有弹性，它将要求大幅度降低交换比例。

因此，在 E 需求的大、中、小弹性与 G 需求的大、中、小弹性的每一种可能的配合中，有一条一般规律可循。两国之中随便哪一国的需求愈有弹性，如果另一国的需求弹性不变，则它的输出和输入的数量就愈大，但其输出也就比其输入增加得愈多，换句话说，贸易条件就对它愈不利。所以，如果两国的需求弹性都很大，双方的贸易将获得很大发展。但如果两国的需求弹性都很小，G 的出口就将只稍稍有所增加，而 E 的出口则将比其原来数目增加六分之一稍多。[①]

① 这一论点最好是用曲线图来说明。但在这里用普通语言来简单地加以说明也未尝不可。我们可以从 G 的需求非常有弹性的一系列情况开始。在这种情况下，E 国商品的大量供给会被 G 国市场所吸收，而交换比例不致对 E 很不利。如果 E 的需求也很有弹性，也就是说，如果 E 愿意按照比旧的均衡比例低六分之一的比例接受大量的 G 国商品（E 现在愿意按照这个比例接受旧的均衡量），那么，G 国商品的大量供给也会被吸收。在这种情况下，E 的输出将增加很多，也许将增加五分之三，而 G 的出口也许将增加一半；因此，新的均衡交换比例将为一百 E 包约等于七十三 G 包（这可以从附录 J 第十二图中新的均衡位置中看出来）。

但是，如果 G 的需求弹性很大，而 E 的需求弹性很小，E 就需要交换比例对它较有利，才会这样大规模地与G进行贸易。因此，它得到的G国商品将比以前少，（接下页）

当E和G的贸易处于均衡状态的时候，黄金一定这样分配于它们之间，使E国出口货物在G国港口的以黄金计算的价格，只比其在E国港口的价格多了直接和间接的运费，再加上在途中所付的关税。因为，如果E国商品在G国市场上的价格高于这个水平，商人们就会从G国输出黄金来购买E国商品。当然运送黄金的费用会暂时阻止他们输出黄金。但由于这种费用很低，所以贸易的微小波动很快会使G国输出黄金变得合算。因而，如果贸易大体保持稳定的话，黄金将留在E。同样，如果E国商品在G国港口以黄金计算的价格超过其在E国港口价格的幅度低于从E到G的运费，那么，商人们就会从E国向G国运送黄金而不是货物来换取G国商品。当然，G国商品在E国市场上的以黄金计算的价格超过其在G国港口价格的幅度，也只能等于其从G到E的直接和间接运费。

假设E国对G国商品的需求没有弹性，而G国对E国商品的需求大大增加，则贸易条件将变得不利于G，G如果想多输入一

（接上页）它的出口将大大减少。所以，如果E的需求弹性不特别大也不特别小，它的输入就只会增加十分之三，其输出只增加二十分之七，使交换比例大约为七十五G包等于一百E包。而在E的需求弹性很小的极端情况下，它的输入只会增加六分之一，其输出只增加五分之一，使交换比例约为七十六G包等于一百E包（这种结果由同一图中新的均衡位置K和L分别表示）。

现在让我们来看G国的需求弹性处于极端的情况，也就是假设G国的需求弹性很小。这就是说，尽管E国商品在G国市场上大大增加，但能够用来交换的G国商品却增加得很少。当然，这种增加会使E的输出有所增加，但不管E的需求弹性如何，其输出的增加额都很小。G的输出将只稍多于其旧的均衡包数，以偿付E超出其旧均衡水平六分之一强的输出。因此，在这种情况下，结果将完全受G国需求刚性控制，而E国需求弹性的变动则对结果没有多大影响（这一系列情况由同一图中的U、V、W表示）。

在G国的需求弹性处于中等水平的一系列中间情况下，显然结果将处于两种极端情况的中间位置（同一图中的R、S和T表示这些结果）。

百包E国商品，就必须比以前多输出许多货物。因而商人们将从G向E运送黄金，因为用黄金他们能买到和以前一样多的E国商品。这一过程将继续下去，一直到E的通货增加引起其物价上涨，G的通货减少引起其物价下跌，而使物价根据改变了的交换比例得到调整，以致E国商品在G国市场上的卖价和G国商品在E国市场上的卖价等于其在本国的价格加上运费时为止。商人们仍将以货币计价做买卖，其利润率仍将与以前相等，人们从其利润账目上看不出发生过根本变化。这种变化隐而不显，G将不得不拿出比以前多的劳动和资本来换取每一百包E国商品。

另一方面，如果E国对G国商品的需求有足够的弹性，使G可以多输出商品来满足其增加的需求，而不致使G国商品充斥于E国市场，从而不致使贸易条件发生很大变化，那么，就会只有少量黄金从G流向E，而且为时也很短，因为物价水平稍微有所变化，就足以使物价适应于新的贸易条件。

2. 如果E和G只是彼此进行贸易，则E对来自G的进口货或对运往G的出口货征收的关税，就会在某种程度上减少其进口，而在更大的程度上减少其出口，从而使交换比例变得有利于E。

下面我们讨论一国对进口商品的有效需求减少对其对外贸易条件的影响。可以假设有效需求的减少是因为对进口商品课税造成的。

这里只要说E对G国商品的需求减少带来的结果与其需求增加带来的结果相反，也许就够了。但在有机的成长中，向后运动与向前运动很少相似。我们可利用这个机会从另一个观点来看看这个已经讨论过的问题。

我们先来看一下进口税与出口税的一般关系。赞成和反对对某种商品课征进口税的理由，与赞成和反对课征出口税的理由大不相同。也许正是由于这一原因，许多经济学著作才认为：对全部进口货物课征关税所产生的影响，大大不同于对全部出口货物课征关税所产生的影响。实际上，如果这两种税平均分配，总额相等，并以相同的方式使用所得税金，则它们的效果是一样的。①

假设 E 国征收的进口税是实物税，或者假设（与前一假设实际上是一回事）E 国政府不仅用其他方式购买 G 国商品，还把全部进口税的收入用于增购 G 国商品。相对于用进口税的收入购买本国商品的情况而言，这将增大 E 国对 G 国商品的总需求。但是，如果 E 国政府用出口税的收入来增购 G 国商品的话，也会产生完全相同的结果。为了避免这种无谓的干扰，最好是假定 E 国所有关税的收入，不问其征收的方法如何，都用来购买本国商品。此外，我们也不考虑国内外商人和生产者遇到的困难，他们的计划可能会被未料到的关税打乱，以致愿意以低于生产成本的价格卖掉一些货物。

我们假设当 E 和 G 的贸易处于均衡状态的时候，E 国政府对所有进口货物征税，税率等于进口货物价值的六分之一，其所有收

① 再仔细研究一下这个问题也许是有益的。试以一个以 E 为基地、既出口又进口的商人为例。他用一千包 E 国货来换取 G 国货并支付来回贸易的一切费用；这些费用包括租船费、船舶和货物保险费、开船费以及港口费税。如果这些费用共为二百包 E 国货，则他将能够向 G 国输出八百包 E 国货，而带回与其相值的 G 国货物。如果这些费用增加到二百五十包 E 国货，则他将带回 G 国市场上仅值七百五十 E 包的货物，虽然 E 国人民仍要花一千 E 包来购买它。因而，E 的有效需求将相应缩小，不管这些额外费用所加于它的方式如何，不管是额外的煤费，还是额外的国内外关税，只要这种额外支出取之于 E 国商品，而不取之于 G 国商品，结果都一样。

入都由E国政府用于本国。那么,商人们就必须设法以等于其货物增加量的价值向E国出售每一包货物,以便纳税以后,他们输出货物所得的收入仍足以支付他们在外国购买货物的货价和开销并带来利润。所以他们必须减少运往E国的货物,因为交换比例将变得有利于E。但对E的有利程度不会超过进口货物价值的六分之一。以上这些结果,除最后一个外,都是显而易见的。借助于附录J中的第十三图可以很容易地证明这一点。在下面的脚注里,我们试用普通语言对此加以说明。①

下面我们可以从E国消费者的观点和整个G国的观点用数字来补充说明交换比例之间的差别。我们已经假设:在未课税以前,九万E包与七万零二百G包交换,后来则以七万八千E包运

① 首先我们假设,在旧的贸易条件下,商人们向E输出七万零二百包G国货,并在E国市场上按照能运出九万包E国货的条件出售它们,运费和交易费按上章的方法处理。如果现在E国政府对所有进口货课征六分之一的税(用E国商品纳税),则税额为一万五千包E国货,因而将只能运出七万五千包E国货。其结果和对E国的出口货征税完全一样,对出口货课税,也将只有七万五千包E国货运出。我们将根据上一节的方法来研究:在E国需求条件发生变化的情况下,E和G的需求性质将怎样分别影响新的贸易均衡位置。

首先,G国的出口额必须缩小以使交换比例对E有利。因为,如果维持旧的出口额(如果增加出口额,情况会更糟),进口商们将只能从E国的消费者那里得到和以前同样多的E国货,因而纳税以后,带回的将比以前少六分之一,而根据我们的假设,他们在G国出售这些货物将不能获得和以前相等的正常利润。(当然可以抽象地想象:G对E所有商品的需求都如此缺乏弹性,以致用较少的E国货可以在G国换得数量相等甚至更多的G国货。然而,尽管需要从纯理论方面来讨论这种"特殊的需求",但我们论述的基础是相信在实际贸易中根本不可能出现这种情况。)

其次,E不能强使交换比例对它有利的程度高过六分之一,因为高过六分之一就会出现这种情况:商人们纳税之后,G国商品将以比从前有利的条件提供给E国的消费者,但消费者却不肯按照新的交换比例接受原有的G国商品量。

送到G以换回六万二千四百G包。整个E和G之间的交换比例于是就将从一百E包等于七十八G包变为一百E包等于八十G包。但由于E国政府已从每六包之中取去一包,E的消费者们(没有计算批发商和零售商们的利润)实际上是付出九万一千E包来换回六万二千四百G包,也就是按照一百E包等于六十九G包的比例交换。①

因此,就这两个国家之间的贸易而言,我们可以得出以下结论:如果其中之一(E)对其进口货或出口货课征一般关税,而且其收入被政府主要用来购买自己的商品和劳务,那么,它就将在两方面损害另一个国家(G)。它将使G的贸易额或多或少有所减少,而且将迫使G拿出比从前多的货物换取每一百包E国货。同时,E将一方面损害自己,另一方面又将使自己获利。E损害自己是由于与G的贸易减少,从而放弃了一些G国产品,而这些产品同E国自己用相同成本制造或提供的商品或劳务相比,更为其人民所喜爱,也更为实用,因为,如果G国商品和劳务没有这种优点,E国人民就不会在课税以前购买G国商品而不购买本国商品了。但另一方面,E又因为能按照比以前稍微有利的条件买到G国商品而使自己受益。当然,G国商品的价格对E国人民来说比课税以前要高。但高出额却不会超过关税(至少对批发商来说是如

① 在这里要防止重复计算E能从这种税中所得到的利益。因为似乎它既使交换比例对它有利(无论如何总要对它有点利),又把收入归于政府的关税负担,至少一部分转嫁到外国人身上。但这两件事并不代表两种利益,而是以两种方式表现的一种利益。从消费者的观点来看,交换比例受到很不利的影响。只有在国库利益与个人利益一起计算时,交换比例的变动才表现出对E有利。

此)。因此,如果计算整个E的利益,即把E国的政府和人民的利益一起计算,课税是有一些好处的。

上面所说的价值和成本都是"实际"价值和成本,也就是说,它们都用有关国家的典型包来表示。但根据上一节所作的假设,即E和G的通货都以黄金为基础,各国都有一定的黄金储备(虽然哪一国也没有开采金矿),价值和成本也可以用以黄金计算的价格来表示。因而,我们可以从这种均衡状态来论述,在这种均衡状态下,随便哪一国的商品在另一国的港口都以其在本国以黄金计算的价格加上从这一国到那一国的直接和间接运费出售。现在E对其进口货课税,所以除非商人能按照其在G以黄金计算的价格加上运到E的全部直接和间接的货币费用以及关税,把G国商品卖给E国的消费者,否则他们便不能以此为生。因而他们将限制运往G国的出口货(其理由已如上述);当然,如果他们不能从G输出黄金以代替一些商品,G国商品的价格还要更高一点。输出黄金对他们是有利的,因为刚刚课税的时候,G国商品在G以黄金计算的成本基本上和以前一样,而由于黄金通过E国边境不须纳税(这是根据一般习惯假定的),所以同输出货物相比,输出黄金暂时就更有利。因此,黄金将不断从G流向E,从而使E的物价上涨,G的物价下跌,直到G运到E的商品价格相对于其在G的价格而上升,而且上升的幅度等于关税时为止。这时,商人们的利润将超过其货币支出,于是贸易再次达到均衡。但这并不表明,E国的消费者已担负了关税的全部负担。

为了获得在G可卖得一盎司黄金的商品,商人们不得不付出等于一盎司黄金的本国货币再加上运费(现在还要包括关税和商

人利润)，而 G 国的消费者将以在 E 的黄金成本加上运费来购买 E 国商品，其中没有关税。但是，现在一盎司黄金买到的 G 国商品比以前多，买到的 E 国商品比以前少。这种变化将对 E 有利(消费者的利益和公共利益一道计算)，而对 G 不利，不利的程度相当于 E 向 G 转嫁的关税负担。E 向 G 转嫁的关税负担取决于国际需求的基本关系，这种基本关系从长远来看与货币无关。也就是说，G 的关税负担取决于 E 国对 G 国供给减少的反应，并取决于 G 国对 E 国供给减少的反应，也就是取决于 E 和 G 的相对需求弹性。

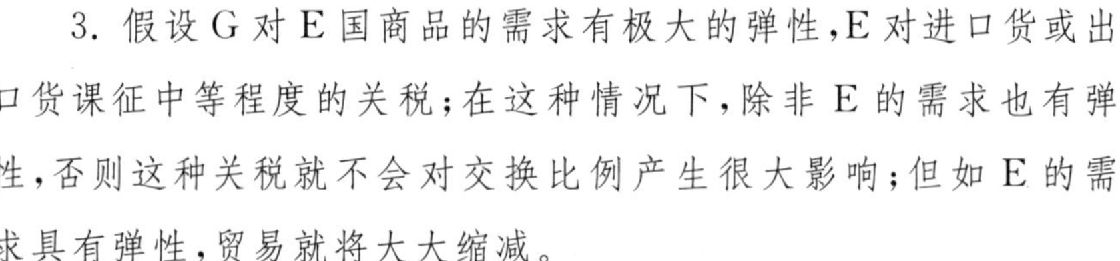

3. 假设 G 对 E 国商品的需求有极大的弹性，E 对进口货或出口货课征中等程度的关税；在这种情况下，除非 E 的需求也有弹性，否则这种关税就不会对交换比例产生很大影响；但如 E 的需求具有弹性，贸易就将大大缩减。

下面我们将用同一方法进行研究，但方向与我们(在本章第一节里)研究一国需求增加时相反。我们从这种情况开始论述：E 对进口货课征六分之一的关税，其收入用于购买 E 自己的商品，这必将使交换比例变得不利于 G，但不利的程度达不到六分之一。我们要研究，在这一限度内交换比例发生多大的变化才足以使 G 国市场上 E 国商品的数量大大减少，使得 G 愿意接受的条件，也正是 E 在新条件下愿意接受的条件。显然，如果 G 的需求对不利于它的条件变化很敏感，则微小的变化就足以达到上述目的，如果不敏感，就需要很大的变化。因此，在其他条件不变的情况下，G 国的需求弹性愈大，E 国的需求减少使交换比例有利于自己而不利于 G 的程度就愈小。

但这一结果将部分取决于 E 的需求弹性。因为,无论如何,G 将向 E 少运货物,同课税以后只有 E 国一家愿意接受的比例(同原来的均衡比例相比,这一比例对 G 的不利程度为六分之一)相比,这些货物在 G 国市场上将以稍许有利的比例出售。如果 E 的需求弹性很大,它将大大减少其进口,而不愿作较大的让步,但如果它的需求没有弹性,它就得作出很大让步。因此,在 E 需求的大、中、小弹性与 G 需求的大、中、小弹性的每一种可能的配合中,有一条一般的规律。这就是,随便哪一国的需求越有弹性,而另一国的需求弹性不变,它的输出和输入额就越小,而且它的输出额比输入额更小,交换比例也就对它越有利。如果 G 的需求弹性较大,则 E 在任何情况下都将负担大部分关税。E 的需求弹性的变化,将引起相反方向的变动。如果 G 的需求有很大的弹性,而 E 的需求弹性不大,则 G 将几乎不负担任何关税。

换一种方式来说,就是 E 国进口税的影响主要取决于 G 国的需求弹性。如果 G 国的需求弹性较大,G 的输出就将大大减少,交换比例就只是稍稍有利于 E,因而 E 只有一小部分关税负担在交换比例所显示的范围内转嫁给 G。如果 G 国的需求弹性较小,则结果与此相反。E 的需求弹性也起一定作用。它的输出必然要减少六分之一左右。但如 E 的需求有很大弹性,其输出减少的幅度就将超过六分之一(也许不会超出很多),因而同其需求弹性不大的情况相比,交换比例对它有利的程度就较大。

但要记住,每个国家很可能因为本国贸易额的缩减而遭受损失。因此,尽管交换条件变得对 E 有利而对 G 不利,但随之而来的 E 国贸易额的削减,将给 E 造成极大损失,而且这种损失不会因G遭受同样的损失而有所减轻。①

但现在让我们来讨论这种情况：虽然G可以很容易地放弃相当一部分进口货，但其中有些货物对它几乎是不可缺少的。先假

① 这里不妨像第一节的脚注所做的那样，利用附录J中的曲线图作稍许深入一点的说明，利用曲线图可以更全面、更可靠，同时也更容易地说明所有细节。

和前面一样，我们将从G的需求有很大弹性的那一系列情况开始论述。在这种情况下，交换比例向不利于G的方向的任何变动，都将大大减少G愿意进行贸易的愿望。但交换比例不会变得对G很不利，因此，不管E的需求弹性如何，G都不会负担E的大部分关税。

因为G将向E少运货物，所以E将被迫降低对自己有利的交换比例（同旧的均衡比例相比，这一比例对它有利的程度为六分之一）。而如G维持原来的出口额，E就会坚持对自己有利的比例，不作让步。如果E的需求也有很大弹性，而G只同意在对自己有利的旧的贸易条件下，也就是在对E国消费者更不利（不利的程度将近六分之一）的条件下进行贸易，则E国愿意进行贸易的愿望也将大大减少。因此，在这种情况下，G的输出将大大减少。E的输出将减少六分之一强，交换比例将变得大大有利于E。（附录J第十四图中新的均衡位置J表示这种情况。）

如果仍假定G的需求对交换比例的变化很敏感，而E的需求对交换比例的变化不很敏感，那么，交换比例就对E相当不利，但其贸易额却将有所增加。（附录J第十四图中新的均衡位置K和L分别表示E国的需求弹性处于中等水平和较低水平时的情况）

我们再假设：G的需求非常缺乏弹性，在其市场上E国商品的减少使E国商品的价值上涨很多，以致用这些较少的E国商品可以换回总额几乎和以前一样多的G国商品。（也就是我们假设：G的需求的弹性只稍稍大于一，因为如果假设它小于一，我们就要讨论那种“特殊需求”的情况。“特殊需求”的情况第十六图将予以说明。）那么，E就将把几乎全部关税负担转嫁给G，因为E的输出将大大减少（实际上减少额将大大超过六分之一），而G的输出则减少不多。如果E国自己的需求也非常缺乏弹性，则贸易额将稍许有所增加，因而同需求具有很大弹性的情况相比，交换比例将对它更为不利。但同G相比，E的需求弹性对交换比例的影响很小。（第十四图中的均衡位置U，V和W表示E的需求弹性处于各种不同水平而G的需求弹性很小时的情况，应注意它们的位置很接近。）

如果G的需求很大，但弹性不大，则均衡位置将位于前两种情况的中间。G的输出将大大减少，E的输出也将大大减少，但减少额大大小于六分之一。交换比例将变得有利于E，相当一部分关税负担将转嫁给G。不管E的需求弹性怎样，结果都将是这样。但如E的需求弹性很大，则贸易额将显著缩小，因而同E的需求弹性很小的情况相比，转嫁给G的那部分关税负担就较大。（第十四图中R、S和T点表示这种情况）

设E可以很容易地放弃所有G国商品。那么,E对其进口货课征中等水平的关税,就不会使E在G国市场上的商品供给减少很多,以致G的迫切需求得不到满足。因此,征收这种关税的结果和G的需求具有很大弹性完全相同。也就是说,贸易额将大大减少,但贸易条件却不会变得对E很有利。不过,如果关税逐渐增加,以致贸易额的缩减影响到G国所不可缺少的一些进口货,则形势将开始发生变化。E就将逐渐把愈来愈多的关税负担转嫁给G,但E国库由此而获得的收入却不会很多,其原因是被课税的进口货不多,所以税收也不会多。但最后,当关税高得剥夺了G所急需的几乎全部进口货时,它就将遭受严重的损失。

但是,如果E的需求和G一样,虽然对大量输入有弹性,但对小量输入的需求既迫切而又无弹性,那么,不断提高其进口(或出口)税的结果就将不同。开始提高关税时,贸易将和以前一样迅速地缩减,但其收入并不会因关税的进一步提高而增加很多,贸易条件也不会进一步变得对E有利许多。

最后,E可能有义务向G缴纳大量贡品。如果贡品的数量等于G所迫切需要的全部输入,它就不会受E国关税的严重压迫,尽管关税很重,尽管E甚至对少量G国商品的需求也有弹性。对G所能发生的最坏的情况将是完全放弃那些它不那么需要的全部输入。

就E和G两国之间的贸易来说,我们所作的假设排除了G向E投资的可能性。但在后面我们将不得不考虑这一事实:人口稀少的国家一般都向人口稠密的西方国家大量借款;由于人口稀少的国家在发展其工业,所以它们将能放弃几乎全部进口的制造品而不觉得有很大的不方便,但人口稠密的国家却必须大量进口粮食和原料。如果以G代表人口稠密的国家,以E代表人口稀少的国家,则这种情况很像我们刚刚讨论的那种情况。许多人口稀少的国家倾向于对制造品征收很重的关税,这种倾向可能会进一步发展;它们是否一致行动,实际上关系不大,重要的是它们事实上是否向同一方向迈进。如果真的发生这种情况,则西方国家从人口稀少的国家作为投资利息而输入的大量货物(它们不必为此而输出任何货物)就将成为对付高额关税的强大而为人所急需的堡垒。①

4. 一国可以从对外贸易中获利的理论的局限性。

由于李嘉图对关税的精彩论述只限于两个国家之间的贸易,而现实世界中则是某一国家同世界所有其他国家或任何一个国家发生贸易关系,因而它避免了研究实际贸易关系时可能遇到的许多困难。这正是李嘉图的论述简洁有力的主要原因。

因为,可能扰乱实际贸易关系的任何一种关税或其他事件的结果,很可能会被许多枝节问题弄得复杂起来。考虑枝节问题,会遮蔽主要问题,因为眼前的树木会使我们看不见森林。即使暂时忽略主要问题,也容易把解决某些问题的办法错当成解决所有问题的办法。例如,人们或许要问,某一商品是不是部分垄断的产品,因为在部分垄断的情况下,对某种商品征税,不管是在国内征税还是在国外征税,都会使垄断者稍稍降低其价格,以避免丧失很

① 利用附录J的第十九图可以最有效地分析这一问题。也许可以把它发展一下,把制造品的收益递增趋势和初级产品的收益递减趋势也考虑在内。但实际上这种趋势并不像表面看起来那么明显和简单,因此,应用李嘉图的严格假设虽然很有诱惑力,但却有一些潜在的困难,我们愈深入地研究这些困难,其严重性就愈增加。因此,最好似乎是把这些困难直接同与它们有关的贸易细节联系起来考察。

多的额外垄断利润。现在，几乎每个生产者和商人都在市场上，至少是在他已建立了商业关系的那部分市场上拥有暂时的部分垄断权。人们也许认为，特别是目光短浅的政治家也许认为，在关税问题上，最重要的正是这些暂时性的、非本质的因素在起作用。而且，如果垄断者（不管是单独的大企业还是组织严密的卡特尔）受到高额进口税的保护来抵制类似的外国商品，他就能在国外以低于国内的价格出售其产品，不仅以之来应付一时的紧急状况，而且还作为永久性的政策，结果其出口货的价格就常常低于其全部生产成本。如果情况果真如此，严格说来，就不能采用李嘉图的那些基本假设。

此外，如果这种商品以征税国为其主要市场，征税国就可以按照低于其全部生产成品的价格获得它，而且同生产者可以很容易地在别处销售该商品的情况相比，延续的时间也要长些。与此相反，如果这种商品只有一个国家生产，则其他国家的消费者就必然担负生产该商品的国家征收的出口税的大部分负担。

讨论关税的时候，上述枝节问题就显露了出来，往往使人看不到一个国家对进口货的需求额和渴望程度与国外对其出口货的需求额和渴望程度的一般关系对该国的贸易条件产生的广泛影响。李嘉图的方法使这种最重要的影响恰当地显露了出来。李嘉图的分析告诉我们，一个国家所征收的每一种进口税和每一种出口税都会使贸易条件变得有利于它，因为这种税会减少这个国家在任何条件下所愿意进行的贸易额。

因此，李嘉图的方法是很有用的。但原封不动地用它来分析实际问题可能产生的谬误，甚至更大。因为，正是使这种方法有用的那种简单性，也使该方法具有很多缺点甚至不可靠的地方。

第九章　进口税和出口税的归宿[①]

1. 进口税的归宿。

对进口商品征收关税的政策涉及两方面的问题。很显然，这种政策提出了这样的问题，即政府是否应该干涉工商业。这种问题涉及的范围很广，其中包括研究高额进口税对一国人民获得纳税商品的价格产生的影响，以及该国对进口货的需求因此而减少等问题。这些都属于经济方面的问题。另一些是关于政府与其国内某些集团的政治和道德关系的问题；这些在很大程度上正是本书要讨论的问题。此外还应该研究政府可以发挥哪些积极作用，这类问题拟在另一本著作中加以讨论，该著作将论述工作和生活条件的进步以及促进这种进步的经济条件。

最先感觉到进口税影响的是一国的边境。商品如果很笨重，则尽管关税很高，仍会源源不断地输入，而且在国内其他地方可以以相当低的价格出售。试举一个极端的例子。在太平洋沿岸，木材有时几乎没有价值，而在美国其他地方，其价格却受到对加拿大木材征收的进口税的影响。但在各地区都离适合进口的边境很近

① 这一章的部分内容取自本书作者的《关于国际贸易财政政策的备忘录》。该文已根据下议院的命令付印成册，编号是1908年第321号文件。

的国家（如英国和比利时），几乎所有消费者甚至像小麦这样笨重的东西都会受到进口税的十足影响。

当然，特殊的地理位置，会使一国在很大程度上受把它同世界主要国家隔开的另一大国的支配。德国或许可以把其进口税的一部分转嫁给在其东面的国家。但它却不能把其很大部分进口税负担转嫁给英国，尽管英国不能轻易放弃德国的一些化学产品和其他产品。英国总是把这些当作最优等的东西，但对那些没有特别理由非从德国购买不可的商品，德国就不得不努力推销了。

此外，英国可能同一些较小的市场拥有海运或其他方面的联系，从而使英国对这些市场拥有某种垄断权。但总的来说，这些市场是无足轻重的。因此，那条规则并无多大例外：英国也不得不担负其进口税。

的确，从来没有过这样的国家，别国对其出口货的需求如此之迫切，以致它可以强迫外国人缴纳它征收的大部分进口税，但英国的出口货曾有两次几乎达到了这种地步。一次主要是向比利时出口的羊毛，佛兰芒的织工缺了它就织不了布。另一次是在十九世纪上半叶，主要是它用其他国家还没有普遍使用的蒸汽机器制造的产品以及它可以特别方便地获得的热带产品。为了得到其中的许多产品，当时世界上其他国家也许宁愿拿出两倍于英国的产品来，而不愿一无所获。

事实上，英国确实把其进口税和出口税的很大一部分负担转嫁给了外国消费者，尽管它的重税（或进口禁令）也许正加在最不应该征税的商品身上，尽管它或许因此而阻止了其人口的增长（控制了新的自然力后，人口本来是应该增长的），加速了它不再执工业牛耳的日子的到来。但它把很大一部分进口税负担转嫁给外国消费者的力量，已经被两种必然趋势摧毁了。它的生产技术已经成了西方各国的共同财富，而且在某些重要方面，其他国家的生产技术比它发展得更快。同时，它的人口的增长使它对某些进口货的需求，比其他国家对它的出口货的需求愈加迫切。

但我们现在关心的是固定的贸易关系，而不是特殊的或暂时的事件。当然，几乎每个商人都有机会同经验不足的顾家拼命讨价还价，但这种有损名誉的行为将会自食其果，这里暂不讨论这种情况。

2. 进口税的归宿随被征税产品的不同及出口国和进口国经济情况的不同而变化。

这里有必要用大家都懂的语言来说明对某类商品征收的进口税的归宿，因为在正式指定的某一类商品中，常常既有需求对售价很敏感的商品，又有需求对售价不那么敏感的商品。甚至详细关税表中的单独一类商品也包括许多种东西，它们各有不同的用处，因而其需求取决于各种不同的条件。例如，一些销路特别好的工业用机器设备，会与另一些几乎没有销路的机器设备分在同一类。如果对这类商品征收或提高进口税，则第一种机器设备的价格可能上涨许多，而对第二种机器设备征收的很大一部分进口税则可能转嫁给外国的生产者。而且，如果对同一关税表上的所有毛织品增收同样多的关税，精明的商人就将知道，其中有些毛织品的需求很快会有所增加，扣除关税后，其实际价格不会有丝毫下跌。但他相信，其他一些毛织品则将滞销，因而他将降低这类毛织品的价格，降低的幅度也许相当于关税的增长额。如果他这样做，他的行为也就证实了我们得自经验的论断，即进口税的负担大部分落在外国人身上。但这种情况在整个贸易额中只占很小一部分。

其次，我们可讨论这样一些产品价格之间的关系，这些产品或多或少是同一生产过程的“联合产品”，或充当同一种最终产品的共同“生产要素”。海运业与一些工业（这些工业的产品要由轮船来运送）之间的关系为我们提供了很好的例子。例如，突然对一种笨重商品征收进口税的时候，船主往往不能立即根据减少了的需求调整其在港口的船只，结果运费下跌，一部分关税由船主负担，另一部分由生产者负担，而消费者的负担则有所减轻。

再举几个次要的例子。当国内歉收使英国的麦价涨得很高的时候，外国商人向英国出售小麦往往可以获得很高的利润。因此，麦克库洛赫认为，在这种年份，麦价不会因征收中等程度的关税而提高，也不会因永久取消或暂时取消关税而降低；他还认为，虽然当麦价稍高于有利可图的进口价格时，关税主要落在消费者身上，但当麦价很高的时候，减税就会为外国种田人和商人的利益而牺牲税收。[①] 电讯技术的发展和世界小麦市场的扩大，已使这一论点不适用于小麦了，但它却告诉人们，在需求时间特别短的市场上，对某种商品征税，其负担几乎完全落在外国人身上。人们曾过分利用这种情况来证实这一看法，即买者占卖者的上风，“卖者为臣，买者为王”。

当然，在有些贸易部门中，即使就现在的交易来说，买者和卖者也几乎处于平等地位。谷物、棉花和其他一些商品在有组织的

① 《征收赋税与筹集资金》，第196—197页。

大市场上就是这样。它们被分成不同的等级机械式地出售，真正的买者与真正的卖者之间没有任何个人接触，买者甚至不知道所购买的东西究竟来自何处。实际上，突然征税只能使一国的小部分贸易受益，而且这也是暂时的；这种做法有损国家的声誉，也有损国家的长期利益。虽然突然征税可以得计于一时，但无论对于个人还是国家来说，做生意最要紧的莫过于好信誉了。一般说来，即使征收关税所损害的仅仅是外国人，采取卑劣手段而获得一时的好处，也不是什么好事，更何况实际情况并非如此，征税国的出口工业也将受到损害。但在李嘉图的著作中有这样很有名的一章，题目是《工商业途径的突然变化》，该章实际上主张：即使是坏的税制也不应立即废除。

3. 概述进口税的一般归宿。

让我们假设：E 和 G 两国彼此贸易，而且仅仅是两国彼此贸易，假设它们对进口货都不征税。在这种情况下，E 国商品在 G 国的价格同在本国的价格相比，只多了运费(包括营业费)，反过来也是一样。但现在 E 对所有进口货都征收 50%的税，当然黄金除外。E 国商品在 G 国的价格同在本国的价格相比仍然只多运费。但 G 国商品在 E 国的价格相对于其在本国的价格而言却将上涨 50%，因为如果不是这样，从 G 国运往 E 国的就将是黄金而不是货物。无论 G 国对 E 国商品的需求如何迫切，也无论 E 国对 G 国商品的需求如何迫切，G 国商品在 E 国的价格都将相对于其在本国的价格上涨，但进口税的归宿却主要取决于两国相互需求的迫切性。不过，所观察到的价格变动本身并没有提供任何结论性的东西。

在G国对E国商品的需求极为迫切(因而没有弹性),而E国对G国商品的需求不迫切的特殊情况下,关税负担将主要落在G国身上。因为,E国征收进口税首先将提高G国商品在E国的价格,其次将稍许减少G国商品在E国的销售量,第三将稍许减少E国商品在G国的供给量。而且,由于我们假定G的需求没有弹性,所以两国商品供给量的减少将使其中每一种比以前多换许多G的劳动和一般商品。

上面我们分析了一种特殊情况的主要方面,这里还应补充说明它的次要结果,即对价格变动产生的影响。由于E国商品可以按非常有利的条件在G国市场上出售,因而黄金将从G运往E。所以E的黄金将大大增加,那里的物价将上涨,货币工资也将随之而提高。因此,虽然G国的商品在E国的卖价两倍于其在本国的卖价,但这一价格并不代表比以前多得多的劳动,也许劳动根本没有任何增加。另一方面,G的黄金将相对减少,将能够比以前购得更多的商品和劳务。因此,虽然E国商品在G国的卖价只等于其在本国的卖价加上运费,但其对G的实际成本却大大增加。E国消费者的处境将几乎和以前一样,其政府将能使其进口税主要由G负担。

另一方面,在G不迫切需要E国商品的情况下(这是很可能的),E将不得不担负自己的进口税。因为在商人们向G国少运E国商品的时候,G国市场将没有任何反应。每一包E国商品换回的G国商品将和过去一样多。在E一天的劳动或每包E国商品将能换得和以前一样多的未纳税的G国商品,对G国商品征收的关税将主要由E国的消费者负担。在这种情况下,黄金将不会发生大规模的移动，物价统计数字所显示的情况将基本符合实际情况。

上述情况的先决条件是 E 国对 G 国商品的需求具有弹性。但为论述的全面起见，这里我们来看一种与上面的情况相对应的、不大可能发生的情况，但把 E 和 G 颠倒一下，并假设 E 国政府把其大部分税收用于购买进口货。那么，E 国的消费者由于迫切需要 G 国商品的原有供给量，或许不得不抢购，不得不以自己的每包货物换取愈来愈少的外国货，以致 E 最后负担的关税甚至比全部关税负担还要重。

由于假定 E 和 G 两国除彼此贸易外，别无其他贸易，所以可以假设：G 国对 E 国商品的需求相当迫切，因而关税负担将主要落在 G 国身上。但在现实世界中，G 总可以同其他市场来往，因此，它不会同意向 E 纳税，除非 E 对其所有的出口货都拥有垄断权，或者由于地理原因或其他原因，G 在很大程度上受 E 的支配。只有在极其特殊的情况下，一个国家才可能成为另一个国家所擅长生产的某一产品的唯一市场。虽然对这种产品课征的税将永远由生产者负担，但只要生产者能够在其他市场上出售老产品或其他产品（他们可以逐渐用其人力和财力来生产这些产品），对所有其他产品课征的税就将几乎完全落在消费者身上。

这一论点并不普遍适用。例如，如果一个国家是另一个国家擅长生产的某一重要产品的主要购买者，那么，对这种产品课征的进口税在很长一段时间内就将主要由生产者来负担。如果英国对希腊无核葡萄干或一些烈性酒课征进口税，就可能出现这种情况。但实际上没有哪种重要商品的供给处于那种情况。不过，我们马上就将看到，大量输出小麦的国家和大量输入小麦的国家之间的关系有些类似于这种情况。当然，如果某一国家的制造商使昂贵的机器设备适应某个外国市场的需要，他们就得缴纳那一国对其货物突然课征的几乎全部关税，因为，与其让设备闲置不用，还不如继续生产使设备得到较低的报酬。与此相反，如果突然取消对某种商品课征的进口税，那些专门制造这种商品的生产者，就将能暂时把几乎全部关税加在其商品价格上面，从而获得厚利，直到要用新设备来满足因取消进口税而引起的更大需求时为止。

我们可作结论说，没有一个国家能把其很大一部分进口税转嫁给别国，除非它对自己的出口货拥有部分垄断权，或者它是大多数进口货的唯一重要的消费者。关于国际垄断的特殊情况，后面将有所论列。

4. 当通货以黄金为基础时，我们有理由认为，一国征收进口税后，其获取进口货的真正代价可通过价格随之而发生的变化来计量。但这种看法并不完全符合事实。

的确，一般说来，出口商不在乎把商品送往哪里，他们所选择的是支付一切开支以后能给他们带来最大报酬的市场；如果他们向某一市场提供某种商品的费用因被征收一镑进口税而增加，他们就会避开这个市场，直到这种商品在该市场上很缺乏，在别的市场上较充裕，从而使其在该市场上的（已纳税）价格相对于没有课征新税的其他市场上的价格至少高出一镑时为止。因此，要由消费者来支付这一镑关税，由消费者向所有有关的商人支付贩运这种被征税商品所需的额外资本的利润。物价统计资料表明，如果没有其他供应来源，消费者就不得不这样做。

这一事实似乎使我们有理由得出结论说，进口税的**全部**负担总是落在消费者身上。但这种推论并不正确，因为它没有考虑到，任何国家的货币购买力都会受到关税政策的影响。因为，一个国家对某些进口货征税，相对于没有征税的货物而言，会提高这些货物在该国的价格，而未征税的货物中就有黄金。所以，在对许多商品征收高额进口税的国家，黄金的购买力一般较低。当我们知道某一财政政策把某种商品对消费者的价格比方说提高了四分之一的时候，我们并不知道消费者实际上究竟多支付了多少。

当然，如果进口税只影响该国的一小部分进口货，人们就不会用很多黄金和其他未征税的进口货来代替被征税的进口货，也就是说，进口税就不会使物价水平发生很大变化。被征税的商品将使(边境附近的)消费者多付出的货币相当于全部进口税。价格的这种提高会使实际成本也相应提高，因为货币的价值变化很小。

除了与货币购买力变动有关的困难以外，还有其他一些困难妨碍我们通过直接观察来确定进口税的归宿。例如，相对于物价而言，生产技术和运输工具的改进正在不断提高货币收入。如果改进生产技术的效果在提高关税的同一年代内显现出来，货币收入相对于物价的提高就会很大，但同不提高关税的情况相比却小得多。当然，通过比较处于相同工业阶段而关税不同的国家之间货币收入相对于物价的变化，可以在某种程度上消除这种干扰因素的影响。但是，不用说很难得到这种统计资料，即使能得到这种统计资料，要对其进行解释，也必须考虑教育水平、生活习惯和铁路延伸对开发自然资源所起的作用等因素对各国产生的不同影响。根据实际情况彻底研究这些问题，是一项很艰巨的工作，而且这一工作永远不会完结。因为在这些方面，几乎每一年代都会发生重要的变化。

这里只须指出得出以下结论的一般理由就够了：一个国家不能期望把其很大一部分关税转嫁给其他国家，除非它能放弃从其他国家进口的大部分商品，同时它又拥有如此庞大而稳固的半垄断企业，以致其他国家难以放弃从它那里输入的大量商品。就这后一条件而论，上面我们已经看到，在上世纪初叶，英国几乎能够做到这一点，但现在即使是美国也做不到这一点，其他国家就更不用说了。毫无疑问，如果整个英帝国能按照统一的方法制定关税，则英帝国将处于强有力的地位，但由于英帝国各个组成部分的资源和需要千差万别，似乎不可能出现这种情况。不过，这属于下面要研究的问题。

第十章　进口税和出口税的归宿(续)

1. 别国对一国出口货课税的压力,比税额和税率增加得更快。西欧也可能会受卖给它大量原料和粮食的那些国家对制造品课征进口税的危害。

上面关于一个国家进口税的归宿的论点是以这样的假设为前提的,即进口税的压力不会大得使其他国家丧失征税国的任何一种出口货,因为这些国家迫切需要征税国的出口货,而且它们对这些货物的需求没有弹性。这意味着,尽管其他国家的资源与征税国的资源相同,但它们却相当开放其市场。当然,可以想象,几乎所有能供给世界需要的某些产品的国家,会同时对其进口货征收很重的税,以大大地限制其贸易。在这种情况下,这些产品在世界市场上的供给就会减少而且缺乏弹性。(可以想象,弹性可能小于一,并可能出现这种情况,供给进一步减少,就会增加它们所能换得的商品总量①。)

人口稀少的国家很少有这种危险。因为,人口稠密的国家总会用制造品和其他高级产品来换取原料和粮食,因此,人口稀少的

① 这种情况不仅重要,而且不那么好理解,附录J第六节对此有所说明。

国家的原料出口市场不会如此狭小,以致必须接受极苛刻的交换条件以换取足够的机械等来满足其更加迫切的需要。

在最近的将来,人口稠密的国家也不会因人口稀少的国家联合起来对制造品征收重税而遭受这种危险。因为,许多新兴国家仍迫切需要资本,它们不能把开发丰富资源的许多资本用来建立现代钢铁工业和其他工业,这些工业中的每个工人所需要的资本也许为数百镑,或更多些。因此,许多制造品仍将在一个长时期内继续大量地输入许多新兴国家,甚至输入较为发达的新兴国家。而且,虽然世界上的人口正在迅速增长,但在一个长时期内,许多地区仍将几乎没有像样的工业,因而它们的大门仍将不得不对许多西方产品敞开。欧洲国家借给新兴国家的资本如此之多,以致在新兴国家能够制造自己急需的工业品的时候,仍不得不输出初级产品来支付过去借款的利息。

不过,许多年以后,新兴国家可能将买回在欧洲市场上买卖的大多数证券。到那时,那些仍有初级产品出售的国家在国际交易中就将占上风。它们如果采取共同行动,不管它们相互间有没有协定,都会使它们拥有牢固的垄断权,因而不管它们对人口稠密的国家提供的产品征收多么重的税,这种税都将主要由后者来支付。正是这种情况而不是眼前的危险,使我们有理由为人口稠密的国家的前途担忧。

2. *在发展对外贸易方面新旧国家利益之间的某些差别。*

目前在"旧"工业国与采用先进生产方法而且朝气蓬勃的"新"国家之间,存在着一种强烈的对比。某一西欧国家人口的增长,对该国更好地掌握农业、工业和交通等方面效率最高的工具和最先进的生产方法，并无多大帮助，人口的增长只会迫使该国向尚不十分发达的国家推销更多的工业品，以满足自己对原料日益增长的需要。

另一方面，地广人稀的新兴国家人口（主要是欧洲移民）的增长，则会促进新旧国家的繁荣。旧国家得到的好处是，它们可以有利地销售制造品的市场得到了扩大，而市场愈大，制造品的生产就愈容易。新国家得到的好处是，它们可以用得自对外贸易的收入来修建公路干线和铁路干线，来修建港口。严重阻碍这种贸易，对新旧国家都有害，因为这将使旧国家丧失许多舒适品和一些奢侈品，从而使其生活艰苦；同时将使新国家丧失一些舒适品和许多奢侈品，而现在正是这些物品使新国家人民的生活充满了希望，活跃了他们的思想。但长途运输费用及一般交通困难对这种贸易造成的较小的阻碍，却并不完全是坏事。对新国家来说，这将促使它们自己制造简单的工业品；对整个世界来说，这将激励精力充沛而富于冒险精神的人在具有丰富自然资源的广大地区安家落户。

当然，如果各工业国都大大增加对工业品征收的本来已经很高的进口税，西欧各国就将遭受严重损失。因为，这样一来它们就将不能在国外大量出售那些只有发达国家需要的高级机器和其他设备，从而将减少大规模生产高级工业品的经济效果。但它们自己的市场将能够吸收几乎每一行业中一些大企业的产品，因而它们在这方面的损失不会很大。它们将更加注重生产人口稀少的国家需要的产品，因为这些国家将能供给它们所需要的农产品和矿产品。它们将能用对外投资的利息偿付输入的初级产品，而不必向征收重税的国家输出货物以偿付输入。

3. 认为应该向拥有垄断权的国家的产品课征出口税的观点，实际上并没有多大意义。

从前，当运输很困难、运费很高的时候，农业资源丰富的国家往往能以近乎垄断的价格向附近没有便利的水路交通的工业国出口其某些农产品。但现在，长途运输越来越方便，任何国家都不能维持其对邻国的垄断，因而人们有理由反对对主要农产品征收出口税。而且，那些大量出口农产品的国家人口都很稀少，要依靠铁路和其他交通设施来发展经济，而铁路等设施在其使用初期和制造业的情景一样具有收益递增倾向，不像人口稠密国家的农业那样具有收益递减倾向。即使是那种从纯理论观点出发认为应该对农产品征收出口税的看法，实际上也没有多大意义。

新世界的许多国家对从旧世界输入的几乎所有产品都征税。这种税对其对外贸易条件的影响在某种程度上与一般出口税一样。但它们对许多进口货的需求如此之迫切，以致即使它们有权这样做，也不能把贸易限制到如此地步，致使它们的出口货在欧洲市场上脱销。它们之所以不能这样做，是因为它们的许多生产部门缺乏人力和物力，同时也因为它们必须支付欧洲供给它们开发土地的资本的利息。

一般说来，对工业品征收出口税而使工业品出口额减少，会在某种程度上损害国内消费外国货的人，而在某种程度上有利于国内的出口工业。出口补贴(有别于对国内外消费的产品的生产给予的补贴)对得到补贴的工业特别有吸引力。但提供补贴的国家由此而付出的代价却很大。国内消费被补贴商品的人实际上被征了两次税，一次被征税是为了提供补贴，另一次被征收的税金包含在所购买的被补贴商品的价格内。

出口税和进口税一样，也对物价产生影响，但方向相反。由于假定黄金不被征收出口税，因而出口黄金就比出口被征税货物有利可图，这种情况将一直延续到国内物价跌到这样的水平，使应纳税的出口货纳税以后在国外仍能有利地卖出（虽然卖出的数量较少）时为止。同时，物价的下跌也将影响到未征税的出口货，使其得以打入国外市场，填补纳税出口货数量的减少造成的真空，但实际上这种情况很少出现。当然，向某些商品提供出口补贴会促进贵金属的输入（使用纸币的国家除外），因而会稍许提高补贴国的一般物价水平。但一般人很少关心这类细微差别。

4. 某些生产者或商人宁可暂时降低价格也不愿突然减少销售额，促使他们这样做的原因增加了新征进口税所产生的直接影响的不规则性以及进口税经常变动的危害性。

不同的工业部门往往需要极不相同的时间来调整生产方法和设备以适应新条件，同时在各种不同工业和贸易部门中，生产者、商人和最终购买者之间关系的密切程度也不同，这些常常是进口税的直接影响不一致的最深刻、最基本的原因。

一般说来，生产者并不期望从所有商品那里，甚至从同类商品在所有市场上或在同一市场上的所有情况下获得完全相同的利润率。但他很少接受低得没有报酬的价格，如果他只考虑这一笔交易的话。因为，他的营业有许多一般开支，最后必须支付，因而每笔交易一般都必须担负一部分一般开支。换句话说，在竞争性市场上，决定价值的生产成本是指整个过程的成本，而不是指某种特殊产品的成本。在任何一个生产者或商人已与之建立了固定关系的某个市场或一部分市场上，无论是国内市场还是国外市场，他总想方设法使卖价与其营业的总成本相适应，俾不致引诱新的竞争者从外面打进这个市场或在这个市场上产生出新竞争者。他的目的是这样管理他的企业，使它最终能给他带来条件所允许的、最多的纯利润总额。由于他和主要顾客彼此相互了解，并使设备、人员和企业的组织形式适合于顾客的特殊需要、习惯和爱好，因而他拥有某种局部垄断权。所以，其他一些具有同样数量的资本、同样的干劲和能力，但没有上述有利条件的人，虽然以同样价格在同一市场上出售同样的东西，却不能像他那样得到丰厚的利润；这正如一个已经办得很好的医疗所或律师事务所，由另一个有同样能力和经验但与其专门顾客没有接触的人来办，就不能立刻取得同样成绩一样。这种轻微的局部垄断为所有竞争性企业所固有，并可能通过卡特尔或其他垄断组织发展成为强大的局部垄断。这些组织致力于维持它们所谓的公平合理的价格，但实际上在它们控制的某些市场上，价格最终可能高得吓人。

就完全被垄断的产品而言，除非我们知道其生产和销售的所有细节，否则便无从预测对其所征关税的归宿。一部分关税负担当然要落在垄断者身上，因为他提高产品价格，必然减少他借以获取垄断利润的销售额；所以几乎可以肯定，他不会把全部关税加在价格上。但这支配他到何种程度，将取决于其产品需求的刚性或弹性以及其产品的减少对其总收入的影响等等。上述关于完全垄断的一切论述，也适用于每个企业从与顾客的关系中获得的局部和暂时的垄断，只是适用的程度较低而已。一些企业有时会担负对其产品新课征的大部分关税，而不愿立即减少销售额，另一些企业则会立即把几乎全部关税转嫁给消费者。而且在各工业和商业部门内，不同的人之间因年龄、性格和经济力量的不同也会发生很大的差别。这种税对各种商品的价格产生的影响往往是不一样的，参差不齐的。我们所能肯定的是：落在外国人身上的全部关税负担，与这种突然变动给本国工业（即直接地和间接地受这种出乎意外的关税影响的本国工业）造成的损害相比总要小些。

但是，如果一个国家的某一种进口货受一个外国大垄断公司或卡特尔或其他垄断组织的控制，其价格常常随意变动，以致该国工业的正常活动受到干扰，则上述一般论断就可能遇到例外。更为严重的例外是，征收进口税是为了减少外国人向该国市场有害地“倾销”的货物，所谓倾销就是暂时以大大低于生产成本的价格出售产品，或有意或无意地妨碍该国某些工业的发展。无论经验还是理论都没有提供充足的理由使人相信进口税能完全达到其目的。要消除的罪恶越受卡特尔或其他半公营机构的控制，其危害就愈少。一般说来，最容易组成卡特尔的是这样一些工业部门，在这些工业部门中，不仅每个野心勃勃的企业家希望扩大其事业范围，而且他知道，进一步扩大已经很大的企业规模可以提高效率和经济效果。想到这些会推动他扩充机器设备，而不顾市场平时对其产品的需求限度。他处理剩余产品的主要手段之一就是倾销，也就是，在他没有建立关系的市场上，以低于全部生产成本的价格出售产品。他用这种方法为其企业做广告，从而与新的市场建立联系。与此同时，他拉拢最可靠的雇员，并尽可能使卖价超过实际生产支出和设备磨损费（不仅仅是时间推移所引起的折旧）。他破坏别人的市场，使他以后不能以有利的价格出售他们的商品，但他

并不破坏自己的市场。

他所寻求的新市场或许在国内,也或许在国外。国内市场他比较容易打进,但在这些市场上做得太过火,会立刻引起别人在自己专有的市场上进行报复;而在外国市场上倾销所引起的报复,则是针对其本国的一般市场,而不是针对他自己专有的市场。

然而应该指出:大规模倾销在钢铁等半制成品方面最为显著。虽然这些产品没有像棉花和谷物市场那样的有组织的“期货”市场,但它们已经很标准化了,以致生产者多半不会对某一个市场特别感兴趣,当然条件是这个市场与他没有关系,如果有关系,他就既怕外国人插足,也怕本国人插足。制造有多种用途的半成品的工业,比制造成品的工业容易同新市场建立关系,因为成品在任何地方都没有很大的市场,而且每个国家都对成品有特殊要求。经营钢铁等半成品的卡特尔之所以能在世界贸易中占有突出地位,主要是由半成品的特点决定的。它们特别喜欢以低于国内的价格在国外销售其产品,而且很有条件这样做。①

就半成品而言,其进口税负担从消费者向生产者的转移往往是没有规律的,正如垄断组织控制的几乎所有变化一样。变化的原因虽然可以仔细探究出来,但却不是公众所能了解到的,因而变化似乎是随意的。虽然变化似乎是随意的,但实际上是有规律的,其形状并非参差不齐,而是犹如排列整齐的队伍。被垄断组织严格控制的国际贸易额是很大的,而且还在不断增加,虽然增加得并不平衡。被较为松散的垄断组织控制的贸易额也很大,可惜得不

① 参阅《工业与贸易》第三编,第九章,第十节。

到这方面的确切统计资料。可是，虽然不是完全没有争论，但似乎这两类贸易，即被严格控制的贸易和被部分控制的贸易，远远不到国际贸易总额的一半。似乎可以肯定：虽然垄断集团在某些事情上往往很专横，但其大政方针却受少数几个狡猾多端的人的控制，而不是相反。显然，国际倾销一旦被发觉，就更会被人公布出来，因此，国内倾销的总额至少可能和国际倾销总额同样大，尽管对每一种倾销的范围人们的看法出入很大。但可以肯定：国内倾销和国际倾销的主要动机及由此带来的具体问题实质上是一样的。

第十一章　旨在促进国内某些工业发展的进口税

1. 绪论。

本章所要讨论的问题可以从两方面来考察。首先，人们或许要问，旨在把劳动和资本引导到国家最重要的工业部门里去的关税是否有益，当然条件是这种税会达到其目的，而不使国家遭受的损失大于它将从这一政策的最后胜利中得到的利益。其次，人们或许要问，如果获得了这种利益，它是否会超过大量立法及行政工作浪费的精力可能造成的损失（此种繁重的立法行政工作已使大国政府及其官吏够忙碌的了）。第二个问题拟在与本书配套的另一本书中讨论。这里我们只研究旨在促进国内某些工业发展的进口税的利弊，而不考虑征收这种税的行政费用。①

一个国家的某些工业，在受到进口商品的竞争压力时，往往要求对这些商品征收进口税来与之抗衡。这种税叫做“保护性关税”。它确实保护了国内的某些工业，使之免受进口商品的竞争。这对整个国家来说的确具有某种重要意义。但这种竞争有时却为

① 在《工业与贸易》的附录B—G里，关于英国早期对外贸易的态度，关于重商主义者奉行的贸易政策，关于英国、德国和美国最近奉行的对外贸易政策，都有所论述。

普通人对付这些工业为其产品索取的过高价格提供了唯一有效的保护。

可以想象，这种税提供的保护要比这种税摧毁的保护对国家具有更大的利益。对那些没有搞现代工业的经验而且缺少资本供应的国家来说，这种税可以保护新建的工业。

2. 被课征进口税的商品常常是与不被课征进口税的国内产品竞争的，概论对这种商品课征的进口税的归宿。①

对进口本国可以制造的任何东西征税，可以起到保护本国同类工业的作用，除非这种税被对本国产品征收的数额相等的税所抵消。但如对来自不同国家的同样产品征收数额不等的税，则这种税就变成了所谓“特惠”关税。在这两种情况下，尤其在后一种情况下，政治原因是与狭义的“经济”原因混杂在一起的，有时甚至政治原因占上风。

对进口货征收的税如果不被对国内类似产品征收的相应赋税所抵消，这种进口税就是差别关税，因而将造成浪费。反对征收这种税的理由并不像人们有时想象的那样，是因为它是进口税，恰恰相反，这一事实反而对征收这种税有力。反对征收这种税的理由仅仅是因为它是一种歧视性的关税即差别关税。这种税，只要把需求从较容易的供给来源转给较困难的供给来源，就必然造成浪费。当然，征收这种税可能有政治利益，甚至有间接的经济利益，弥补这种浪费而有余。这种浪费可用下面一个简单例子来说明。

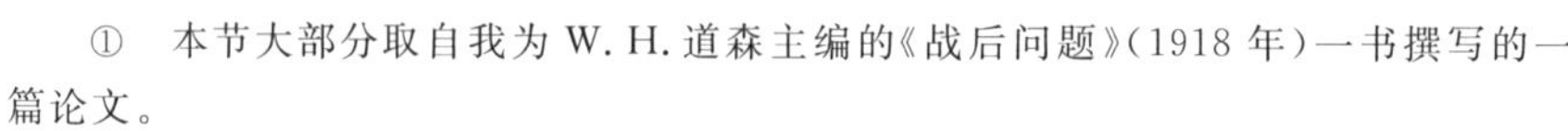

① 本节大部分取自我为W. H. 道森主编的《战后问题》(1918年)一书撰写的一篇论文。

新采的建筑石料常常不那么坚硬，可以根据需要比较容易地粗制成各种形状。但石匠公会曾一度要求一切成形工作都必须在用石工地进行，这就使人多付出一两倍的劳动，从而使成本也增加一两倍。

这一规定实际上是对最有效的生产方法课征差别税。就从国外购买比在国内生产更容易的东西来说，反对对这种东西征收进口税的一般理由是，课征这种税会增加人们获得这些东西的总成本，而财政部由此得到的收入却较小。贪得无厌的财政部很可能还会对其他进口货下手。

进口税不仅在某种程度上有害于那些喜欢用外国货的人，而且也有害于那些生产出口货的人。在其他条件不变的情况下，减少商人认为应该输入英国的一万镑货物，就会减少一万镑对其他国家汇票的需求。也就是说，减少进口会使英国的出口货生产者及与之有关的海运和其他贸易机构削减约一万镑的业务。对与英国某一工业的产品竞争的进口货征税，无疑会刺激该工业的活动，会增加该工业长期或短期雇用的工人和其他人员，并增加该工业得自大规模生产的经济效果。但同时它将相应减少英国其他工业的活动，减少这些工业长期或短期雇用的工人，并减少这些工业得自大规模生产的经济效果。

一个国家课征进口税会使它获得进口货的条件在某种程度上变得对自己有利，这一点虽然重要，但前面已经指出，除非一个国家的几乎全部出口货在任何其他地方都没有真正的对手，否则这一点对一般贸易来说就没有多大意义。前面还指出，虽然在少数情况下可以把进口税的大部分负担转嫁给外国人，但其总额却很

小。[①]

当一个国家的生产者已适应了另一个国家的特殊要求并同它建立了商业关系时，他们就可能在某种程度上忍受突然强加在他们身上的进口税，直到他们对资源的利用作出其他安排时为止。他们的这种做法会使人认为，很大一部分进口税负担落在了外国生产者身上。虽然在各贸易部门中突然征收进口税的做法可以得计于一时，但从长远来看却不是什么好事。以突然加重进口税闻名的国家，会发现其他国家迟迟不愿满足它的需要。

在另一种情况下，即当某种棉纱或石油在某一市场上可以带来远远高于正常利润的垄断利润时，进口税负担也会大部分落在外国生产者身上。这种利润，至少其中一部分，会落入税吏之手，人们常常以此为根据来证明应该对进口货征收差别税，但对这种进口货征收的税并不是差别税，因为没有任何东西可以有效地代替这种进口货。

有人认为，进口货不像本国产品那样，要担负本国一般赋税的应有份额，因而如果不对进口货课税，它就能以不公平的优势同本国产品竞争。但是，就生产出口货的英国制造商而言，如果他换得的外国货必须缴纳英国的一般赋税，他就必须支付双重税，而供国内消费的产品则只付一次税。因为，在实现利润以前，进口税必将

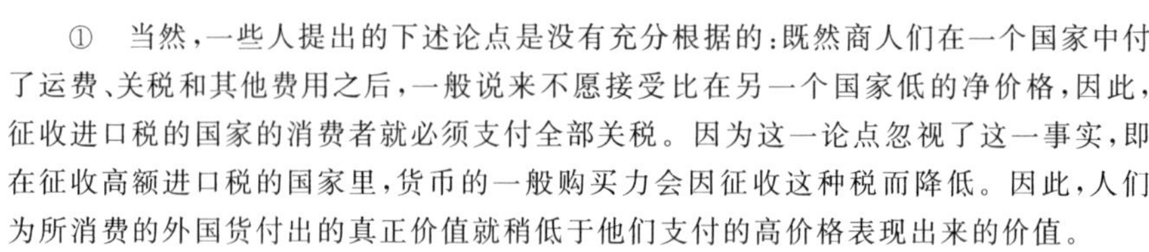

① 当然，一些人提出的下述论点是没有充分根据的：既然商人们在一个国家中付了运费、关税和其他费用之后，一般说来不愿接受比在另一个国家低的净价格，因此，征收进口税的国家的消费者就必须支付全部关税。因为这一论点忽视了这一事实，即在征收高额进口税的国家里，货币的一般购买力会因征收这种税而降低。因此，人们为所消费的外国货付出的真正价值就稍低于他们支付的高价格表现出来的价值。

从在国外出售货物所得的收入中扣除。

3. 十九世纪中叶英国采取的自由贸易政策。[①]

在英国的政治家们为实行完全的自由贸易铺平道路的时候，英国出口的大都是它拥有部分垄断权的货物，从而使它能(现在则不能)把大部分进口税负担转嫁给外国人。还应该指出，当时英国的经济学家并不反对所有进口税，而只是反对带来不便的进口税，如原料进口税，反对不公平的进口税，如对穷国征收的很重的进口税，或差别税。(如前所述，差别税指的是对在某处或用某种方法生产的，或通过某条航线或用某种船只运来的商品特别加重征收关税，而其他用于满足同样需要的商品则受到不同的待遇，可逃避全部关税或一部分关税。)英国经济学家之所以反对差别税，是因为它会使消费者和商人用以下两种方法来逃避关税，一种方法是用较差的但不被征税的商品来代替被征税的商品，另一种方法是从其他花费较大的供给来源获得一部分所需要的产品。无论采用哪一种方法，消费者都会受到损害，而税务局一无所得。只有在关税不被逃税的情况下，税务局才能得到消费者所损失的一切，当然要扣除课税等费用。英国经济学家发现少数特殊的商品如茶叶、咖啡、烟草等逃税不多(除非走私)，因而浪费不多。但他们通过详细的研究，而不是根据任何一般的演绎推理发现，在英国的气候适宜于生产，或可以用劣等货代替的情况下，逃税是很厉害的。其浪费之大，实际上要超过转嫁给外国人的那点儿关税负担许多倍。

① 本章其余大部分摘自本书作者的《国际贸易财政政策备忘录》，根据下议院的命令，该文已印成“白皮书”，文件编号是1908年第321号。

因此，他们主张取消所有违背经济原则的关税，认为输入国内能生产的商品一般不会排挤劳力，而只是改变就业方向。他们知道，任何一种激烈的变革在某种程度上都会带来灾难，而且认为，如果一国的企业家在可以自由地作出判断时断定本国制造某些商品的成本大于输入这些商品来换取外国所需要的其他本国制造品，如果他们的目光远大，而不因为偏于私利或固执保守而带有偏见的话，那么他们的判断就很可能是正确的。

但不幸的是，当那些与进口货竞争的企业家竭力劝说公众和政府征收保护性关税的时候，私人利益在与公众利益的对抗中，在战略上往往占据优势，因为他们可以确切指出哪些地方会因课征保护性关税而增加就业。他们可以很容易地找到利润和工资将因课征保护性关税而有所提高的雇主和工人，请求雇主为"运动基金"捐款，敦促雇主和雇员施加他们所拥有的所有直接和间接的政治影响来迫使议会赞成征收保护性关税。就某一工业的特殊利益而言，高明的策略不是争取尽可能多的与该工业有直接利害关系的人为其说话，而是争取尽可能多的与他们达成谅解的人为其说话。

那些关心人民大众的利益甚于关心阶级利益或政治权力的人，处于很困难的境地。虽然他们知道保护性关税必将减少就业总额和实际工资总额，受益的工业能得到好处是以牺牲其他工业的更大利益为条件的，但他们却常常说不出哪些工业受害最大，同时没有得到丝毫好处的人数众多的工人又处于无组织状态，没有发言权。因此，征收保护性关税的好处，由于容易被有权有势的人看见并描述，在投票站，甚至在正直的政治家们的会议上，就往往比其害处更受重视。而其害处，虽然总的说来较大，但不那么容易被人看出，所以没有直接受到人们的谴责。幸而那时对许多进口货课征的保护性关税都挑选得很不好，以致促成了自由贸易的胜利，例如对原料征收的保护性关税明显地限制了就业，对粮食进口征收关税带来了再明显不过的灾难。但自由贸易的这种偶然的胜利，使人们在某种程度上忘记了经济学家得出的一般结论，即保护性关税是减少而不是增加就业、工资和利润总额。

这一结论首先依据的是这一事实：即就业机会并不仅仅来自创造就业机会的愿望，而是来自这种愿望以及生产设备和维持工人生活的手段。早时的经济学家词不达意，过分强调机器、原料、食物等的资本存量，近代经济学家则比较重视新供给的粮食、原料、机器、制造品以及构成国民收入的个人劳务等的净流量。着重点的这种变化在某些方面虽然很重要，但对目前我们所研究的问题却没有多大意义。那时和现在一样，经济理论的基础是：一切工资和利润（以及地租）都来自国民生产的总效率，但国民生产中只计算用新近的出口货从外国人那里换来的产品，只计算作为以前赊销的出口货的利息从外国人那里得到的产品，而不计算出口货。

他们认为，生产总效率提高多少，（过去制造和新近制造的）商品总供给量就增加多少，商品总供给量的增加将向国内各阶级提供就业和收入（即工资、利润和地租）。

而且，如果能在本国制造的商品却自由地从国外输入，这表明制造别的东西来从国外购买，其成本要比直接在本国制造低。在特殊情况下，可能出售商品不计成本；在另一些情况下，国内某一工业可能会出现暂时的混乱，需要公众为其恢复作出一些牺牲。

但这些都是特殊情况，涉及的范围较小，与我们讨论的问题没有多大关系。

因此，阻碍消费者所喜爱的货物进口的关税，并不会扩大就业或提高工资，也不会有利于“生产者”。当然它对某些生产者是有利的（如果把地主和其他一些自然资源的所有主算作生产者的话）。但它对其他一些生产者的危害要超过受惠的生产者得到的利益，因为它减少了人们所喜爱的货物的总流量，而这些货物正是向国内各阶级提供就业和收入的基础。

当然，这一基本真理与以下意见并不矛盾，即一个国家应像节俭的农民撒播谷种那样，牺牲一点目前的收入以便发展那些尚未成熟的、可能会遇到强大竞争对手的工业。但这种意见不大适用于英国，因为它的工业比较成熟，这一点将在下面讨论。

我国现行制度的创立者必须与以下反对意见作斗争，即：虽然自由贸易如果为所有国家采用的话，可能对所有国家都有利，但除非外国人以德报德，否则自由地开放英国港口就是错误的。对这个问题有两个答案。第一个答案是，一旦外国人看到英国政策的巨大成功，他们一定也会采取这种政策。其后几年的事实证明了这种希望。但这一答案对原命题有误解的地方。它没有看到，保护幼稚工业对国家是有好处的；虽然这种好处可能是以很高的代价获得的，但工业不发达的国家不折不扣地采取英国的政策，是愚蠢的。

第二个答案不言自明，无懈可击。那就是：如果，尽管其他国家对英国货征税，但英国用自己的商品换取外国商品的成本仍比自己制造同样商品的成本低，那么，这样做就对英国有利。当然，这里也有例外情况。可以用征税的办法来报复,其一部分负担会落在消费英国货的外国人身上。但明智的做法是不计较这种小利。

人们提出来的一种更具有实际意义的做法是,对任何一个国家的商品免税,应以那个国家降低对英国货课征的关税为条件。在某些情况下,英国正是这样做的,但这种做法却有违于英国在工业和商业方面借以保持领导地位的那种宽宏大量的作风。

4. 缺少资本主义生产资源的国家保护本国的某一新兴工业,并不一定不合理。但问题是,在这个工业已经蓬勃发展了很长一段时间后,一般仍给予它较多的保护。

在巴西那样的国家,在辽阔的内地征税很困难,而在港口征税却很容易,所以对进口制造品征税就成了它收入的方便来源。帮助新兴工业发展潜力的保护性关税,可能有利于某一不发达国家,尽管这种税不可避免地有害于该国少数出口工业。因为,若干最先进的工业获得发展后,可带动该国的大部分工业,正如把烟囱对准刚点燃的火种,可以产生很高的温度,从而使火烧得更旺那样。但这两种论点都不适用于旧工业国。

英国的面积相对于人口来说较小,煤是其大量出口的唯一原料。英国作为出口国的有利条件,主要在于它的每个工业区都能很方便地利用来自世界各地的商品。除非可以很容易地得到退税(即进口货再出口时退还的进口税——译注),否则便没有哪个国家像英国那样因不能自由地使用外国半成品而遭受那么巨大的损失。而且,没有哪国人民像英国人民那样那么怨恨在小商品退税方面遇到的那许许多多麻烦。这特别是因为英国制造商要把许多甚至最狭义的“完全制成品”当作工具或附件来输出。

有人认为，需要用保护性关税来帮助大企业采用最先进的现代生产方法。毋庸讳言，这种看法是有一定道理的。但许多最重要的大规模生产的经济效果，却产生于像兰开夏那样的工业集中地区，因为那里许多相互关联的内销和外销工业的生产可以相互补充。

当然，进口税的最终归宿，部分地取决于它对一国工业界人士所起的教育作用的大小，即是否能使他们专心致力于那些他们有足够的资源和机会去做，但却没有像其他国家那样尽最大努力去做的事情。关税如果能起到这种作用，就不能仅仅从经济角度评价关税政策。有时可得出这样的结论：**当找不到其他方法把国家资源用于帮助某一落后工业的时候**，国家可牺牲全体人民的利益以适当的方式资助该工业。可以想象，关税用于这一目的时，对国家是有利的，尽管暂时会在某种程度上减少全体人民拥有的物质财富或享有的物质舒适品。但事实上，那些在技术方面最了解这类问题的人，往往竭力使答案有利于增加对他们工作的需求，因而见到主张征收这种税的议论，即使出于品格高尚者之口，也应特别仔细地予以分析。

我对凯里及其追随者们的议论（他们的议论几乎没有引起英国著作家的反应）印象如此之深，以致我于 1875 年动身前往美国，以便从美国人观点来研究工业和国际贸易问题。当然，那时我并不认为美国的制度会适用于英国，而是认为凯里等人的议论或许含有某些概念适用于英国的情况。

回来后我深信，实际上的保护政策完全不同于凯里及其追随者等乐观的经济学家想象的保护政策；他们假定，人人都像他们那样正直无私，像他们那样明白事理。我发现，不管实行保护政策的计划最初多么简单，最终都会变得极为复杂，主要是向那些已经很强大、不再需要帮助的工业提供保护。在变得复杂的同时，也变得腐败，进而腐蚀国家的政治生活。总之，我认为，实行保护政策给道德造成的损害，远远超过了它在那个时期可能给美国工业带来的任何好处。

进一步观察美国和其他国家的政治生活，使我更加相信这一点。我认为，尽管经济变革的速度日益加速，但八十年前英国所采取的政策，现在是，而且将来或许仍然是最好的政策，因为它**不是**一种对策，而是无对策。为应付任何一种情况而采取的对策，当情况发生变化时，必然会过时。自由贸易的那种朴素而自然的状态——即无任何对策——将继续胜过操纵关税获得的各种小利，不管征收关税的方法多么科学，多么高明。

下面将谈到的一些经济变化，也许可以作为我们重新考察英国八十年前采取的财政政策的理由。

人们通常指责当时的经济学家和政治家过于不信任政府。他们确实不信任他们所知道的那个政府，但未必一定就是大错特错。当时的政府的确不像以前激怒亚当·斯密的那个政府那样腐败和无能。亚当·斯密不像一般人所想象的那样，否认政府有许多重要事情可做，而是否认政府能有效地执行许多重要职能。甚至在选举法修正案通过以后，政府仍主要受富有阶级中不那么开明而带有偏见的人的控制，因而不能很好地完成那些只有政府才能完成的迫切任务。所以，要政府承担私人企业和慈善机关可以担当的任务，是不会带来什么好处的。

自那以后，速记法、电报和新的印刷机器的出现提高了人们的道德水平，道德水平的提高逐步纯洁了国会并使政府各部门增加了活力。在英国，自由贸易帮助减少政治权力的货币价值，从而更加强了上述趋势；但如果三十年前的公平贸易运动或目前的关税改革运动取得胜利的话，自由贸易所起的这种作用也许会在某种程度上被抵消。

美国、德国和其他一些国家在工业生产效率方面进步很快，它们不断增长的财富，使它们能大量消费英国擅长生产的所有产品，并使它们能为自己的直接消费或自己的工业生产许多产品。因此，它们的进步在一些方面给英国带来了好处，在另一些方面给英国带来了害处。

但是，旧国家无论如何不能指望和那些刚刚开始开发丰富资源的国家，有同样快的增长速度。那些矿藏及其他资源正在日益枯竭的国家，更不能有这样的奢望。同美国和德国相比，不管英国所表现的退化有多大，其大部分退化都可直接归因于美国和德国新近对以前没有很好利用的自然资源的开发。

美国确实得天独厚，拥有丰富的农业资源和矿业资源，气候温和，而且开发资源的人们干劲十足，精明强干。美国气候条件很好，地域辽阔，可以给粮食和纺织原料生产者带来丰厚的收益，并拥有丰富的煤炭资源、水力资源和矿藏。除气候和煤炭资源外，美国在所有这些方面都比英国强，因而在其早期，几乎每一生产部门的劳动效率都比英国高，有时甚至高两倍以上。英国人的好想法几乎总是易于为美国人理解。十八世纪初，英国竭力阻止先进的机器出口，欧洲的制造商则想方设法在各种各样的伪装下一件一件地从英国偷运出机器或机器图纸。但自尊心较强的美国人却在研究机器代替人力的方法，然后自己来设计，有时比英国造的还要好。因此，美国不需要对外贸易。当它获得独立的时候，它的国内贸易额比整个西方世界的贸易额还大。保护贸易不可能对它造成很大的危害。其保护政策向若干真正需要帮助的工业提供的帮助，足以补偿该政策在其他方面造成的经济损失(但不补偿道德方面的危害)，而且在财政方面和在其他方面一样，美国的管理方法一向很高明。

前面已暗示，德国采取的保护政策，不是帮助而是妨碍了其比英国多得多的人口发挥工业能力。如果我们把煤矿和铁矿合起来看，并注意到在其边境以内或其附近丰富的次铁矿床已由于新近的发明而可用来炼钢，那么就可看出，它的矿产资源是很丰富的。尽管同英国相比，远洋航路离德国港口较远，但即使在这方面，也有所补偿，因为它的船只可以在荷兰、比利时、法国和英国的一些近便港口装货，而且只有它能通往东欧的广大地区。东欧喜欢西方的商品，但自己却不能制造，因而德国可以把轻货物便宜而迅速地用货车运去。德国的对外贸易中有很大一部分就是与这些国家的贸易，这依靠的是任何财政政策都不能摧毁的优势。

和美国一样，德国的力量主要来自其境内的众多人口，在这些德国人之间现在可以进行绝对自由的贸易。曾一度妨碍德国兴起的主要原因之一是：普鲁士这个最强大的日耳曼国家不是一个统一的整体，而是被许多人为的边界弄得四分五裂。后来仿效早先的瑞士和更早的法国，建立了关税同盟，这在世界上也是为实现自由贸易而采取的最重要的行动之一。关税同盟从各方面摧毁了妨碍每个人“朴素”而“自然”地与最能满足其需要的人做生意的人为障碍。保税货物因此而可以很方便地从一个普鲁士“岛屿”运往另一个普鲁士岛屿，不再受盘查，海关人员也轻松多了。总之，如果有可能建立一个英帝国商业联盟和一个包括所有英语国家的商业联盟的活，则德国关税同盟的作用在某种程度上将与前一个组织的作用相反，而在某些方面与后一组织的作用相类似。

德国的某些出口工业几乎不需要使用进口的半成品，但另一些出口工业则需要使用进口的半成品，因而进口税对其妨碍很大。就加工后再出口的外国货而言，虽然对其征收的进口税不重，但要得到退税却很麻烦，所以德国和其他一些国家已制定出计划要在一些主要港口附近设立自由贸易区。例如，环绕汉堡码头的一个小自由贸易区将向一些业务提供便利，特别是向再出口货的转运提供便利。[①]

其他国家的经验似乎表明，甚至现在仍有这样的危险，即议会在制定其财政政策时，不听取有关阶层的呼声。也许德国最没有这种危险，因为人们承认，德国官吏在诚实方面不在任何人之下，而且在私人生活方面几乎没有人比德国国会中的“农民”议员坚持更高的道德标准。但这些人和某些有权有势的制造商在操纵立法

① 在德国的《贸易统计》中，有很大一部分篇幅被用来详细（通常都详细得过分）记录这类因加工后将再输出而被免税的进口货。德国的这种对再出口货物免税的计划，虽然一步一步地得到了最有效的执行，但总的来看，结果并不大理想。英国如果实行这类计划，将需要大批官吏，耗费大量金钱。这种计划将减少英国的进口税收入，而无助于减轻这种税对出口工业的危害。

和其仆从们的选票方面所采用的手法，却很可能使严肃地对待生活、具有强烈责任感的德国工人成为社会主义的热诚拥护者。

英国面临的危险与此不同，但并不是很不同。英国工会的力量比所有其他国家的都大，因而英国面临的最大危险或许是：工会被引诱利用这种力量为某些工人谋利益而牺牲大众的利益，正如地主阶级执政时所做的那样。对于关心整个国家物质福利的人来说，当前最紧迫的任务，就是消除这种诱惑。完成这一任务的最坏的方法是使英国政界人士重新感到，左右议会中的表决和操纵舆论，有利可图。

此外，虽然在某些方面政府比从前更能应付困难，但另一方面，现代要求政府从事的建设性工作，或许比它完成这种工作的能力要增长得快得多。这部分是由于人类生活比以前更丰富更复杂了，部分是由于我们不断增长的知识和财富以及越来越高的公共责任标准，使我们比以往更不愿容忍严重的社会罪恶，甚至不愿容忍生活水平稍许有所降低，而许多社会罪恶只有利用政府的权威和力量才能有效地克服。导致情况发生变化的另一原因是，政府官吏比以前更有知识，更廉洁奉公了。这使我们愿意把许多事情交给政府去办（在这方面，亚当·斯密及其弟子们也许害怕消除罪恶的方法比罪恶本身还要坏）。但是，某些雇员、建筑家、制造商、商人等等必然因此而有机会利用帝国政治和市政政治来谋利。这是我们反对复杂的好斗财政制度的另一理由，因为这种制度不仅会占用国会和政府的大量宝贵时间和精力，而且会败坏道德风气。这一问题将在以后出版的一本书中讨论。

第十二章　在各种条件稳定的情况下国家通货与国际贸易的关系①

1. 绪论。

第一编讨论的主要是一国的通货对其经济福利的影响。如果其通货的基础很牢固,使购买力不易受通货数量和质量变化的影响,那么就可以说其工业和国内贸易拥有一种可靠的工具。即使在这种情况下,信用也会受到失败的投机活动的损害,但同赖以进行商业往来的通货不被人信任的情况相比,被损害的程度要小一些。

自由造币厂(这种造币厂对把金银条块铸成本位币只收取很少的费用)发行的硬币可当作国际通货,而在国际结算中,最好还是使用标准金银条块。但如通货以黄金为基础的国家与通货以白银为基础的国家进行贸易,它们之间的商业债务结算就很容易受金银比价变化的影响。这种影响在十九世纪下半叶尤为强烈,因而出现了一场大规模运动,要求固定金银的比价。②

2. 在各种条件稳定的情况下两个都以黄金为通货基础的国

① 本章的一部分内容取自本书作者1885向"皇家金银委员会"和1898年向"印度货币委员会"提供的证词。

② 这场运动得到了许多人的支持,但也受到了一些人的怀疑,因为该运(接下页)

家之间的汇兑。

李嘉图的理论,经过穆勒及其他一些人的发展,澄清了以前人们在研究贵金属的国际贸易时弄不清的许多问题。现在人们一般都认识到,如果A国以黄金计算的物价一般高于B国,B对A的输出就将暂时享有相当于这种物价差别的小利益,但这种差别必然总是很小的。B对A开发的汇票将增多,到达输金点时,黄金就从A流向B,直到B的物价和A的物价扯平为止。如果B窖藏黄金,这一过程就会拉长,否则一定很短。

以金条(也就是以作为商品的黄金)计量的汇兑波动幅度,在一般情况下只限于黄金的双重运费。但如果以这两个国家的通货来计量汇兑的波动幅度,则要加上这两国所征收的铸币税总额(如果征收的话),在极端的情况下还要加上磨损的数额:这种磨损不是普通流通中的硬币的磨损,而是挑选出来供出口的那些硬币的磨损。

当然,甚至当汇兑处于平衡状态时,一方的商业汇票也不完全等于另一方的商业汇票,因为双方的汇票多半都有信汇或电汇的补充;信汇或电汇用来:(1)过户新借资本,(2)偿还营业费用和过去投资的利息或利润,(3)为外住者(他们暂时或永久住在一个国家而从另一个国家取得其生活费)提款提供方便,(4)为政府(它在一个国家花费从另一个国家取得的一部分收入)提款提供方便。在第一项里包括"国际证券"的过户或电售;这种国际证券,不管来自哪国,在A和B两国都有市场。

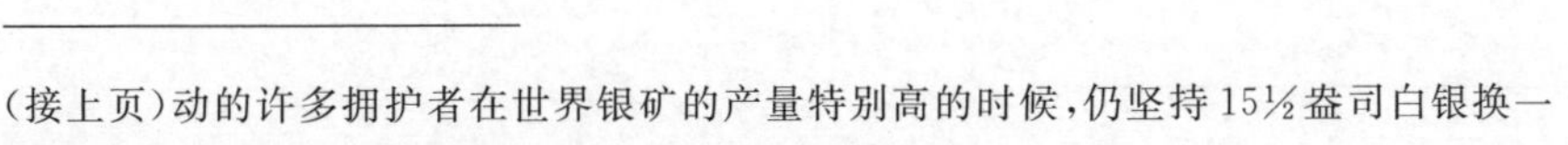

(接上页)动的许多拥护者在世界银矿的产量特别高的时候,仍坚持15½盎司白银换一盎司黄金的旧比例。参阅上面第一编,第六章,第二节。

当人们说，国外购买者人数增加，使汇兑对一国不利的时候，条件当然是其他情况保持不变；也就是，或者在此期间不发生证券交易所证券从一国转到另一国的问题，或者发生这种问题而对此有所补偿。例如，如果B失去政治信用，那些在B投资的人就会把资本收回国，这将使B的出口商对A开的汇票升水。在第二项里包括许多不同类的商业开支，特别是与海运业有关的开支。如果我们考虑到A不仅与B进行贸易，而且还与所有其他拥有金币的国家进行贸易，那么要说明这个问题就会更加复杂，但问题的实质并不会有丝毫改变。

不过，贸易的真正实质在某种程度上常常被从伦敦金融界那里继承的习惯所遮盖，即用一种方法来描绘贵金属贸易，而用另一种方法来描绘其他商品的贸易。如果B欠A的债，从而汇兑“有利于”A，那么，B国商人就会考虑是运货到A国去出售获得的收入多，还是用同样多的钱购买A国的汇票（B国商人购买A国汇票必须付出升水）获得的收入多。当然，无论是哪种情况，他们都必须考虑到运费和变现期间损失的利息。如果汇票升水正好等于黄金运费，使商人对购买汇票和运送黄金感到没有什么差别，那么就可以说达到了“输金点”。但如扣除运费后，A国汇票在B国出售时的升水正好等于这两个国家铝或埃及债券价格之间的差额，也可以同样正确地说达到了“输铝点”或“输埃及债券点”。[①]

从“汇顺”这个词最初使用时流行的观点来看，像上面那样使用这个词是完全有道理的，因为顺汇的确“有利于”贵金属的输入。

① 参阅第三编，第五章，第五节。

但从现代的观点来看，把一国的资源变成硬币，这本身并不是什么好事。只有在下述情况下储藏贵金属才是一件好事，即这样做是为了使国家能买到它希望用现钱购买的（因而以有利条件购买的）任何商品，或者是为了使国家能在市场不景气，因而物价较低的时候买进，而在行情好转，物价较高的时候卖出。当然，个别商人通过直接掌握大笔现金，即或者自己保管大笔现金或者把大笔现金存入活期存款账户，也可以享有这种便利。如果他的信用很好，而市场不那么活跃，他当然就可以向银行贴现汇票或向银行借款。在信用紊乱时，可以很清楚地看到商人直接掌握大量现金的好处。整个国家也是这样。当信用危机的浪潮席卷“西方世界”时，银行和商人所保存的不能自由兑换的货币便会丧失很多原有的能力，即在国内直接清算交易的能力和在国外间接清算交易的能力。

总之，使一国的货币牢固地以黄金为基础所付出的代价，远远小于其工商业，特别是其对外贸易由此而得到的利益。

3. 贸易对贵金属在各国之间的分配和各国硬币的购买力的影响。

首先我们假设，贵金属在各国自由造币厂之间是这样分配的，使各种不同商品以金银计量的价格在世界各地都一样，当然要把运费、进口税等等计算在内。在这种情况下，如果外部情况的变化如新通货法令等破坏了这种秩序，那么，总的情况就会发生变化，并通过汇兑表现出来，但汇兑并不是真正的动力，而只是动力借以起作用的途径。一段时间以后，会出现新的秩序，新的汇兑率和新的国际物价水平。

无疑，一个国家对某些进口货征收重税的直接结果，是使商人不输入这些货物，而是寻找其他办法来偿还欠该国的债务。也就是说，这种进口税实际上将鼓励那些不纳这种税因而在其市场上销路较好的商品的输入。金银一般也在这些进口量将增加的货物中占有一席地位，而且，如果该国的通货以贵金属为基础，它们就将成为最适合这一目的的商品，部分是因为它们可以很容易地卖掉。①

在讨论所有这些问题时要记住，如果一个国家的通货仅仅以黄金为基础，但其大部分通货却不是金币，那么少量黄金流过该国边界往往对该国产生很大的影响。但小因产生大果这一事实，也使小药能治大病。少量黄金流入或流出英格兰银行的储备库，可能对英国的商业产生很大影响，但往往不费什么事就可以消除这种影响。②

贵金属在全世界是这样分配的：除了窖藏和工业上的需求外，每个国家拥有的金银的总价值，正好相当于其人民习惯上以硬币来进行的那部分商业活动的总值，当然要考虑到硬币流通速度和一部分贵金属被用来充当纸币的基础。一国使用多少黄金，使用

① 这并不是说，没有专门知识也可以把贵金属交易做得很好，而是说，由于它们的价值高而体积小，有经验的商人在适当的保险制度之下，可以用相对于其价值而言较低的费用把它们从一个国家运到另一个国家。如果贵金属被运到一个不以贵金属为流通货币的国家，它们的价值自然就只等于它们所含金属的价值。如果它们不可能被再输出，那就将根据其重量来计算其价值，同时适当考虑其成色。

② 第一次世界大战以前，英国的商业活动牢固地以黄金为基础，但为此而使用的黄金相对来说并不太多，因而它可以很容易地根据情况的变化调整货币的基础。在这方面，英国同印度形成了鲜明的对照。但英、印两国之间的巨大差别往往被人忽视。下面一段话摘自作者 1899 年向印度货币委员会提交的一份报告，该报告提出了四个理由，据此而认为英国的币制不足以印度效法。“通货只是英国使用的很小一部分支付手段。在大多数（虽不是所有）情况下，银行票据是主要的支付手段，而且银行票据是有弹性的。第二，迫切需要增加通货的情况在英国很少出现；即使出现这种情况，与英国的全部商业活动和资源比起来，要求增加的数额也很小。输入一千万英镑，对伦巴第街是（接下页）

多少白银，完全取决于它的爱好。（如果它按固定比例自由地铸币，那就取决于格雷欣规律，但这与我们现在讨论的问题无关。）

由此可见，各国需要用硬币进行的交易额取决于它的财富和习惯，而所使用（不管是用于铸造货币，用于窖藏还是用于满足工业上的需要）的金银之间的比例则取决于它的爱好。世界上这些条件的总和决定着对金银的需求总额。在任何时候，每一种贵金属的总供给量都可看作是一个固定的量，因为在任何情况下，其每年增加的数量仅仅是其现有存量的一小部分，不过贵金属的总供给量还是被每年的产量慢慢地改变着。贵金属的年产量一方面取决于矿藏的丰富程度，另一方面取决于每盎司贵金属以所能换得的商品量衡量的价值。每一种贵金属的价值取决于它的供求关系。这样决定的两种价值的比例就是白银的黄金价格。

换句话说，白银的黄金价格取决于使用黄金的国家和使用白银的国家商品价格之间的比例。如果由于西方突然发现银矿，或由于西方不再用白银铸造货币而平衡遭到破坏，那么，西方所不需要的白银就会流到东方。即使其流入东方不降低其在东方的价值，其从西方流出，也会提高其在西方的价值，直到其价值等于黄金价格与白银价格的比例时为止。

4. 人们不可能得到衡量不同国家通货的相对购买力的精确

（接上页）一个很大的数目，但相对于英国的全部商业活动来说却不算一回事。然而，如果在通货充当主要支付手段的国家发生同样的困难，就不得不输入通货，或增加通货，而且输入额或增加额要与该国的全部商业活动成一较高的比例，或无论如何，要与该国按照西方的方法进行的全部商业活动成一较高的比例。第三，英国靠近其他一些大的黄金市场。第四，英国的金融机构不仅数量多而且效率高。”接着我建议，印度应仿效德国银行的组织方式。

尺度，这种尺度甚至是不可想象的。

显然，国际贸易对使用不兑现纸币国家的一般物价水平，并不产生直接的影响。但以这种通货表示的黄金市价，指出了它的实际价值与它的票面价值的差距。

所有关于两国一般物价水平之间的关系的一般论述，都受第一编第三章里所提出的条件的限制。我们必须“根据相当标准化的商品之中那些最重要、最有代表性的商品的批发价格”来估计物价水平。如果一国人民买得起另一国人民买不起的某种高级商品，那么，就这种商品而言，该国(以黄金计算的)物价水平当然比采用本章介绍的一般方法计算的物价水平要高。虽然我们不能列出一个简单的公式，把不同国家以黄金计算的商品的相对价格的所有变化都包括进去，但却可以指出与该问题有关的、应该注意的主要事项。

首先，在其他条件不变的情况下，某一国家对外国商品的需求减少，或其他国家对该国商品的需求增加，都会使黄金流入这个国家，从而提高它的一般物价水平。此外，该国边境上进口货物的价格要比产地价格高一个运费；而该国边境上出口货物的价格要比目的地价格低一个运费。李嘉图在两百年前就指出了这一点，并以此为根据得出结论说：“在其他条件相同的情况下，物价最高的往往是这样的国家：它们的出口货在国外的需求最大，并且体积最小，价值最高，它们最靠近矿山，对外国产品的需求最少。”①

5. 一国的对外贸易对其内销产品价格的影响。

① 这句话引自J. S. 穆勒的《政治经济学》第三编第十九章第二节，但靠近矿山这个条件现在已不那么重要了。原话中为了对称，还有这样一个条件，即该国主要进口体积大而价值低的货物，列出这样的条件显得太琐细了。

一国的贸易主要是通过出口货物的价格对其物价产生影响的。出口货物的价格一般取决于其货币生产成本；而出口货物的货币生产成本与内销产品的货币生产成本保持着相当稳定的关系，因为一国内部劳动力的流动会使各不同行业中种类相同和数量相等的工作收入相等。但这种倾向在各国并不具有相同的力量。所以，一些国家同另一些国家相比，不可避免地较为缺少某种劳动，无论是体力劳动还是脑力劳动，从而这种劳动可以得到较高的报酬。

当然，在下述情况下，一个国家的一般物价水平的涨落，不一定会和其出口货物价格水平的涨落一致，即：如果出口工业在生产方法、活力和能力等方面都不代表该国的一般情况；如果体力劳动和脑力劳动在国内各地区和各工业之间不能自由而迅速地流动；如果该国的许多农产品和其他笨重产品的产地离边境很远，以致它们在边境的价格比卖给自己人民的平均价格高得多。

所以，亚洲的物价较低，尽管亚洲的主要出口货物是茶叶、丝绸、香料和其他一些产品，这些产品在国外有很大的需求，而且在一定的体积中包含极高的价值。另一方面，一些新兴的盎格鲁-撒克逊国家主要出口矿物和农产品，除少数例外，这些产品的体积都相对大于其价值，而且都不是特别迫切需求的东西；然而这些国家的一般物价水平却特别高，甚至它们的主要出口货物的零售价格，常常同把这些东西卖给三千到一万二千英里以外的英国消费者的零售价格一样高，有时甚至更高。

英国城市和欧洲大陆城市的物价在某些方面比英国城市和农村地区的物价更相似。在农村，较简单的手工业品和个人劳务一般都比较便宜。

此外，由于在边境上只是商品的批发价格直接受对外贸易的影响，所以必须把国内运输和销售费用对一国物价水平的影响考虑在内。当然，这里必须把水陆运输和铁路运输的效率和低运费以及在这个国家内批发和零售贸易的组织估计在内。在西方，特别是在盎格鲁-撒克逊国家，简单手工业品和个人劳务价格的提高，会使零售贸易很需要的那种简单而耐心的劳动的价格也提高。但在大部分批发贸易部门和某些零售贸易部门中，需要的却是活力、创造精神、很强的时间观念以及大量低息资本。盎格鲁-撒克逊国家的人民并不缺少这些品质，因而这些品质在这些国家不能卖得高价。众所周知，总的来看，零售商在这些国家比在其他国家收取的销售费高。但盎格鲁-撒克逊的购买者要求有多种多样、经常变化的大量货物供他们选择，有时还要求零售商做许多其他地方没听说过的事，如把小件货物迅速送到家里。忽视问题的这一方面，往往会把高生活水平和高物价水平混为一谈。①

① 我们对一个世纪以前(1822 年)劳氏发表的下述看法(《民族国家》，第 164—165 页)特别感兴趣，部分原因是，他提到了荷兰拥有的巨大财富，这使我们想起海外的盎格鲁-撒克逊国家和德国只是最近物价才普遍高涨起来，尽管德国的大部分地区和意大利一样，在英国还未摆脱中世纪的贫穷时，已很富有，很开化了。劳氏说："我们只是希望指出这样一条一般的规律，即稠密、进步而富裕的人口不一定使一个国家比另一个贫穷而人口稀少的国家物价高。差别是在于生活方式而不在于物品的价格。人口的增加，导致了劳动的节约和大规模交易的出现，从而迅速扩大了供应，由此而增加的供应等于，而且我们认为要大于增加的人口所需要的供应。

只是在发展过快的京城如伦敦或巴黎，而不是在中等城市(不管它们相距多么近)，真正不可避免的开支才变得很大。的确，荷兰和英国的所有地方城市的物价高于欧洲其他城市的物价，但这部分要归因于生活方式，部分要归因于重税——归因于这两个国家为了维持其在欧洲政治生活中的地位而付出的代价。如果我们分析个人开支，并把个人开支同国家开支区别开来，我们就会发现，总的说来，我国市场上的物价并不比其他国家的物价高很多。"

第四编

工业、贸易和信用的波动

第一章　概论影响早先就业连续性的原因

1. 以前由于运输很困难，每个地区都主要依靠本地区的收获。

本编有关就业连续性的论述，与第二编有关商业信用的论述直接相关。本编列举的影响就业连续性的原因与影响工作报酬多寡的原因无关，关于工作报酬问题，本丛书第一卷《经济学原理》曾有所论列。但这些原因是研究社会福利问题的学者最关心的，并将在本丛书的最后一卷占据突出地位。

有一种使经济发生波动的原因是人类所控制不了的。不利的气候，特别是在播种和收获的时候，会给不能从远地输入和分配大量粮食的国家带来巨大灾难。实际上，从前使信用、工业和贸易发生波动的主要原因，就是收成的变化、战争和瘟疫。歉收常使粮价大幅度上涨，从而使那些生产粮食专门拿到市场上出售的农民有时因气候恶劣而致富，这使劳动者不得不吃大量发霉的粮食，用这种发霉的粮食制成的面包现在肯定是卖不出去的。①

① 有人坚持认为，英国中世纪的粮价是稳定的，这是由于他们没有看到，当粮食短缺时，面包的重量减轻，而其价格仍保持不变。

在英国，一个世纪以前，连续的丰收有时会使小麦价格大幅度下跌，以致增产带来的额外收入远远弥补不了价格下跌造成的损失，从而使农民交不起地租，乡间银行倒闭。另一方面，在歉收之后，劳动者每周的收入，即使全部用于购买发霉的面包，也养活不了一家人。因此，地方收成的变化很好地说明了这样一条一般规律，即：如果对某种货物的一定供给量需求很迫切，而又没有适当的替代品的话，该种货物供给量的较小变化就可能引起其价格发生很大变化。当英国对粮食进口征收重税时，歉收往往使粮价大幅度上涨，因为从主要产粮地中欧和东欧运进粮食的费用很高。

现在问题不那么严重了，因为可以很好地代替小麦的玉米供给量很大。更重要的也许是：西方世界某一地方歉收，可以从遥远的地方多进口粮食来补充。北半球农作物生长条件不好，就电告南半球，使其及时播种粮食，以便在北方的春天收获。但对在某一工业大国广泛蔓延的信用危机和工商业萧条，却没有同样的补救方法。相反，任何一个西方国家工商业活动的大紊乱，都不可避免地使其他西方国家的一些生产者和商人失去他们打算出口的商品的市场。

而且，商业信用比人口和财富增加得快得多。在各工业国家内信用网结合得很紧密，并广泛散布于国内外。所以，信用在很大程度上已具有国际性质。任何一个地方的商业遭受大震动，都会使西方世界几乎每个地方的信用有所颤动。

但各工业国，特别是债权国，对其他国家的信用紊乱很敏感，并非完全有害而无利。精明的商人因此而谨慎行事，以便在严重的灾难到来以前能有所准备。海底电报一方面扩大了商业信用波动的范围，另一方面也大大减轻了这种波动的强度。

2. 在工业技能尚未高度专门化，田间工作与普通纺织和其他简单的制造工作相互交替的时候，失业问题比较简单。

当农业是西欧的主要行业时，耕种者及其雇工(如果有的话)常常做许多现在被认为是属于其他行业的事。他们常常自己盖房子，制造工具和做衣服，特别是常常做修理工作；他们常常烤自己吃的面包，酿自己喝的啤酒，腌自己吃的咸肉，保藏自己吃的水果。结果，小农或其妻子几乎总有事情做，富裕农民在田里没活儿时总可以为其雇工找到活儿。这种次要工作的价值有时低得可怜，以致如果要按日付工资的话，还不如不做。但在一个人被按年雇用的时候，就不会让他闲着不做事。半个世纪以前，这种按年雇用农业工人的做法在英国的一些地区还保留着。但随着1874年农业大罢工而开始形成的移居习惯，使这些劳动者得以把自己的处境与日工的处境作一番比较。他们得出了这样的结论，偶尔失业的害处确比受人驱使的害处小，无论如何，有工作时可以为以后没工作时作些准备。渔夫和自耕农，即使在气候恶劣的季节，也比那些被按年雇用的农民过得快活；后者虽然天生是自由的，但在被雇用期间却不得不遵从粗暴的雇主的命令。因此，按年雇用农业工人的做法已几乎绝迹了。[①]

① 现代靠工资过活的工人反对按年雇用的理由，见韦伯的《工业民主》第431—433页。

艾登(《穷人的国家》第三卷附录2)把主要在伊丽莎白时代许多行业中给酒肉和不给酒肉的年工资率和日工资率排成了一些可比较的表格。有时或许还要扣除发给按年雇用的工人的制服和向他们提供的住房；但即使扣除这些，统计数字仍表明，日工的平均工作时间不超过劳动日的60%—70%。并参阅坎宁安的《英国工商业的增长》第三版第一卷第390页。

3. 在货币工资主要由习惯和官方决定时，货币的实际价值的下跌（不管是怎样引起的）会使工人遭受严重损失。

很久以前，生产方法和运输方法的进步，以及大机器的不断发展，就增加了人类对自然界的控制，但当权者的无能和自私却推迟了人民群众生活条件的相应改善。付给劳动者的硬币都被剪了边或用其他方法减轻了重量，而大规模贸易，特别是对外贸易，则以一定数量的白银进行，铸成硬币与否没有关系。这些损害劳动人民利益的做法被基本纠正后，地主阶级为了自身利益而制定的谷物法又降低了工资的有效购买力。中欧愿意运来大量粮食以换取英国新机器制造的纺织品，但这些粮食却被课以很重的进口税，并要负担商人的利润。结果，虽然国家从机械工程师的神奇工作中得到了很大利益，但体力劳动者却没有得到应得的份额。他因此而很容易听进这样一些劝告者（他们并不总是公正无私的）的话，他们告诉他，政府和国会是为有钱人服务的。他们教他把经济进步看作是倒退，把物价上涨看作是命运更加苦难的根源。[1]

英国先于其他国家改进了制造技术，这在英国主要依靠进口粮食的时候有助于阻止粮价迅速上涨。当不对粮食进口征收保护性关税的时候，人们会看到，劳动者的物质福利更多地是依赖于商业信用的波动，而不是依赖于收成。

① 这里可参看本书第一编第五章第三节有关铸币成色不断降低的论述。

第二章　技术发展对就业稳定性的影响

1. 信用波动直接影响的工人人数，现在比以前多，但现在工人拥有比以前有效得多的方法来对付这种影响。

的确，商业信用波动影响的工人人数现在要比以前多，而且就业人数的波动偶尔也相当剧烈。但与此同时，从繁荣时期和萧条时期的总的情况来看，雇工的年工资总额一直在迅速增长。可以说，防备萧条的保险基金现在实际上已转归雇工保管，而不是仍在雇主手里。这种变化从根本上来说是有好处的，是工业迅速进步必不可少的条件。①

的确，以前除少数需要高度技能的地方性行业外，大多数行业的工人阶级都缺乏教育、交通工具和有效的联合所需要的经费。法律禁止雇主和雇工联合。但老板们不公开联合就可以采取协调一致的行动。虽然法律和司法部门对于支付超标准工资的雇主和接受超标准工资的雇工处罚很严厉，但在一般情况下，对把工资降

① 这一问题以及另外一些与此有关的问题，在我的《经济学原理》的最后两章中已有所论述，这两章的标题是“进步对价值的一般影响”和“进步与生活水平的关系”。

低到标准以下的行为却没有有力的处罚措施。[①]

2. 现代工业方法的不断变化，常常搅乱各不同行业中报酬与效率的关系。但这也促使雇主更准确地估计其每个雇工对企业的获利能力所作的贡献，从而在一定程度上消除这种变化造成的混乱。

在现代，劳动报酬的调整主要与生产方法的变化相联系。改变生产方法可以使某类劳动比以前占优势的其他劳动，获得更高的相对于成本的报酬。生产方法的几乎每一次变化都使采用这种新方法的企业对各类劳动的需求及其对劳动和机器设备的相对需求发生变化。这种变化几乎总是有利于机器，而不利于工人。

但是，在不同等级的劳动之间的就业竞争方面，却没有这种一般规律，因为作为现代特征的半自动化机器，在某些情况下由比其

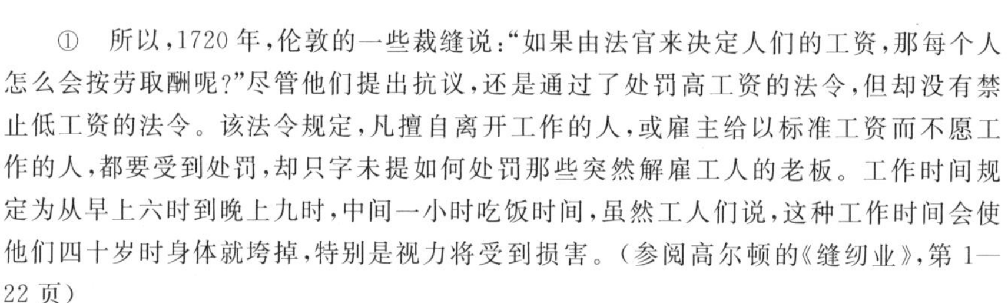

① 所以，1720年，伦敦的一些裁缝说："如果由法官来决定人们的工资，那每个人怎么会按劳取酬呢？"尽管他们提出抗议，还是通过了处罚高工资的法令，但却没有禁止低工资的法令。该法令规定，凡擅自离开工作的人，或雇主给以标准工资而不愿工作的人，都要受到处罚，却只字未提如何处罚那些突然解雇工人的老板。工作时间规定为从早上六时到晚上九时，中间一小时吃饭时间，虽然工人们说，这种工作时间会使他们四十岁时身体就垮掉，特别是视力将受到损害。（参阅高尔顿的《缝纫业》，第1—22页）

当时有技术的裁缝还不如男仆、轿夫和其他佣人力量大，因为那时后者往往受到男女主人的宠爱。同大多数工人相比，他们更能照顾自己，但他们却经常抱怨失业，这表明他们也属于吉氏当时所估计的失业工人总数中的一员。吉氏说："整个英国有一百多万失业者。"（参阅《论贸易》第二十九章，稍后，麦克库洛赫在材料丰富的《论对外贸易衰落的原因》（第2版，第248页）中，间接地证实了吉氏的估计。）这一估计，如其上下文所指出的，指的不是特殊时期的情况；尽管有些夸大，但它却证实了关于童工、矿山中事实上的奴隶制度和劳动人民流离失所状况的记载。所有这些表明，十八世纪上半叶工人的生活是极其困苦的，虽然那时财富比人口增长得快，机器工业时代还没有开始。

所代替的劳动更有技术的工人来操作，在另一些情况下则由比其所代替的劳动更没有技术的工人来操作。但机器本身却包含着劳动，同时经营工商企业需要有未雨绸缪的远见，并需要有很大的耐心等待其结果。

因此，精明的雇主所要做的，主要是考虑用一种生产方法代替另一种生产方法，也就是用某一类设备和劳动代替另一类设备和劳动（当然，也要保留以前使用过的一些设备和劳动），能否增加企业的获利能力。如果他所需要的新设备和劳动的市价可以根据长期积累起来的经验较为准确地确定，那他就可以事先估计新生产方法的优点。

他要进行的变革也许必须大规模地进行，例如在某一工厂中以“动力”（不管是水还是热所发出的动力，也不管是直接获得还是间接获得的动力）来代替人力，在这种变革中，就会有某种不可靠的和冒险的因素。但如我们考察的是单个企业的行为，则无论是在生产中还是在消费中，这种对连续性的破坏都是不可避免的。总有这样一些行业，其中一些小企业不使用蒸汽动力和其他动力而可以获得最佳的经济效果。在那些必须使用动力的行业中，总有一些处于中间状态的企业，它们利用动力刚好能够获利。甚至在已经使用蒸汽的大企业中，也总是有一些活儿在别处用蒸汽干而在这里仍用人力来干，如此等等。

因此，同单个企业相比，特别是同需要使用贵重设备的小企业相比，某一工业部门更能使手段适合目的（是否适合当然要用货币尺度来衡量）。根据个人的工作效率调整报酬，涉及的人数越来越多，有时要包括全国所有的主要工业部门，因为具有通用性质的机器生产方法，正在各个领域普及，在各个方面，纯粹的手工技能正在让位给具有很高效率，很少出错的钢指头。在一些表面上差距很大的工业部门中，精明的雇主都在考虑直接依靠或间接依靠同类的劳动更大规模地利用旧的生产方法，或采用新的生产方法。

因此，竞争一方面不断地、直接地使具有相同技术水平、具有相同能力和毅力的人得到的报酬相等，同时也不断地，尽管是间接地，使具有不同技术水平的人得到的报酬相等。如果由于一时缺少某一类工人，或由于某一类工人具有特别高的技能，而使他们得到的报酬高得与他们的能力不相称，那么，生产方法的变化（现代的发明创造正在使生产方法发生日新月异的变化）就会使其他工人的劳动范围日益扩大，而排斥那种价格过高的劳动。

因此，雇工阶级中的不同阶层，正在很多（虽然不是全部）工业部门中相互竞争，以得到就业机会。他们一般并不争取做同样的工作，但他们常常争取被雇用以便用不同方法制造同样的产品，或制造用途基本相同的产品。另外，底层工人的地位正在不断提高，以至能直接而有效地争取做较高级的工作，而较高级的工人的地位则很少下降，很少落到要做低级工作的地步。总的说来，可以得出这样的结论：市场竞争分配给各种不同劳动的货币价值，在一些重要方面与劳动的真正社会价值是有差别的，但市场竞争在向各种不同劳动分配货币价值方面所做的工作却是很彻底的。

市场竞争虽然有许多缺点，但很值得我们尊敬，因为它与各种巨大困难作斗争，而这些困难正是被一些人的耀眼夺目而过于大胆的想象所忽视的，他们提出的建立新社会秩序的计划几乎没有给私人财产权留下地盘。市场竞争往往以不可思议的力量把工人分配于各种工业和每一种工业中的各个企业之间，使每个人做与自己的能力最相称的工作。因为只要分配不当，对于工人在其现在的工作中没有被充分利用的那部分能力，雇主就付不起工资，因而这个工人就会在另一个能更好地利用自己的能力的企业中寻找工作以改进自己的经济状况。

3. 工人集中在工厂里干活，使失业比以前一般在农舍中干活更为惹人注目。[①]

若干年前，鄙人在巴勒莫度过了一个冬天。中世纪的工业传统在那里仍很盛行，人们在书上看到的有关中世纪富裕人家仆人的情况，在当时的巴勒莫都能亲眼见到。如果有人想搜集失业的统计资料，那他肯定会失望的。几乎没有人失掉固定工作，因为几乎没有人有固定工作。但巴勒莫手工业工人的平均就业天数，也许还不如伦敦东区的手工业工人在不景气时受雇的天数多，其平均年工资也许还不到后者的四分之一。当然在某些情况下，也按年雇用工人，对于这种工人，雇主必须以某种形式维持其生活。但在这种制度盛行的时候，雇工往往要放弃很多自由，以致人们怀疑他是否仍是完全自由的人。

有人也许抱怨有关失业的统计材料太少了。另一些人则会说，当人们在自己家里工作时，不能说他们没有工作，因为他们的工作经常变动是正常情况，而不是例外情况。他们今天没有工作，但明天也许就会有工作；他们今天在工作，但没有理由认为他们明天也会如此。这些人的处境和中世纪大多数人的处境一样：有了

① 本节很大一部分取自1888年向皇家金银委员会提供的证词，问题9816，7。

工作就做，没有工作就闲着，无所谓“失业”不失业的问题，在这方面没有什么值得报道的事情。当一家五千人的工厂半开工或倒闭的时候，这件事会立即传遍整个英国，但如果是五千在自己家里工作的人工作情况不如以前稳定，那么除了他们的邻居外，不会引起任何其他人的注意。

这里应该指出的是，在技术行业不断发展的时候，许多行业的平均工资率可能下降，尽管全体工资领取者的平均工资率趋向于上升。举例来说，假设不久以前熟练工人的工资为四十先令，非熟练工人的工资为十六先令，但在那个时候，非熟练工人的人数两倍于熟练工人。假设一段时间以后，每一行业中的工资都下降，熟练工人的工资降到三十六先令，非熟练工人的工资降到十五先令，但同时熟练工人的人数增加到两倍于非熟练工人的人数。表面上的结果是工资减少。但真正的结果是，前一时期平均二十四先令的工资，在后一时期已增加到二十九先令。如果技术性行业的工人人数真的和工会会员人数同比例增加，那么上面对全体工人工资增加的一般估计就可能偏低。

当然，物价下跌时，凡是冒险开办企业的人都会发觉赚得的利润不如物价上涨时多。物价开始下跌时，许多企业家会停工，他们会说：“我们的工厂将不会开足工”或“我们将歇业”。但停工一段时间以后，他们会发现，虽然工厂开工可能亏本，但不开工损失更大。的确，他们可以联合起来限制某一商品的生产，人为地把价格提高，在损害社会的基础上赚得利润。但这种诡计从来不会大规模地永久得逞，过不了多久他们就会发现，半开工要比全开工赢利少。

少数人也许拒绝再开业，有些大工厂关闭后，也许就再也不开工了。但这些都是特殊原因导致的特殊情况。一般说来，关闭的工厂会卖给其他人，这些人以较低的价格买进厂房设备后，利用物价下跌带来的某些有利条件，可以继续开工并赢利。因此，需要有充分的证据来证明，除了在较短的过渡时期外，物价下跌是否会降低工业生产能力。

4. 技术进步会使一小部分工人暂时失业。技术进步给人类带来的害处要小于人类得自技术进步的好处，但对其害处要进行仔细的研究，凡可以补救的，都应予以补救。

使各类商品的需求发生特大变化的原因，是各不相同的。季节性的变化在很大程度上是可以预料到的，虽然特别冷或特别暖的冬天会使取暖煤和某些衣服的价格大大偏离于其正常的生产成本。另一方面，对某些时髦商品的需求，则在很大程度上是由那些与制造商直接接触的商人们人为地制造的。①

技术进步常常伴之以就业的暂时脱节。技术进步带来的好处要比造成的害处大许多倍，但应该认真对待它带来的害处，把害处限制在尽可能小的范围内。在这里，草率从事会使害处多于好处，但如果考虑周详，则会使好处大大增加。

工业进步必然带来变化。工业或商业处于完全稳定的状态，是缺乏活力的表现，甚至在那些世世代代很少发生变化的行业中也是如此。几乎每一次这种变化都会推动某些工业部门和某种工

① 据传，衣服的许多流行式样，都是在巴黎召开的有大商人和大制造商参加的会议上决定的，在公众甚至是与此有关的大多数制造商和商人对即将流行的衣服式样有所预感以前，许多纺织机已在制造新式衣服将专门使用的衣料了。

业技术向前迈进。因此，在整个西方世界，工商业会年年发生波动，代代发生波动。这既是虚弱的预兆，又是虚弱的根源。但其主要原因却是世界各国在工商业方面共同利益的发展，这种共同利益的发展对人类过去一百年间的迅速进步起了重要作用。可以预料，这种进步将大大提高小心谨慎的人们预测未来的能力，从而使手段适合于未来的需要，商业信用更加稳定可靠。可是，目前大金融家和较无知的公众还会把一些信贷给予缺乏管理能力、没有远见的企业。即使战争和其他外来灾祸不严重阻碍工商业的发展，经济进步的速度也将继续发生波动。这种波动可能是多种不同因素造成的。这些因素的正常变化周期各不相同，因此，由它们的共同作用带来的经济繁荣期不会呈现出清晰的轮廓。这些问题将在另一本书中讨论，这本书将是《经济学原理》、《工业与贸易》以及本书的姐妹篇。读者可参看庇古教授所著的《福利经济学》，在该书的第六编，庇古对这些问题进行了深入而富有启发意义的研究。关于通货不以黄金为基础的国家的工商业波动，可参看《汇兑的未来》一书，H.斯坦利·杰文斯教授在该著作中对这个问题的论述，很耐人寻味。

第三章　金融市场与工商业波动的关系

1. 有组织的资本市场在不断发展，这种市场上的资本一般都用来扩建和新建企业。

每项大"事业"（undertaking）都需要有宏大的"事业心"（enterprise）。这两个词的意义现在已有所不同，但词源却很接近。在需要使用大量耐久性设备的企业中，熟悉各种机器的日常运转情况固然很重要，但这种企业若要不断发展，即使仅仅就赚钱这一点而言，一般也还需要有少数富于想象力的人和许多勤于做日常琐细工作的人的领导。因为大发展只有靠果敢和勇气才能获得，要干大事业而想平平稳稳地过日子，那是不可能的。不冒大风险，就不会有大发展。①

在像英国那样老早就具有雄心壮志的国家里，人们已习惯于冒大风险了。正像孩子们比赛，看谁能从沙滩上抢得那株最好的海草，而又能躲避滚滚而来的潮水那样，甚至生性谨慎的企业家在初看到灾难来临时，也总是不肯放弃令人兴奋的投机活动。在信

① 《工业与贸易》一书的第一编讨论了现代某些经济问题的起因，该编第三和第四章提到了大规模制造方法所需要的条件和大规模制造方法所带来的新条件。

用瓦解前的若干年，不，在信用瓦解前的若干月，精明的金融家常常能以最快的速度获得最高的利润，他们能巧妙地夺取横财，而又及时避开危险。人们说得很对，“商业情况显然是在一个确定的圆形轨道上旋转。最初它处于静止的状态，随后便是商情好转——信用高涨——繁荣——兴奋——贸易过分扩大——震动——紧张——萧条——灾难——最后又处于静止状态”。[①]

就近代信用波动的情况来看，其具体细节是多种多样的，但大的轮廓却很一致。在信用上升阶段，信贷发放得有点随便，甚至那些尚未证明有经营能力的人也可以得到信贷。因为在这个时候，只要做生意，就可以赚钱，即使是对做生意一窍不通的人也可以赚到钱。他的成功会诱使其他与他的能力相等的人也做投机买卖。如果他急流勇退，他可能赚到钱。但他的投机活动会促使物价下跌，这是不可避免的。虽然最初下跌的幅度较小，但每一次下跌都有损于那种曾使物价上涨而现在仍维持着物价的信心。在挤满了人的戏院里，一根点燃的火柴落在冒烟的东西上，往往会引起一片混乱，造成极大的损失。

2. 工商业波动影响的范围一直在扩大，而且还将扩大。

虽然信用波动影响的范围在扩大，但在预测和防止波动方面也取得了一些进展。中世纪的行会和贸易公司已开始注意到信用波动问题了，但只是在最近，对信用波动的研究才达到较高的水平。现在许多报社和大企业，在许多大城市都驻有受过良好训练

---

① 引自1837年欧弗斯顿勋爵著，1857年由麦克库洛赫主编并重印的《论金融市场紧张的原因和后果》。欧弗斯顿勋爵在要求严格控制纸币发行量的运动中起了主导作用，该运动导致颁布了1844年的法令。

的业务通讯员，他们的任务是通过邮局详尽汇报各地信用的变化情况，遇到他们的上司特别关心的事则发电报，有时甚至发密码电报汇报情况。与此同时，一般报纸和专业报纸利用电报和电话，把搜集详细情报的工作也组织了起来；这样，每种重要商品的生产和分配中心都像以前曼彻斯特、或利兹、或里昂的个别生产者和商人那样，紧密地连在了一起。

工商业波动影响的范围不断扩大，主要是由以下两个紧密相关的原因造成的。第一个原因是一般企业的规模不断扩大，第二个原因是现代水陆空交通既迅速又便宜。同以前相比，现在生产工具和运输工具的所有权掌握在更多的人手里，尽管从事生产和运输的企业数目与人口比起来较之过去要少得多。现在许多大企业的证券都在证券交易所开价，其价格不仅随着个别企业的经营情况而变化，而且还随着一般信用的波动而变化。

信用波动越来越具有国际性这种趋势，很久以前就由于大工商业中心之间的往来不断增加而得到了加强。近来交通工具的改进已在很大程度上把许多国家大企业的利益连成了一体，同时，陆上、海上和空中的电讯往来，使各大证券交易所的经纪人能够极为迅速地得到他们最关心的情报，在这个意义上，整个西方世界正在融为一个整体。早在蒸汽和电气时代到来以前，这种趋势就已很强大了，近年来这种趋势进一步大大增强了。

当然，一个国家（A）从另一个国家（B）的输入很少正好等于其对 B 的输出。每个国家对另一个国家的一部分债务，总要用其他国家开的汇票来清偿。但假设 A 是一个旧国家，它的大部分自然资源已得到充分开发，而 B 是（像澳大利亚那样的）新国家，其自然资源大于其人口，或是像俄国和印度那样的旧国家，其资源大于其所支配的资本。在这种情况下，A很可能同意B用证券交易所证券偿付其从A的大部分输入，这些证券中有些是B国政府发行的公债，另一些是私人贸易公司发行的债券。同时，许多银行，特别是那些在新老国家都设有办事处的银行，会把在旧国家汇集的资金贷给新国家。通过这种或类似的方法，世界上几乎全部自由资本都可用来开发世界上最丰富的自然资源。

3. 商业信用波动的一般过程。①

信用的改善可能发端于战后国外市场的开放，或发端于粮食的大丰收，或发端于其他情况的变化。但大半发端于旧的不信任因素的消除。人们具有不信任情绪，是以前的一些灾难或经营不善造成的。不管发端于什么原因，信用一旦好转，就会愈来愈好。银行家们发放的信用贷款比以前多了，如果他们发行钞票的话，他们还会增加钞票的发行量。商人们乐于相信他们的顾客们了，汇票增加了，新的企业办起来了，营造商和制造商收到了新的定货单，购买新机器设备的定货单不断增加。起初，这一切也许不那么明显，但其势头越来越大。

生产者们发现，对他们商品的需求正在增加。他们希望生产出更多的东西获利，因而愿意为所需要的原料付高价。雇主相互竞争以获得劳动力，于是工资提高了。雇工在花工资的过程中增加了对各种商品的需求。为了利用这一大好机会，新的国营公司和私营公司建立起来了。人们越来越想购买东西，也越来越愿意

① 这一节的内容主要取自本书作者及其妻于1879年出版的《工业经济学》一书。

付高价，信用比以往任何时候都好，银行家和其他人更为慷慨地发放贷款，信用票据成倍增加，物价、工资和利润不断提高。商人的收入越来越多，他们随便花钱，增加了对商品的需求，更抬高了物价。许多投机商看到物价上涨，认为物价还会继续上涨，于是囤积商品以期卖出时获利。在这个时候，那些只有几百英镑的人，常能从银行家或其他人那里借到钱购买几千英镑的货物，因而每一个作为买者这样进入市场的人，都会促使物价上升，不管他是用自己的钱还是用借来的钱购买货物。

这一切将进行一段时间，直到最后人们用信贷或用借来的钱从事巨额交易时为止。旧的商号借钱来扩大业务，新的商号借钱来开张，投机商借钱来购买和囤积商品。工商业处于危险状态。以放贷为职业的人往往最先察觉时代的趋势，开始想到压缩贷款。但他们这样做必将给工商业带来极大的混乱。如果他们当初较为慎重地放款，某些新企业就根本不会建立起来。企业一旦开办，再歇业就不能不损失许多已经投入的资本。各种各样的贸易公司已经借了巨款来开矿、建码头、造船、制铁和办厂。由于物价高，虽然已经花了很多钱，各项工程仍未竣工。尽管他们不准备从其投资中立即获利，但却不得不到市场上去借更多的资本。贷放者想压缩放款，而对贷款的需求却在增加，于是贷款利率陡涨。在这种情况下，不信任情绪开始增长，那些已经放出款的人急于保护自己，拒绝以宽厚的条件延长偿还期，或根本拒绝展期。一些投机商不得不出售货物来还债，这样就阻止了物价的上涨。物价停止上涨会使所有其他投机商惶恐不安，竞相抛售囤积的货物。因为，即使某些货物的价格不变，借入有息贷款购买这些货物的人，如果囤积

的时间很长也可能破产。如果其价格下跌还囤积，那他就一定会破产。一个大投机商破产，会使借钱给他的人也破产，这些人的破产又引起另一些人的破产。许多破产的人也许实际上是“有偿付能力的”，也就是说，他们的资产超过负债。但是，尽管一个人有偿付能力，但某种不幸事件，例如欠他钱的人的破产，会使他的债权人对他产生怀疑。他的债权人可能要求他立即还债，而他却不能立即收回他放出去的债。这样就使市场紊乱了，人们不再信任他，他不能再借到钱，于是就破产了。正如信用一旦好转，就会越来越好那样，当不信任代替了信任的时候，破产和恐慌本身会造成更多的破产和恐慌。这种商业暴风雨往往横扫一切，破坏性极大。暴风雨过后，是一片寂静，寂静得叫人透不过气来。那些幸免于难的人，无意再冒险了。前途未卜的公司停业了，新的公司又建立不起来。煤炭、钢、铁和其他原料的价格以不亚于从前上涨的速度急速下跌。

在一国的信用和工商业活动处于上升阶段时，其市场对于售货来说是好市场，对于购货来说则是坏市场，因而汇兑对它愈来愈不利，直到最后达到硬币输送点，输出贵金属有利时为止。这预示着物价将要下跌；一般人，尤其是银行家开始惶恐不安。每个人都变得很警觉，因为他知道，别人也是如此。债权人催债比以前紧了，而债务人还债却不像以前那么痛快。汇兑向不利的方向发展，往往既是银根紧缩的预兆，又是造成银根紧缩的原因。如果措施不利，信用退潮就可能聚集力量变成一股洪流。信用涨潮的水愈大，退潮就退得愈猛。

导致商业危机的直接原因，往往是少数企业的破产；如果滥放信贷没有压倒企业的坚实骨架，少数企业破产本来是无足轻重的。导致危机的真正原因并不是少数企业的破产，而是许多信贷没有坚实的基础。

4. 信用和工业活动的波动愈来愈具有国际性。

在银根紧缩的金融市场，证券交易所证券的价格有下跌的倾向，价格下跌会自然而然地使证券转手，这说明了这样一条规则，即：高利率会使一般人，特别是投机商，减少手中掌握的不急用的所有可出售的东西。例如，在英国，高利率和高贴现率，会增加那些借钱囤积棉花、小麦或铜的英国人所负担的费用，因而使（如果其他条件不变）英国的棉花、小麦、铜的价格比其他国家低。这可能稍微增加这些商品对别国的输出，并可能用电报通知把没有指定地点或甚至预先决定运到英国的一些船货改运到别国的港口。每一次这种行动都将减少别国对英国开汇票的能力，都将使汇兑对它不像以前那样不利。

同样，贴现率和利率的上升会使英国的投机商不愿持有大量证券交易所证券。结果，这些证券的价格在英国市场上有下跌的倾向，其中国际性的证券会立即通过电报或其他方式在价格还没有下跌的市场上出售。

这并不是事情的全部。只是在预期价格会上涨时，投机商才囤积商品。但证券交易所证券不依赖价格上涨，就可以直接产生收入。因此，人们保有证券只是具有半投机的性质，不像保有自身不产生收入的商品那样，一定指望价格上涨。所以，如果用于其他方面的资金所获得的利润增长幅度很小，继续保有大量证券就比保有大量商品有利。最后，证券可以精确地“分等”，可以精确地加以描述，因此，在最后交货以前，购买者无须亲眼察看。它们的直接运费微乎其微。运输中的损失极少，其中有些甚至遗失了还可以补发，而且对证券的需求很有弹性，外国市场吸收证券的能力极大。

总而言之，银行汇票和其他金融票据作为把资本从一个国家暂时转移到另一个国家的手段，其重要性相对于商业汇票而言近来已有所增加。通过邮件和电报转让的证券交易所证券，已大大增加。邮递方法的改进，特别是电报的出现，极大地增加了这三种媒介的力量。甚至商业汇票，尽管其数量相对于成交的贸易总额而言有所减少，但由于新通讯设备的出现，虽然其相对作用减少，但其绝对作用比以往任何时候都大。这些媒介合起来在各个方面能如此迅速地发挥作用，以致尽管现代工商业活动波动得很厉害，但没有一个西方国家，在其他一些国家有现成资本出借，而它又没有失去它们的信任的时候，会长久受到压力。

国际金融市场愈来愈休戚相关。各不同国家的贴现率、证券价格和易于搬运的商品的价格的变动愈来愈接近于平均的国际水平，因而汇率很少在很长一段时间内严重脱离平价，以致引起大量贵金属的无益移动；也就是说，黄金很少会仅仅由于各国间债务的不平衡而移动。因此，英国与世界各国进行的贸易，实际上已结合成了一个整体，它并不是单独地与每个国家清算债务，而是与所有国家一同清算债务。举例来说，如果它对新西兰的即期债权，略少于新西兰对他的即期债权，汇兑变得对它稍微不利而对新西兰稍微有利，它就可以立刻动用它对别国的多余的即期债权；有时可以直接利用这种债权去还债，有时则要通过第三个国家，或第四、第五个国家的金融市场间接地还债。所以,除非英国真正缺少对整个世界的债权,否则它与新西兰的汇兑就不会对它很不利。各种突然事件,特别是对商业信用或政治信用的冲击,会使英国与各不同国家的汇兑出现巨大差别。但在平静时期,英国与欧洲大陆上主要金本位国家的汇兑有共同变化的倾向。它与世界上其他金本位国家的汇兑虽然关系不这么密切,但情况大体上也是这样。

第四章　金融市场与工商业波动的关系(续)

1. 贷款(有可靠的担保品的贷款)利率的变化,部分取决于建立新企业和扩建老企业获得高额利润的前景,部分取决于相对于现有企业的扩建和新企业的创建的资本供给量。

利息通常理解为借款人在一定时期内(一般为一年)按贷款额的百分比支付给借贷者的金额。高利率总是表示对资本的需求很强烈。这种需求可能是经济长期萧条的结果,但更多的是由于人们预计经济将进入高度繁荣的时期,不管这种预计有无很好的根据。对资本的需求很强烈,有时是由于人们预计把资本投入现有企业或新建企业会获得很高的利润,有时是由于人们发现,某些大企业所准备的资本不足,以致必须投入更多的资本,否则必将损失很多资本。在工商业活动上升和繁荣时期,利率常受希望的影响而有所上升,但因此而大幅度上升的情况却很少见。另一方面,如果人们担心经济萧条或政治动乱不久将减少信贷活动,担心许多人将因此而收回他们所能收回的一切债务,以加强自己的地位,则利率将被抬得很高。

商业的不信任大概十年左右波动一次。而政治上的不信任则无规律可循。英国三厘利息的国债券价格在 1792 年接近 97,

1797 年和 1798 年间,跌到 48 以下。在滑铁卢战争那一年摇摆于 53 和 65 之间。1824 年接近 97,但在 1825 年的纠纷中跌到 75。

2. 所谓汇票的贴现率,就是从汇票的票面金额中扣除的利息。它的弹性和易于根据每一笔垫款的具体情况而作调整的性质,使它在迅速调整自由资本以适应其需求的过程中起了主要作用。

在金融市场上,由于某些具体原因,常常要把贴现率和短期贷款利率区别开来,但这里只讨论两者相同时的情况就够了。长期贷款利率一方面取决于企业对资本的现时需求,另一方面取决于用处尚未"固定的"资本额。所谓用处尚未固定的资本,实际上就是最近一段时间高出财富消费额的那部分总产量,再加上已经划归生产部门使用,但具体用处尚未确定的新财富。当然,短期利率和贴现率常常随着一般市场活动的波动和人们对近期经济形势的看法而变动。①

显然,②平均贴现率必然要受平均长期贷款利率的严重影响;后者一方面取决于资本投资场所的大小,另一方面取决于寻找投资机会的资本量。如果资本量一直迅速增加,那么,尽管投资场所大大扩大,贴现率仍会被压低。贴现率的这种下降不会刺激投机,因为它本身就是因难于找到很好的投机机会而引起的。难于找到

① 众所周知,季息一厘要比年息四厘高。例如,1 月 1 日借出的三个月期的 10 000 镑,到 4 月 1 日将变为 10 100 镑,按一厘利率计算第二个三个月将变为 10 201 镑,第三个三个月将变为 10 303 镑,到年底将变为 10 406 镑。在普通交易中这种差别不值得计较,但在大宗买卖中却不容忽视。

② 这一段文字摘自向金银委员会提供的证词,见问题 9 686。

投资机会，在一定程度上可能是由于人们担心物价会继续下跌。只有当长期贷款利率（及与之适应的短期贷款贴现率）使供求相等时，才可以说达到了均衡状态。

此外，大量黄金流入城市，也会降低贴现率。从最严格的意义上说，这并不增加资本额，因为它并不增加建筑材料、机器等等的数量。但它却增加了借贷者掌握的资本。有了这种额外的供给以后，借款者就可以降低其所收取的贷款利息，直到需求把增加的供给吸收完为止。这时候，投机商手中就有了更多的资本，他们作为购买者进入市场，从而抬高了物价。而且，黄金流入城市会使人们预料物价将上涨，因而竞相借钱来从事投机活动。这样，便不必大幅度降低贴现率。借款需求的增加，将等于供给的增加，而且最终将超过供给的增加，从而提高贴现率。不过，贴现率的这种提高，仅仅是使更多的资本落入投机商手中的一系列变化中的一个小变化，它与商品需求的增加和物价继续上涨并行不悖。

以上所述，说明了贵金属供给量的增加是如何抬高物价的。物价一旦上涨，就会被维持下去。因为，在商业习惯保持不变的情况下，如果一个收入为一千镑的人平常身上带有十二英镑，而在国内的通货增多以后，他手上掌握的钱从十二镑增加到十四镑，那么，从前卖十二镑的东西，现在就会卖十四镑。由此可见，是每个人手头掌握的现金额的增加，维持了上涨的物价。每个人手头掌握的现金的多少，取决于他所属的社会阶层的商业习惯以及他个人的癖好。如果这两者没有变化，那么他所分得的通货量的增加，就会相应提高他购买的货物的价格。

一般地可以这样说：贴现率的提高，是由于某些使用资本的人比以前更想借款,或者是由于某些控制资本的人不如以前那么愿意放款。前者通常表示人们的信心增加,经济趋向于繁荣,后者则与之相反。如果看一看西方世界通货的增加对贴现率的影响,循环情况似乎是这样的:新通货或增加的通货并不落在个人手里,而是进入银行中心,因而通货的增加首先使贷款者比以前更加愿意放款,从而降低贴现率。但过了一段时间以后,通货的增加会提高物价,从而提高贴现率。这后一运动是累积性的。贷款给一个人会使他成为愿出高价买另一些人的东西的好顾客,因而使这些人也急于想借款,这使这些人也成了好顾客。于是雪球越滚越大。因此,货币购买力的下降,很快就会提高贴现率和长期投资的利率。①

人们从目前贴现率的变动情况中可以很清楚地看到,第一,贴现率在物价上涨的时候,一般要比物价下跌的时候高,因为借款者渴望得到贷款;第二,贴现率在高物价时期一般要比在低物价时期高,这不是因为一方是另一方的原因,而是因为两者都是同一原因的结果,即工商业界的信任情绪普遍高涨。

但是,这种时期易于为不信任的旋风所中断,这种旋风会暂时把贴现率抬到极高的水平。随之而来的是物价下跌,接着是贴现率下降。贴现率的变化恰似水面的波纹,它的平均水平取决于从资本投资中所能得到的利率,而这种利率又正在被产品的迅速而

① 若要从职业借贷者那里获得短期贷款,常常要付极高的利息,但信用好的顾客却可以很容易地从银行那里得到低息短期贷款。不过,在大多数情况下,人们是通过贴现未到期的汇票来获得短期贷款的。以前,汇票往往从一个人的手里转到另一个人的手里,凡转让汇票的人都要背书,所有签过名的人当然要依次对汇票负责。

不断的增长（即生产实际上超过消费）所降低。如果可以防止破坏性战争的爆发，得自可靠投资的利率就会大跌。那时劳动就将配备有大机器，而且还将保有劳动和资本的共同作用给原料增加的大部分价值。

综上所述，利率取决于一般企业的平均获利能力，市场贴现率围绕平均利率的波动，取决于工商业活动中各种不同的偶然事件。英格兰银行的头等票据贴现率在很大程度上控制着各类票据的一般贴现率。英格兰银行的贴现率之所以能影响一般工商业活动的进程，部分是因为它反映当前工商业活动的一般特点。

3. 英格兰银行对贴现率的及时调整，常常阻止信贷的过分扩张，这种扩张如果不加阻止，就会像落在陡峭山坡上的雪球那样，越滚越大。

人们的共同经验是：甚至金融市场的暂时紧缩，也会显著地影响证券交易所的价格。这种结果被认为是很自然的，但这里仍需作一些解释。证券交易所的贷款利率，和其他一切贷款利率一样，都是“年”息。如果它提高2%，转期两周的贷款利息应提高不到千分之一。但证券价格因此而下跌的幅度实际上常常远远大于千分之一，这显然是不合情理的。

当然，市价的波动主要是市场上多头和空头的力量对比和投机欲望的变化引起的。稳健的投资者手中的存货是很少起作用的，甚至根本不起直接的作用。如果结账天到来时，准备抛出的存货量少于多头准备买进的数量，价格就会上升，反之亦然。有些多头和空头在拿不定主意的时候，就会根据贴现率的变化行事。如果伦巴第街放出的贷款余额小，借款利率高，少数多头就考虑交割,以避免这种高利率。因此,他们将按照低于或高于买进时的价格付出或收进差额,他们的需求也就此停止了。另一方面,少数空头由于预料到这种趋势,则信心有所增加,认为价格将变得对自己有利,从而愿意继续卖出,把卖出的证券或商品转入下一期账上,而不在这一期结算。这些活动可能很小,但往往像一块石头落在覆盖着一层厚厚积雪的陡峭山坡上那样,最初这石头只粘了少许雪,随后雪球便越滚越大,最终将引起一场大运动,在特殊情况下将出现雪崩。与此相同,少数犹豫不决,易受小事影响的人造成的价格的微小波动,会影响到其他一些人,这些人又会影响另一些人,从而不断扩大。如果这个市场碰巧处于一种神经质的、歇斯底里的状态,那么甚至像贴现率有所上升这种小事,也可能引起证券交易所的大震动或恐慌。

平时,在职业投机商中总是头脑冷静的人占多数。他们能够把带有坏兆头的银根紧俏同正常情况下的银根紧俏区别开来。例如,在收获时节货币往往从城市流入农村,他们可以预料到这时银根会暂时紧俏;而外行们则过分重视交易所中因此而发生的变化,因而内行可以从中谋得利益。但普通的职业投机商在预测那些没有规律的金融市场的变化时,和大金融家比起来同样处于不利地位,因为这些变化主要是大投机商造成的。

例如,从英格兰银行的中央储备库中暂时取出少量黄金,会严重影响贴现率,严重影响市场销售股票的能力,从而严重影响股票的价格。对可以调整的价值施加中等程度的影响,就会产生很大的力量,那些操纵变化,事先知道变化的人可以利用这种力量来谋利。在通货以黄金为基础,从而与世界各国紧密联系在一起的国家中，这种策略固然难于得逞，但在本国通货与其他国家的通货处于隔离状态的国家，特别是在通货不能自由兑换成黄金的国家，这种策略却很容易得逞。①

4. 关于如何有计划地在不阻止工业技术进步的条件下减少就业波动的初步意见。②

经济制度是人性的产物，因而其变化速度不可能大大超过人性的变化。的确，教育事业的发展、道德和宗教观念的完善以及印刷机和电报的出现，已影响了英国人的人性，三十年前经济学家们正确地认为是不可能的许多事，现在都成了现实。变革的速度正在不断迅速提高，因而人们可能会对未来进行大胆的推测。但我们必须依据当前的情况采取行动，正视现在的人性，而不是漫无目的地推测将来的人性。

中断劳动的原因，有些是我们无法补救的，例如歉收；有些是我们不应该补救的，例如发明。几乎每一项发明都会带来某种局部的损害，而且随着发明速度的提高，带来的损害在不断增加。但发明带来了大量剩余产品，或可期望那些受惠的人分一部分来保护那些受害的人。

那些我们能够控制、可以补救的中断劳动的原因，主要与缺乏

① 近年来，因为白银不再是大宗交易的主要媒介，所以人们可以随时很容易地利用市场上流动的那一小部分白银来投机。暂时降低或提高其黄金价格二十分之一，并不是一件很困难的事。又因为凡是可以用白银支付利息的证券，其价格至少暂时也跟着降低或提高，所以人们可以在白银市场上稍稍冒险而在股票市场上赚大钱。这方面的例子不胜枚举，这里要强调指出的是，那些能在某一投机领域播撒种子，使价格发生剧烈变化的人，力量都很大，他们可以单独在另一些间接领域收获果实。

② 这一节和下一节依据的是作者1899年为《工业报酬会议报告》所写的附录。

知识分不开,但劳动的中断,有一种却是人为地造成的,即穿戴式样的变化常常中断一些人的劳动。不久以前,只有富人才能按照裁缝反复无常的命令来改换服饰,但现在所有阶层的人都能这样做了。羊驼毛、花边、草帽、丝带和其他无数行业,忽而兴旺发达,忽而萧条颓败。

劳动被强迫中断,是一种巨大的灾难。那些生活有保障的人,可以从愉快的假日中恢复身心的健康。但长期失业却会使一个人忧虑不安,徒然耗费他的精力和体力而毫无所获。他的妻子会变得消瘦,他的孩子会遭受永远无法医治的创伤。

在落后国家,工作不固定可以说是司空见惯的,这正和英国早期的情况相似,即使是在现在的英国,一些单干的工匠也是如此。因为情况普遍是这样,所以也就见怪不怪了。英国由于市场大,实行自由贸易,失业给其人民带来的痛苦要比大多数其他国家少。

知识的更广泛、更深入的传播,将防止出现过分信任的状况,从而避免信贷的猛烈扩张和物价上涨,并将防止随后出现过分不信任的状况。信用陷于混乱的主要原因之一,是公众盲目向合股公司提供资金。由于专门知识不够,许多人正是对不应信任的公司表示了信任,正是在有专门知识、有远见的人发觉危险即将来临的时候,增加了对建筑材料、机器和其他东西的需求,从而其他行业也受到影响。物价随信贷的每一扩张和收缩而上涨或下跌。这种物价的变化甚至对那些想方设法免于受商业波动影响的人也影响很大,并通过多种方式增加商业波动的强度。因为,在私人和公司最积极、最鲁莽地从事冒险事业时,由于物价高的缘故,他们必须支付的借款利息具有的购买力特别小。而在与之相反的情况下，在其财力因经济停滞而减少的时候，低物价迫使他们牺牲很多的真正财富来支付借款利息。当商人们因物价上涨而兴高采烈的时候，债券和抵押单的持有者和其他债权人则垂头丧气；而当钟摆摆向另一方向时，已经不那么高兴的商人就该倒霉了。采用前面提出[①]的方法，即根据"官方"的购买力单位，而不根据通货来订长期契约，也许可以减少这种弊病。

5. 结束语。

雇主和雇工中有影响的人的远见卓识和热心公益的精神，正在迅速增加。但是，就目前的人性状况来说，他们不可能如此大公无私，以致在削减生产可以获利（虽然会给别人造成巨大损失）的时候，绝不削减生产。

可以想象，一个由国内不是代表一个行业而是代表许多行业利益的能干的商人组成的委员会，是可以制定出商人们进行自我管理的计划的。事实上，现在已有一个这样的委员会每周在英格兰银行的会议厅开一次会，它偶尔也提出一些新颖的建议，但这不过是其正常工作的补充。可以想象，一个由公正无私、精明强干、具有广泛商业知识的人组成的委员会，最终将能够对商业风暴和商业气候作出一般性预报，这种预报将对工业部门的工作更加稳定和更加具有连续性起重大的作用。但一个并非自发建立起来的委员会是不会取得成功的。

至于这样一个委员会怎么会建立起来，我们自然而然地寄希望于人们的合作精神。根据合作原理来管理企业，固然困难很大，

① 参看第一编，第一章，第三节。

但在合作的基础上所做的任何扎扎实实的工作,都是极有益的。它将以多种不同方式照亮英国工业生活的前景,至少将减少工作的被迫中断。

最好的工人并不是手最细嫩、穿着最整齐的人,而是最能发挥自己特有才能的人。一个工人与其把自己的儿子培养成二流办事员或教师,还不如把他培养成认真负责的工头,因为当工头有可能晋升,有可能得到更高的工资。适宜做企业管理工作的人越多,争取得到普通劳力的竞争就越激烈,平均工资水平也就越高。

因此,消除低工资的主要方法就是提高工人的教育水平。学校教育可以使人头脑灵活,善于接受新思想,乐于与人交往。但使一个人真正胜过另一个人的却是积极向上、坚强正直的品格。真正的教育工作主要是由父母来做的,孩子正是从他们那里学会如何正确看待事物,如何果断行事,如何谨慎花钱的。

社会努力的目标,应该是增加能胜任世界上复杂工作的人的人数,而减少只能做普通工作,或连普通工作也干不了的人的人数。骑士时代并没有过去。我们越来越强烈地感到,过高尚生活的可能性依赖于物质和道德环境。尽管我们不相信激进的社会主义,但我们越来越深切地认识到,一个人如果不把他的一些时间和财产用来减少社会游民的人数,用来使更多的人能挣得适当的收入,从而有可能过高尚的生活,那他就不能高枕无忧地过太平日子。

附录A[①] 关于货币进化的注释

1. 一种方便的交换媒介，甚至在原始时期的各家族集体之间，以及由这种集体而扩大的部落之间的交易中，都是需要的。

从埃及的浮雕中即可看出，就现代单独的个人来说，无论在体质上和智力上都比他数千年前的祖先好不了多少。[②] 但现代的人却能集体地迫使自然界为他们服务，使广大人口的物质福利远远超过过去所可能达到的程度，甚至和自然资源多于人口的时候比起来也要丰富得多。产生这种结果的主要原因是(1)组织与未雨绸缪的远见相结合；(2)各种各样的动机，使每一代人为了产生很多的将来果实而提供耐久的设备。专制君主们由于想要永垂不朽，并得到工程学和天文学知识的帮助，建造了金字塔。但只是到了近代，人们才开始把对自然界日益增长的控制力用于改进广大人民的生活状况。

无论哪种改进，都主要依赖于在进步社会秩序的保护下，迁移自由和工业中就业自由的增加。对旧传统的崩溃，无疑摧毁了习惯上用以统治“下等”人的制度。由此而产生的直接后果有些是有

① 这个附录附于第一编，第一章。

② 这种概念是七十年前在大英博物馆受我父亲的启发而产生的。

害的，但却是由奴役和半奴役状况走向自由的必要步骤。其主要的工具即是以货币表示的价值代替了按风俗表示的债务。

这种货币工具在某些方面运用起来并不是很顺利的，但历史似乎表明，还没有任何能扩大到全体人民的东西来代替它。大的统治阶级固然能够借军事力量来控制国家事务，但只有在每个人能把他的货物和劳务卖给那些能够并愿意给他以报酬，而这些报酬又能满足他的需求和爱好时，一个国家的大部分人才能获得真正的自由。

2. 甚至在不同各个人间和不同阶级间的关系主要受习惯和强力支配的时期，在集市上也曾流行自由买卖；因而那里必然要有“通用”的交易媒介。

吉本追随亚里士多德的看法，并根据十八世纪《民约论》的早期观点说，货币和文字的发明，一个用以表示我们的欲望和财产，另一个用以表示我们的思想；这两个东西“由于给予了人性以更多的活力和热情，帮助人们增加了想要达到的目标”。我们现在晓得，原始人不会事先就有远大目标，并按预定的计划来实现；他们的器具不是发明的，而是在不知不觉的过程中逐步产生的。

物品的交换，在个人所有权远没有和家族、村庄或部落所有权明显地划分开来之前，就已开始。把东西给予别人，别人收到后给以报酬；一个人帮助另一个人，其条件是，过一个时候将会得到等价的东西。但衡量收受的确定数量的观念，无论是关于在一次交易中完成的交换，还是以劳动或物品的形式来偿还过去的帮助（用现代的话来讲，即是“信用”支付），都是逐渐形成的。[①]

因此，曾有人根据某些理由认为，虽然现代通货的使用，在国内贸易方面较之国际贸易方面既多而又无限制，但货币最初的使用却是出现于邻族定期贸易集会上的那种类似国际贸易的贸易中。这种集会颇类似赶集，以物物交换为主；在那里一般没有信用的地盘，但使用一些小而零碎的东西作为交易媒介。[②]

在拥有广大土地的农牧民中，牛居于最主要的地位（有些地方是驯鹿、水牛和其他牲畜）；因为它们本身就能转运，而且纵然个别牲畜死去，畜群也将永远存在，畜群可以带来收入，是资本增加的源泉——capital（资本）这个词据说就是从“caput”（牲畜的头）这个词演变来的。在人们比较定居，土地相对缺乏时，则以印有牛的

① 砍伐在美洲原始森林的人，在推滚笨重木材时要求彼此帮助。但尽管他们本性是精明的讨价还价者，却不精确地计算每次推滚所花费的劳动；公道和友谊即足以代替详细的劳务记录；这些使推滚工作在他们中间顺利进行的人们，以后即逐渐以“盗跖义气”的精神联合起来，今天为这个特殊利益，明天为那个特殊利益而掠夺别人。比较更具体的债务关系可能就是这样发生的。一个人可贷给别人某数量的谷物，在下一次收获时就可能得到较多的归还数量；或者有人想远行，借用别人的马匹或船只而被要求日后以一定数量的同样劳务来偿还等等。

② 因此，羽毛、兽皮、一定重量的皮革、普通大小和质量的衣料和席子、干鱼片、烟草、食盐、糖、蜜蜡、杏仁、枣子、椰子，甚至鸡蛋都曾作为通货使用过，也用过标枪、渔叉、铜、刀等等。甚至现在贫穷的印度人的手镯和其他装饰品中，还含有很多白银。天真烂漫的美国印第安人非常喜欢收集美国的铸币和其他东西作为装饰品。

关于原始时期作为货币使用的各种物品，可参阅瓦格纳的《货币的社会经济理论》：第二卷，C。由于和土人密切接触，缺乏贵金属，以及银行和纸币管理不善等原因，“自然”货币在美国殖民地曾一度扩张，这方面的情况参看萨姆纳的《美国通货史》，并参阅威登的《新英格兰经济史》。关于弗吉尼亚仍以烟草作为法币的情况，参看怀特的《货币与银行》第一章。

符号的皮革作为通货。这即是以后不兑现纸币信用价值的先声。①

总之,原始通货的多种多样和变迁,富有浪漫意味;它们指出了人类天性的某些不变因素,同时也指出了这些不变因素所形成的对制度的适应性。把某种东西当作一般交易媒介(这是货币的最主要职能)来使用,并不是有意识地发生的。除非这种东西能作为一种商品来满足人们在实际需要方面或装饰方面的某种共同欲望,而且不付出相当的努力就不能大大增加其数量,否则它作为一般交易媒介的地位就不会稳固。这些条件之中每一种都暗含着信用的因素,即深信邻居将来的行动会和过去一样。对这种永久性,原始和无分析能力的人当然不大怀疑。但却可以肯定,除非人们心中自然而然地认为某种东西的威信在他们所保有的时期内(无论长短)不会遭受任何较大的损失,否则这种东西就不会成为通行

① 里奇韦教授曾指出,在整个地中海盆地向东一直到印度,最初的重量单位,是值一头牛的一块黄金,它代表到该时期以前的主要传统单位,即一头标准公牛或母牛的价值。这种黄金单位似乎就是现代金属通货的祖先。而且,这种值标准牛的黄金单位在各地都差不多是一样的大小,较英镑稍大一些,都不小于一百二十格令,也不大于一百四十格令。他认为这种大小一致的原因,是由于连接大西洋沿岸和印度洋沿岸之间的各条贸易路线畅通的缘故。

此外,有时一种充当主要交易媒介的商品,却为较劣的代替品所代替,因而贬值到类似无信用的不兑现纸币。例如,在太平洋沿岸,有些渔人把鱼钩作为通货,这种鱼钩是常常会丢失或损坏的;因此它的价值不能大幅度地跌到它很大的生产成本之下;同时,因为它的生产是公开的,它的价值也不可能大幅度地超过生产成本。但不久,内地人也把它作为通货来使用,得到它的人不会判断它的价值,因而劣等的渔钩普遍流行;这种蜕化变质一直继续到所剩的鱼钩都用于钓鱼,它的地位就被无用的弯曲铁丝所代替,而制造这种东西的低成本最后支配了通货的价值。《国富论》中关于“货币起源”的观察,是以现代的口吻来讲的。坎南的版本中有很好的注释对此进行补充。

的交易媒介。

工商业发展后，甚至更亟切需要同时有两组交易媒介，一组适合于大型交易，另一组适合于小型交易。最足以满足这种需要的是硬币，某些是用稀少金属铸成的，另一些是用普通金属铸成的。但还没有找到制造最小额钱币的合宜原料。有一些贫穷的政府曾试用纸张来做，但如果为了保持清洁而经常重印，确实是一种浪费；如果听其污秽，则又非常令人厌恶。杰文斯曾建议以钢代铜，用强力机器来打印，这样的钱既硬又免于生锈。对于这类建议，还应加上这样一条规定，即一切小于六便士的钱币应以贱金属来制造，其大小和形状应能在黑暗中很方便地辨认出来。有一些应为椭圆形，另一些也可以是正方形或带有钝角的六角形。大小都不要过大于或过小于一先令。

3. *原始形式的货币所发挥的作用。*

就货币为复杂的贸易目的服务而言，它必须坚固；因为完成各种交易的周转很可能需要一个较长的时间；例如盐块在一些原始的市场上曾做过大量的交易。但是大量地携带这种东西是很笨重的；因此接受一定数量盐块的权利，就在彼此间相互转让。更概括地说，一种物品一经被认为确能在任何地方与别物交换，它就成了一种原始的货币，因而就会用它来表示价值，甚至仅仅以它的所有权就能交换一些商品。经过一段时间之后，人们之间就可能作出减少实际转移盐块的安排。比如说，一个售马者得到了五十个盐块的所有权——在原始社会，盐块很可能比马的价值还高——他可把他的所有权转移给各种不同的人，从他们那里得到他所需要的其他东西。也就是说，盐块正在变成原始的货币。似乎可以肯定地说，货币的使用，常常就是这样普遍通行起来的。

任何一种类似这样的原始货币，最初比别种可作为货币的东西并没有很大的优点，但每一进展都会增加它排除一切竞争物品的速度，而作为既定的通货来使用。因为每一个人纵然对它没有直接用处，但也愿意在交易中接受它；因为他晓得别人也会以同样的理由来做同样的事。

在习惯和传统占统治地位时，甚至像海狸皮那样形体不定的原始货币，往往也会发展成一种为人所理解的一般商品的价目表；而这种价目表有许多还一直保存着。（要注意，一种二百种商品的价目表只需要二百个项目；但物物交换的价目表却需要三万九千八百个项目。）[①]

有时，用以计算习惯价值和其他价值的某种交易媒介已不存在，但并没有别的代替品来冒它的名代替它流通。假如它原来流行很广，则它的名称可能被用作记账货币，用它来讨价还价并最后把价格确定下来；而实际支付则用当时当地所流行的交易媒介来进行。[②]

---

① 参阅里奇韦：《通货的起源》，第二章，及舒尔茨：《货币发展史》，第十六章。

② 记账货币在文化发展的许多阶段中，似乎曾被普遍使用。例如在许多世纪中，先令只是一包便士的意思，但一般都用先令记账。每一先令最初代表四个或五个便士，最后代表十二个便士。同样，卢布在彼得大帝之前，是一种值一百戈比的记账货币，而不是铸币。

另一方面，一度流行很广的几尼，现在也是记账货币。虽然以戈登和克露沙记的账，在法律上已无效多年，但蒂罗利斯的农民还常用它们做记账单位。另外，在菲律宾岛上，仍以瑞尔和夸陶来喊价，可是现在并没有这种货币存在。（甘末尔：《货币与价格》，第 276 页注）

4. 两人间物物交换的不确定性。[①]

让我们考虑两个人进行物物交换的那种场合。假如说甲有苹果一篮，乙有胡桃一篓；甲需要一些胡桃，乙需要一些苹果。乙从一个苹果所得到的满足，也许超过他割让十二个胡桃所失去的满足。而甲也许从三个胡桃所得到的满足，超过他割让一个苹果所失去的满足。交换将在这两个比率中间的某一点开始。但是如果交换继续进行，则甲所割让的每个苹果将增加苹果对他的边际效用，并使他不愿意再割让更多的苹果，而他每增加一个胡桃，将减低胡桃对他的边际效用，并使他不愿要更多胡桃；乙的情况恰恰相反。最后，甲对胡桃的热中和苹果相比不再超过乙；而交换势必停止，因为一方所愿意提供的任何条件都不利于对方。达到这一点之前，交换一直在增加双方的满足，但达到这一点以后，交换就不能再增加双方的满足了。均衡出现了；但实际上这不是唯一的均衡，而是一种偶然的均衡。

但是，有一种均衡交换比率，可叫做真正均衡率，因为一旦遇着这种交换率，即会一直保持下去。很明显，如果始终要用许多胡桃交换一个苹果，则乙愿意交换的极少；而如果要用很少的胡桃交换一个苹果，则甲愿意交换的也极少。必须有一种中间比率，在这种比率下，双方都愿意进行同样程度的交易。假定这个比率是六个胡桃换一个苹果；甲愿意用八个苹果换四十八个胡桃，而乙愿意按照这个比率收受八个苹果；但是，甲不愿意用第九个苹果再换六个胡桃，而乙不愿意再用六个胡桃换第九个苹果。这就是那时的

① 这一节系转载作者《经济学原理》的附录 F。

真正均衡位置；可是，没有理由假定实际上会达到这种均衡。

例如，假定甲的篮子里原来有二十个苹果，乙的篓子里有一百个胡桃，假定开始时甲诱使乙相信他不大愿意要胡桃，从而设法用四个苹果换了四十个胡桃，以后又以两个苹果换了十七个胡桃，再以后又用一个苹果换了八个胡桃。假定当时达到了均衡，进一步交换对双方都不利。甲拥有六十五个胡桃，不愿意再用一个苹果来换八个胡桃；而乙只有三十五个胡桃，所以对它们的估价很高，不愿意用八个胡桃再换一个苹果。

另一方面，如果乙交易有术，他也许可能诱使甲以六个苹果换十五个胡桃，以后又以两个苹果换七个胡桃。那时甲让出八个苹果而得到二十二个胡桃。如果开始时的条件是六个胡桃换一个苹果，他用八个苹果换得四十八个胡桃的话，则他也许不肯再用另一个苹果甚至来换七个胡桃；但是，因为他拥有的胡桃这样少，急于想多得到一些，并且愿意再用两个苹果换八个胡桃，然后再用两个苹果换九个胡桃，再用一个苹果换五个胡桃；于是又达到了均衡；因为乙只有十三个苹果和五十六个胡桃，也许不肯以多于五个胡桃之数换一个苹果，而甲所剩苹果无几，以一个苹果换不到六个胡桃，也许不干。

在这两种场合，交换，就其所及，增加了双方的满足；当它中止以后进一步交换，势必减少其中一方的满足。在各个场合，都达到了均衡，但它是一种任意的均衡。

再假定有一百个人和甲所处的地位相同，每人都约有二十个苹果，并都像甲一样对胡桃具有同样的欲望；另一方面，也有同样多的人，和乙最初所处的地位相同。在市场上最精明的卖主，也许有些在甲方，有些在乙方。不论市场上是否可以互通声息，交易的平均数多半不会远离六个胡桃换一个苹果的比率，像在两个人交易的场合那样。但是，多半没有我们在粮食市场上所见的那种紧密地依附该比率的可能性。交易时甲方的人很可能在不同程度上战胜乙方的人，因此，接着就有七百个苹果换了六千五百个胡桃；甲方的人既拥有了这样多的胡桃，除了至少按一个苹果换八个胡桃的比率，也不愿再进行任何交易，而乙方的人因为每人平均只剩了三十五个胡桃，按照那个比率也许拒绝继续出售。另一方面，乙方的人交易时，也许在不同程度上战胜甲方的人，结果不久就一千三百个苹果换了四千四百个胡桃；那时乙方的人因拥有了一千三百个苹果和五千六百个胡桃，除了按五个胡桃换一个苹果的比率，也许不愿多售，而甲方的人平均只剩了七个苹果，也许拒绝那个比率。在一个场合，按八个胡桃换一个苹果的比率达到了均衡，而在另一个场合，按五个胡桃换一个苹果的比率才达到了均衡。在每一个场合，都将达到一种均衡，但却不是唯一的均衡。[①]

均衡位置的这种不确定性，并不是由于没有借助货币进行交易，而是用易货方式进行交易这一事实。之所以有此结果，是由于我们必须把两种商品的边际效用看作是变动的。的确，如果我们假设那是一个产胡桃的地区，交易双方都储藏有大量的胡桃，而只是甲有苹果，那么交换少量的胡桃就不会显著地影响其储量，或显著地改变胡桃的“边际效用”，也就是说，不会影响人们购买更多胡桃的愿望；假如人们能够得到更有利的条件，他们就会多买。这种

① 关于这个论点的精确说明，参阅我的《经济学原理》数学附录中的注XII。

场合下的交易基本上和普通粮食市场的交易一样。买卖理论和物物交换理论之间的真正区别在于前者一般可以假定，在交换的东西之中，一种东西的边际效用几乎是不变的，而后者则一般不能这样假定。

有人也许反对上述看法，说在一个产胡桃的国家，胡桃几乎可作为货币来使用；事实上，刚才所讨论的情况，已包含有这种意思。事实无疑是这样，这是一个很好的例证，说明了这样一条一般规律，即假如一种商品为大众所使用，而它对任何买者或卖者的边际效用，都不会因小额交易而受很大影响，那么，这种商品就很宜于作交易媒介，并宜于担负起原始社会中货币为小额交易服务的较简单的职能。

附录B[①] 物价统计方面的一些困难

1. 现代物价统计所包括的范围，小于有经验的商人和家庭主妇对物价的印象，但其准确性却便于批评，并能避免严重的错误。

经济科学的发展，主要取决于是否掌握大量可靠而适当的统计资料。其中有些可以由学者个人与统计团体共同提供。但若要使统计结论准确可靠，搜集整理统计资料的大部分工作就必须具有半机械性质，这只能依靠大批工作人员的协调努力来完成，为此常常需要政府的资助。所以，统计学使用的大部分资料，就是各级政府为了行政管理目的所需要的资料，或者是政府认为为了国家利益而有义务搜集的资料。许多有用的统计资料同时也由商业机构为了他们自己使用而搜集；一些统计团体通过指导、鼓励和资助私人的调查，正在作出很大的贡献。可以承认，在估计货币有效购买力的变化方面，也和估计其他许多复杂的经济问题一样，统计方法不如有经验者的小心判断。每一个权威都有其弱点，但当他们彼此补充的时候，就变得很有力了。

一种主要的统计材料，很可能局限于一种狭隘的范围，因为不如此就不能明确。由于它明确，就能开展批评和修正；它的主要长

① 本附录是为第一编第二、三章写的。

处也就在于此。经过这种考验的统计表，在**它的限度内**很可能比那些甚至会判断问题的人的决定更要确实些。这种限度一般是狭小的，但却很明显，错误的统计、估计或推论，如与一般利益有关，就会产生与它相矛盾的数字来和它挑战。如没有任何挑战，一般就有理由认为，它和一般经验是一致的。

统计表的第二个优点是：它明确，所以一般可由办事人员来填写，甚至可由那些不是很有见识并且脑筋不大有条理的人来填写。第三个优点是：每一组数字一般都能和别处类似范围的数字比较；国际间的比较和合作，在这里有其很高的价值。第四个优点是：因为它明确，所以大多数需要做的工作都可以让各种灵活的或不灵活的计算机来完成，因此统计记录就成了以过去经验来指导当前行动的主要助手。

但统计资料的准确性有时是建立在不可靠的基础上的。例如，过去人们很重视对各种疾病的死亡率的统计，但现代科学已经发现这种统计所根据的诊断，常常是既不准确又不确实。这种错误由于知识的进步正在迅速地减少，但正是知识的进步使人越来越不相信一件事只有一个原因。人们对某一事物研究得越深入，所发现的影响该事物的原因就越多，而且很难找到一种简单明了的方法把各种原因的影响区别开来。为这个目的所使用的主要统计方法是把似乎很可能有因果关系的两种事物的变化经常（一般是每年比较一次）加以比较。这种方法很有发展前途，但它存在的问题比初看起来要多。①

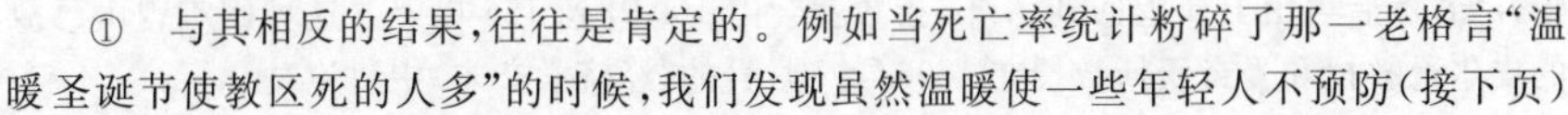

① 与其相反的结果，往往是肯定的。例如当死亡率统计粉碎了那一老格言“温暖圣诞节使教区死的人多”的时候，我们发现虽然温暖使一些年轻人不预防（接下页）

2. 一系列很长时期的平均物价（普通叫做算术指数）的缺点。

任何一年的加权算术指数，代表着表内每一连续年中购买每组商品的总货币费用，与假定基年中同数量商品的比较。基年中每一组商品的总购买费用作为 100。假如这个总费用，比如说平均为 115，就可推论一般物价水平较基年上升了 15%；“指数表”中就是这样的一个项目。

不幸的是，属于基年的任何特点，都可能歪曲全部指数表；只要把基年改变，就会大大地改变指数表的一般性质。但事实已证明，这种缺点并不像事先所预计的那样大。

算术指数的另一个缺点是它有这样一种趋势，某一价格上升时的某百分比要大于该价格下降时的同样百分比，它没有考虑到，一种物品价格上升，对于购买者财力消耗的压力，会因减少对该物的购买而减轻，可能从而多买其他相对便宜的物品。所以，算术指数所表示的任何一年的物价与基年比较，在商品项目及其加权没有变更的情况下，总是高于如果把这一年作为物价的基年向后计算的水平。①

（接上页）疾病因而死亡，但这种死亡率的增加却被老年人死亡率的减少所抵消。

对疑难问题的某些一致论点，的确常常是通过讨论和合群本性的影响而得来的。下面用一个极端例子，说明没有这种帮助是难得对疑难问题有大致相同的意见的。例如有独立活动的三十二个人，谁也不晓得谁是 A 或 B，如猜测他们之中哪一个比较高，大家一致同意的机会小于二十亿分之一（参阅鲍莱前引书，第 271 页）。

① 例如，假定一种指数以 A 年物价为基数；在一个相当远的 B 年发现在这一段时间有一半物价上升了一倍，而另一半下降了一半。在这种情况下，可以有理由说，平均物价水平并没有变动。但指数却指出，前一半物价是 200，后一半是 50，平均为 125。假如现在把 B 年的物价都作为 100，倒回来求 A 年的物价，则 A 年的指数将为 125。所以由 A 年开始，然后再由 B 年返回到 A 年，指数就会由 100 升到 156 以上。这种困难曾由已故的皮尔逊教授和爱奇沃斯教授在 1896 年 7 月号的《经济学杂志》中讨论过。

这个问题，如果是一种单一商品的物价表连续根据一个基数编制的话，还不那么严重。但历史记录，除主要谷物和其他少数物品的历史记录外，都不适于连续依据某一基数。适合于某年代情况的一般物价表，不可能适合于另一年代。因此对于几世纪中一般物价巨大变动的看法，往往从几乎无意识地综合我们所详细研究的各个别时期对我们的许多印象中得来。在各个别时期中都把物价上升看得较物价下降为多。这种不正确的看法，在任何一个阶段还不致形成什么大错误，但积累的影响却可能很大。①

3. 如果一种指数的上升，主要是由某些奢侈品及其他有替代品的商品的稀缺造成的，则价格的实际上升一般要大大低于指数所指出的情况。

以上考察指出，虽然加权算术指数的应用很广泛，但它也有其局限性。因为它暗中假定，在有关的各组商品之间，不管它们的相对价格如何变化，支出分配的比例都将保持不变；因此对它们所加的权数也保持不变。但事实上，对涨价物品的消费量是会下降的。

对跌价物品的消费，可能会有所增加，但也并不一定如此。因为，如果那些涨价物品是人们绝对必需的，或者是几乎不可缺少的，那么对它们的总支出就多半会增加；而对不太重要的物品，尽管其价格已下降，对它们的消费仍可能减少。在这种情况下，虽然

① 最好是某一熟悉连续各年代某些商品详情的历史学家，把一系列指数倒转回去；也就是说，把每一组指数的基年当作最后一年，而不是第一年。他的结果，在与用普通方法得到的结果结合起来考察时，就会给予经济学家和历史学家很多启示。

进步对各种主要商品价格的影响，特别是对工资购买力的影响，我在《经济学原理》第四篇，第十二章，第五至七节中已有所论及。

指数不变，但人们收入的有效购买力却将降低。

另一方面，可能发生这种情况，即大部分不可缺少的物品都已跌价，而涨价物品完全可以用其他价格基本不变的物品来代替。在这种情况下，虽然物价指数不变，但货币的实际购买力却大幅度增加。①

上述情况往往被人忽视，但却很重要。因为对商品的选择在一般情况下固然有相当代表性，但如果这种选择只包括能相当满足同样需要的几种物品中的一种，而且这种物品的价格又比另外几种物品变化大，那么，根据这种选择得出的结果就可能是错误的，就需要加以修正，也就是要考虑到人们已不再消费价格较高的物品，而消费供给量相对丰富的物品。②

假如认为这个问题值得详细研究的话，是能够使指数更能代表货币购买力的真正变动的；其办法是把满足差不多同样欲望的所有主要物品归于一类，并按照每种物品在相对价格的各种情况下，在总消费中所占的比重来加权。如果在任何时候，都有某类商品 A 涨价，而另一类商品 B 跌价，那就必须考虑原来分配于基年的相对权数是否适合于现在的情况。分配于 A 的权数应予降低，并乘以其上涨的价格；分配于 B 的权数应予增加，并乘以其下降

① 举例来说，假定一个人在物价变动前将总支出六百镑平均地购买两组物品 A 和 B。后来 A 组物品涨价一倍，B 组物品跌价一半。他发现 B 组物品中有一些东西对他的用处几乎和 A 组的一些物品一样。因此他将一百镑的支出由 A 转于 B，以四百镑买 B，以二百镑买 A。这样他所得到的 A 和过去用一百镑买到的一样。但对 B 支出的四百镑却得到老价格之下八百镑的东西，也就是说，他总共得到价值九百镑的东西，比过去增加了一半。

② 1917 年 10 的《劳动公报》第 359 页指出食物的加权指数已超过了 1914 年 7 月数字的 97%，但补充说，假如把鸡蛋去掉，以人造奶油代替白脱油，并把鱼类和食糖的消费减少一半，则 97%就会降低到 56%。

的价格。同目前采用的方法相比，用这种方法编制的指数，能更准确地反映平均价格的变化，从而使各种特殊需要得到满足。

4. 关于使用算术指数的另一些注意事项。

当需要精确地比较两个指定年度的一般物价水平时，这种比较应该做两次，从每一端各做一次，并取其结果的平均值。这种方法几乎能够完全消除算术指数中某一缺陷的可能影响。它还有这样的优点，即如果两种结果相差不太大，我们就晓得，从两种基数所得的指数，会得到这两年之间经济情况相当可靠的结果。[①]

假如只做一种计算，则起点或基数（或许多年的平均数）应从这样的一年中选择出来：在这一年中，所消费的商品数量及其价格都接近于该时期的平均水平。也就是说，基数一般应在该时期的中间去找。也可能发生这种情况，即物价最正常的那一年，消费数量却不一定最正常；这样就应当使这些年中第一年的价格等于100，而从第二年中取得权数。或者也可以计算整个时期的平均数。[②]

不过，防止估计货币购买力发生大差误的主要方法，仍是做大

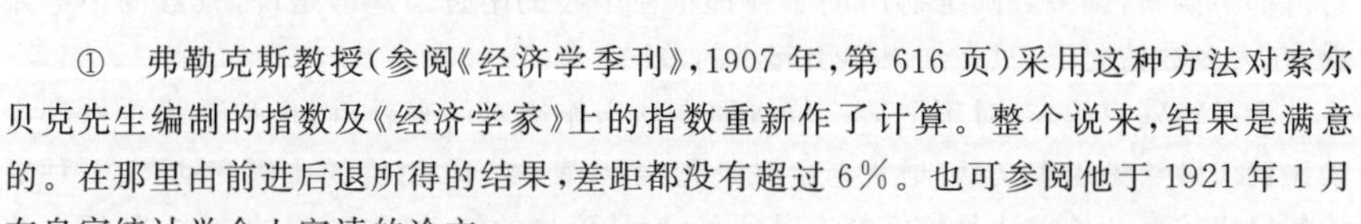

① 弗勒克斯教授（参阅《经济学季刊》，1907年，第616页）采用这种方法对索尔贝克先生编制的指数及《经济学家》上的指数重新作了计算。整个说来，结果是满意的。在那里由前进后退所得的结果，差距都没有超过6%。也可参阅他于1921年1月在皇家统计学会上宣读的论文。

② 例如吉芬在他对进出口实际数量的官方研究中，即以1861年作为物价基年，以1875作为权数基年。另一种更为精细的方法，即从许多年份中取平均权数的方法，见1888年吉芬为不列颠协会起草的题为《货币本位价值的变动》的报告。这个报告包括有同期不同基数的各种指数的有益比较。报告中由埃奇沃斯所写的附录，对较抽象和较一般的指数问题作了重要研究。报告中的主要统计表转载于鲍利教授《统计学原理》第九章。关于衡量货币一般购买力的方法的研究，在美国已得到很大的进展，特别是费雪和甘末尔教授；他们正想办法稳定美元，想办法创立一种官定本位作为长期债务的基础。

量的这种估计；因为一些偶然的差误——即不是由计算方法引起的误差——是肯定可以彼此纠正的。正因为如此，所以在统计中需要做大量纯机械性质的工作。

使我们更可以放心的是，虽然权数差误的范围可能比价格差误大，但害处却较少。因为，价格的每一差误都会在最后的结果中完全表现出来，而权数的差误却只在价格偏离平均数的那个商品的范围内有所表现。对价格接近平均数的商品，权数差误的影响很小。①

5. 几何指数的优点和缺点。

算术平均指数的主要对手是几何平均指数，部分由于大权威杰文斯很赞赏它，所以必须提一提。它需要使用对数表或对数纸，但它的一般原理可以很简单地予以说明。编制几何平均指数的第一步是确定所要讨论的 n 组商品中各组商品的某年价格和基年价格的比例。把这些比例乘起来，其乘积的 n 次方根就是该年的几何指数。②

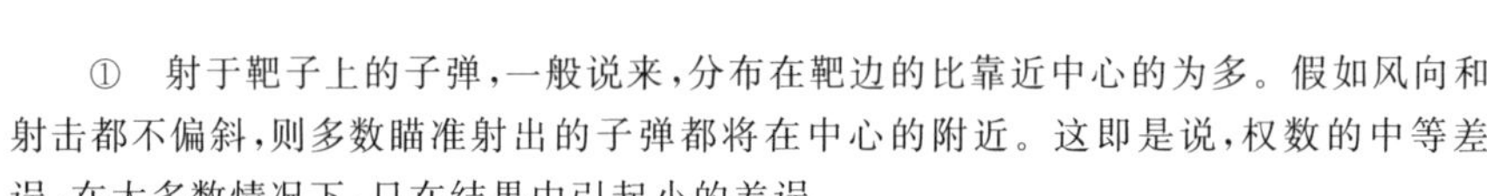

① 射于靶子上的子弹，一般说来，分布在靶边的比靠近中心的为多。假如风向和射击都不偏斜，则多数瞄准射出的子弹都将在中心的附近。这即是说，权数的中等差误，在大多数情况下，只在结果中引起小的差误。

为了特殊目的，有时不把某一价格的变动当作绝对的来看，而是和平均价格的变动比较。做法见于杰文斯《通货与金融研究》第八表，关于“物价的比例变动”。一种更清楚但比较复杂的方法是施密特在其所著《商品价格的波动》中所用的方法，他用占整个一页篇幅的一条曲线来表示每一组商品的价格运动，在其上以一条次生的曲线来表示一般价格的变动。

② 几何平均指数的弱点可以用一个极端的例子来说明。从前，一个制造玩具的山村从山谷里一家锯木厂运来锯屑。后来，该村建立了自己的锯木厂。锯木厂主很高兴能够节省焚烧锯屑的麻烦，因而把锯屑白送给人。在这种情况下，一个热中于几何方法的人，就从他编制的包括锯屑在内的地方商品价格指数中发现，该地区的平均物价降到了零，并且一直保持不变。正像杰文斯在他的《通货与金融研究》一书中所做的那样，使用对数纸可以很方便地为几何平均指数制图。

几何平均指数同算术平均指数相比较,似乎有下面的优点:即一旦决定了各种商品的权数,就可以用较方便的任何一年的价格作为我们指数的基数;其结果,和我们以任何其他一年作基数所得的结果一致。但这种一致,事实上是通过无意识地处理有关商品的权数而得到的。①

就价格的微小变动来说,算术指数和几何指数的结果几乎一样。它们都符合实际情况,因为它们所涉及的价格运动太小,不会大大影响人们的资财在各种物品之间的分配;因此它们权数不变的共同假定不会导致大的差误。但这两种方法对于衡量大的变动却价值不大,而且都易受人们已经提出的那种攻击,即它们几乎完全局限于衡量初级商品的价格,反映不出制造方法的改进引起的货币实际购买力的急剧提高。

总之,在为编制指数挑选具有代表性的商品时,一般应避免挑选那些价格容易发生大变化的商品。当然,可能有一种公认为重要,能够真正代表全部商品而全部商品都随之变化的东西。但除

① 这一点并没有什么实际重要意义,但却很有意思。几何平均指数表示的是:不管商品价格发生多大变化,如果在每一种商品上花费的货币总额保持不变(也就是,如果对该商品的需求弹性为一),以致价格的每一下降(都使消费量相应增加),实际将会出现怎样的情况。让我们以 p 和 p' 代表 1850 年和 1900 年商品 A 的价格,而以 q 和 q' 代表另一种商品 B 的相应价格。以 m 和 n 分别代表附加于 A 和 B 的权数;这些权数代表花费于这些商品上的金额,并假定是不变的。这样,以 1850 年为基年的 1900 年的加权几何指数,即为 $\left(\frac{p'}{p}\right)^{\frac{m}{m+n}}\times\left(\frac{q'}{q}\right)^{\frac{n}{m+n}}$;以 1900 年为基年的 1850 年的加权几何指数即为 $\left(\frac{p}{p'}\right)^{\frac{m}{m+n}}\times\left(\frac{q}{q'}\right)^{\frac{n}{m+n}}$。这两个量彼此相反这一事实表明,不管以何年为基年,在同一时期内采用这种方法都可得到一致的结果。

战时紧急情况和荒年外，这似乎不大可能；因此应当用别的方法来研究非常时期的物价指数。除这些时期外，凡具有很大代表性而被指数采用的物品，其价格都很少发生大的变化。因此，采用这两种方法编制的指数所反映出来的情况，基本上是可靠的；这并不是因为它们的原理在逻辑上是完美无缺的，而是因为人们运用这些原理很得当。①

① 这里值得用一个极端的例子来说明编得不好的指数所能达到的不可思议的地步。A、B、C 是三样物品，每个在基年的标准单位价格是二百十六镑。过了一个时期，风尚把 C 让位于它的竞争者，因而它的价值几乎下降至零，但另外两种物品的价格大体还保持不变。结果是无论指数加权与否，算术平均数总降到一百五十镑以下，而几何平均数下降得更为惊人。另一方面，假定保持强大的需求，但却几乎不能买到。这样，就使一切平均数，无论是算术的还是几何的，也无论是加权的还是不加权的，都大幅度上升，特别是下加权的。因此，在把 C 从指数中排除出去之前，似乎总有可能出现混乱。“调和平均数”受到的责难较少，但其计算方法太复杂烦琐，不适于一般使用。

附录C[①] 关于金属通货的图解

1. 以图解形式抽象地说明孤立国家内(1)黄金需求、(2)黄金准备及(3)现时价值之间的一般关系,并说明由此而引起的黄金生产率经常变化的趋向。

第一编第四章第一节的结尾处指出了黄金的需求、供给、价值

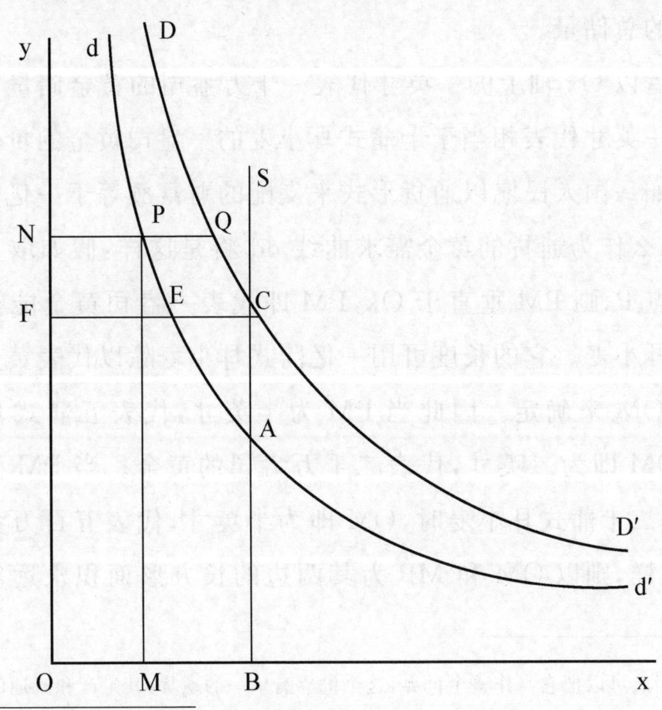

① 这个附录是为第一编第五章写的。

和生产费用之间的一般关系，这种关系可以很方便地用曲线图来说明。使用曲线图并不增加任何新的原理，而只是使问题更加一目了然。这里最好把一个自己拥有金矿的孤立国家作为问题的背景。①

这个图不能以普通用以表示一般商品供求关系的同样方法来绘制；因为一般商品的储量难得远远超过其年产量。在那些图中，需求量和供给量各自代表其需求量和供给量的流动比例。但在这个图中，需求曲线代表黄金储量，在时间充裕，可以进行必要调整的情况下，这一储量可能按照每盎司黄金的不同价值分配于通货和工艺等各种用途上面。因此，供给是用垂直线来表示，它代表一定黄金的总储量。

然后以 Ox 轴上的一英寸代表一千万盎司的黄金储量，以 Oy 轴上的一英寸代表相当于十蒲式耳小麦的一盎司黄金的价值。

假如一国人民愿以通货形式来支配的财富额等于一亿蒲式耳小麦，那么作为通货的黄金需求曲线 dd′将是这样：假如取其上的任何一点 P，画 PM 垂直于 Ox，PM 即代表一盎司黄金能换得多少蒲式耳小麦。它的长度可用一亿蒲式耳小麦除以代表黄金盎司数量的 OM 来确定。因此当 PM 为半英寸，代表五蒲式耳小麦时，则 OM 即为二英寸，代表二千万盎司的黄金。当 PM 为二英寸，代表二十蒲式耳小麦时，OM 即为半英寸，代表五百万盎司黄金。（这样，则以 OM 和 MP 为其两边的长方形面积永远等于一

① 当然可以把它当作整个世界，这个世界有单一的通货，其生产和流通的条件完全一样。但在这样的世界中，除非气候和生活条件在各处都一样，否则，单一的购买力标准是难以想象的。

平方英寸。这即是著名的长方形双曲线的性质，这条曲线所代表的需求弹性全部等于一，这类曲线可称之为不变支出曲线。）

让我们进一步假定，黄金储量为一千万盎司，都用作通货。它用 Ox 轴上的一英寸处的 OB 来表示。我们再由 B 画垂直线 BS，割 dd′于 A。那么 BA 是一英寸，根据假定，它代表作为一盎司黄金价值的十蒲式耳小麦。

其次，我们假定一千万盎司的黄金并不都作为通货来使用，而是其中的一部分被工艺所吸收。通过 P 画 PN 线平行于 Ox，交 Oy 于 N，并延 NP 于 Q，于是 PQ 就代表按照黄金价值 ON 用于工艺上面的盎司数量。这样，NQ 就代表按照 ON 价值在通货和工艺上所需的盎司总数量，Q 的轨迹即代表综合需求曲线 DD′，也就是对黄金的总需求。

DD′与代表固定储量一千万盎司的供给曲线 BS 交于 C，并已画 CEF 垂直于 Oy，割 DD′于 C；我们看到，假如黄金储量为一千万盎司，就可达到均衡，在这个均衡上，按照一盎司黄金等于 OF 磅小麦的比例（不管用在两种用途之中哪一种上面），FE 用于通货，EC 用于工艺。如图中所画出的情况，用于工艺的黄金不足四百万盎司，用作通货的黄金多于六百万盎司，每盎司黄金的价值约等于十六蒲式耳小麦。

这个图自然不能证明任何东西。它的唯一目的是直观地说明，假定全世界的黄金总储量在长期内维持一定数量，那么它在通货与其他用途之间的分配会调整得很好；黄金的一般购买力价值将倾向于这样：按照这个价值，工艺方面所吸收的和通货所需要的黄金总量，将等于现有黄金的总量。

由于黄金事实上是一种国际商品，因而支配它的综合需求和综合供给关系的原因是十分复杂的；但其一般性质却和孤立国家一样。[①]

① 求导一种物品综合需求的一般方法，见我的《经济学原理》第三篇第四章第二节的图解。综合需求结合总供给（无论简单的或综合的）支配价格的方式，见同书第五篇第六章第四节的图样。但黄金的供给曲线必须代表一个几乎固定的储量，而不是代表每年的流量；因此即成为近乎垂直线的形状。代表黄金的通货需求曲线将为长方形双曲线。

附录 D[①] 资本的利息和使用资本的利润

1. 对担保不充分的贷款索取的利息，其中包括一些保险费，以及谨慎从事、正确判断人和事的报酬。

当我们说“利息”只是资本的所得，或等待的报酬时，我们所说的是纯利；但利息这个名词普通所包括的，除此之外还有其他因素在内，这叫做毛利。商业安全和信用组织愈低级和愈原始，这种附加的因素就愈重要。例如，在中古时期，当一个国王想要提前使用他一部分未来的收入时，他或许借入一千盎司白银，并允诺在年底归还一千三百盎司。但谁也不能充分保证他会履行诺言；因而贷款人或许宁愿以这种诺言换取一种在年底绝对能得到一千二百盎司或更少一点的确实保证。在这种情况下，虽然该贷款的名义利率是 50％，但实际利率远少于此。

对风险增加一部分保险费的必要性是很明显的，而且也是经常不会被人忽视的。但较不明显的是每一笔货款对贷款人所引起的麻烦；当一宗贷款的性质含有相当大的风险时，就常常会为了使

① 这一附录附属于第二编第一章。它重述许多读者将会认为这是多余的基本理论，但为完备起见，似乎还有把它写出的必要。它是转载《经济学原理》第四篇第七和第八章的内容。

其风险达到最小限度，而不得不费许多辛苦；因此，在借款人方面所视为利息的大部分，在贷款人看来都是管理这种麻烦生意的所得。典当业者的营业，几乎没有风险，但他的贷款一般是年利率25％，甚至还要多些；其中大部分其实是管理这种麻烦生意的收益。或者举一个比较极端的例子，在伦敦、巴黎或别处，有一些人以贷款给小贩为生，钱常是在早晨借出以购买水果等，到晚上做完生意后归还，利润为10％；这种生意没有多少风险，钱很少会损失掉。因而一法新(farthing)以日利10％来投资，一年会等于十亿英镑。但没有人会因贷钱给小贩而发财；因为没有一个人能够以这种方式贷出很多钱。这种所谓的贷款利息，事实上几乎是完全由资本家们所不喜欢的那种工作的所得构成的。长期抵押贷款较之短期抵押贷款有时是贷款者所更愿意放出的，但有时却不是。前者可以免去经常重新放款的麻烦，但在很长一段时间内剥夺了贷款人对货币的支配权，从而限制了他的自由。第一流证券交易所的证券，兼有长期和短期抵押贷款的优点。①

因此，我们就有必要更仔细地分析一下，当企业使用的很多资本是借来的时候，企业所遭受的额外风险。让我们假定，有两个人经营同样的企业，一人以自己的资本经营，另一人主要用借来的资本经营。

① 持有证券交易所证券的人，只要他愿意，可长期保存，亦可马上变为现款；但在信用破产而别人又需要现款时，他就不得不亏本出售。假如这种证券常能不亏本卖出，假如想在其买卖中不偿付经纪人的佣金，那它们的收入就不会高于那种由贷款人选定归还日期的“随要即还”的贷款收入，而且总是低于定期贷款的利息，无论是长期的或短期的。

有一种风险是两人所共有的;可以叫做经营企业的贸易风险。这种风险来自原料市场和成品市场的波动,来自风尚的意外改变,来自新发明,来自强大的新竞争对手侵入其地盘等等。

但还有另一类风险,这类风险必须由借入资本的人,而不是由别人来承担;我们可称之为个人风险。因为贷款给旁人供他营业上使用的那个人,不得不收取高额利息,以防备借款人在个人性格上或能力上可能有弱点或缺陷。借款人可能不像外表那样能干、奋发和诚实。他不像运用自己资本的人那样严肃对待失败,投机事业一有不利于他的征兆,就即刻退出。与此相反,如果他的人品不高的话,他就可能对自己的亏损感觉不太锐敏。因为如果他即刻退出,他就会失掉一切;但如继续进行投机,则任何额外亏损将由债权人负担,而任何收益却归于自己。许多债权人因为债务人的这种半欺骗的怠惰行为而遭受损失。也有少数人因有意的欺骗而遭受损失;例如债务人可以用很巧妙的方法隐匿事实上属于债权人的财产,等到宣告破产后,他可以另创新业;并逐渐动用他所隐藏的资金,而不致引起太大的怀疑。

因此,借款人因使用资本而必须付的价格,在他看来是利息,在放款人看来却是利润,因为它包括一笔往往很大的风险保险费,并包括为了尽量减少这种风险所做的管理工作(这种工作往往是很费力的)的报酬。这类风险和管理工作的性质如有变化,自然会引起所谓毛利(因使用资本而付的利息)的相应变化。所以竞争的趋势并不会使毛利趋于相等;相反地,放款人和借款人越充分地了解借贷情况,则有的人比别的人按较低利率获得贷款的可能也愈大。

的确，如果两种投资的规模都很小，而充分了解这种投资的人也不多，则资本的流动也许是很慢的。例如，有人可能以很小的抵押为担保，付6%的利息，而他的邻人却以同样的抵押为担保，付5%的利息。但在大宗借贷中，净利率（就与其他利润因素分开的利息而言）在整个英国大致相同。而且由于往来交通日益发达，尤其是由于所有西方世界各国的大资本家存有大量证券交易所的证券，各国平均净利率的差异，正在迅速地缩小；因为提供相同收入的证券在全世界同一天内的售价实际上是相同的。

由于各种各样的原因，有时相对于需求而言的可用资本的供给量会大大超过另一些时候。当需求不足时，如果抵押品可靠，需款时又可以随时收回自己的放款，则银行家和其他借贷人就会满足于低利率。在这种时候，他们甚至愿意以不太高的利率向不是以第一流证券作抵押的借款人发放短期贷款。因为，如果他们发觉借款人有缺点，他们有权拒绝展期，从而损失的风险得以大大减少；而且，根据可靠的抵押品发放的短期贷款只收取一种名义价格，他们从借款人那里得到的利息几乎全部是风险保险费和手续费。但从另一方面来看，这种贷款对于借款人实际上并不十分合算：它使借款人陷于风险的包围之中，为了避免这种风险，他往往宁愿支付高得多的利率。因为假如有任何不幸损害了他的信用，或者假如金融市场的混乱使可贷资本暂时短缺，则他立即会陷入极大的困境。因此，按名义上很低的利率放款，即使是短期放款，实际上也不能成为上述通则的例外。

来自总源的资金流入生产中的投资有二：其中较小的一股是加在已经积累起来的资本上的新投资；而较大的一股只是重置损

坏的东西，不管是直接一次消费的如食料、燃料等，或逐渐磨损的如铁路，或时间推移的如稻草屋顶或商业样本，或几种的综合。第二股的年流量，甚至在像英国这样耐久资本占优势的国家里，也可能不少于总资本量的四分之一。所以，就目前的情况来说，我们有理由假定，资本持有人一般说来基本上能使资本的形式和自己时代的正常条件相适应，以便从这种或那种投资中获得相同的净收入。只有在这种假设的基础上，我们才有权说，一般资本是在人们预期各种形式的资本都能获得同样净利息的条件下积累起来的。

我们不能不反复说，“利率”这个词，只能在有限的意义上应用于过去的资本投资。例如，我们也许可以作出这样的估计，在最近的大战之前，英国约有七十亿镑的商业资本以大约3%的净利率投资于本国的各种工商业。不过，这种说法虽然方便，在许多场合也是容许的，但并不准确。应该这样说，如果在每一行业中新资本投资（亦即边际投资）的净利率为3%的话，那么在各行业中的全部投资所得的总净收入即是：若以三十三年的利息（即3%的利率计算）还原为资本，则约为七十亿镑。因为，资本一经投于改良土地，建造房屋，修建铁路和制造机器，则它的价值便取决它所产生的净收入。如果其创造收入的能力降低，则其价值也将相应降低，新价值可以从减少的收入中扣去折旧，再加以资本还原化求得。在最近这场世界大战后的动荡不安的形势下，是无法进行这种估计的。

人们也许不相信，我们这个世界上的人会陷入这种境地，即：尽管私有财产制度仍和现在一样，但资本的供给大到其中有些找不到有利的投资机会。然而我们却可以想象有这样一个世界，其居民和我们这个世界上的居民一样自私，但私人积累的财富很大，

而有利使用的地方很有限。在这种情况下，许多人想的可能只是为年老和患病作准备，而只有少数人愿意为了现在的需要把未来抵押出去。在此种情况下，推迟享受和等待将是一种引起处罚，而不是带来报酬的行为。一个人把自己的财产交别人来管理，就只能希望得到可靠的但少于其贷出的东西，而不是更多的东西；这样，利息就将成为负数。

这种情况是可以想象的。但我们也可以想象，并且几乎同样有可能的是：人们非常渴望工作，以致为了得到工作愿意忍受某种痛苦。因为，正如一个谨慎的人为了自己的利益愿延缓其某些财产的消费一样，一个健康的人也是为了自己的利益愿做一些工作。例如，政治犯有时认为允许他做一点工作是一种恩惠。所以我们有理由说，资本的利息所以成为等待物质享受所引起牺牲的商业报酬，只是因为没有人肯无报酬而储蓄；正像我们说，工资所以成为劳动的商业报酬，只是因为没有人肯无报酬而辛勤劳动。

总之，因延缓生产所提供的劳务享受而增加的净产品，须以利息来偿付。当这种净产品的价值，估计大于使用资本所必须支付的价格时，则利率上升。当两者相等时，则利息达到均衡水平。

2. 在大企业中，有些管理的收益列为薪水；在小企业中，有一些工作的收益列为利润，以致小企业的利润率与大企业的利润率比起来，表面上较实际为高。

亚当·斯密指出，“小企业主做许多在大企业中由拿薪水的经理和领班所做的工作，经理和领班的收入在计算利润前从大企业的净收入中扣除，而小企业主的全部劳动所得则算作他的利润。”他又说，“在大村镇市场中，生意最兴隆的药剂师，在一年内出售的全部药品,其成本可能不超过三四十镑。”因此,虽然他能够售得三四百镑,或十倍的利润,但这种利润往往只不过是他劳动的合理工资,这种工资他除了加在药品的价格上别无他法。他表面上的大部分利润,正是在利润中隐藏着的实际工资。在海口小市镇上,资本百镑的小杂货商人,会获得40%或50%的利润,但同地资本万镑的大批发商人,很少能够获得8%或10%的利润。[①]

假如缩小小企业中利润这个名词的范围,而扩大大企业中利润这个名词的范围,从而使它在两种场合都包括同类服务的报酬,则大小企业正常年利润率之间的大部分表面上的差异就肯定会消失。有一些工商业,其中大资本的利润率,如计算准确,会高于小资本的利润率,虽然以普通方法计算,似乎比小资本的利润低。这是因为竞争于同一行业中的两个企业,大企业往往能以较贱的价格买进原料,并能享有大规模生产的许多经济效果,如分工和机器的专门化等等,而这些是小企业力所不及的。小企业可能享有的唯一重要优势,是和顾客比较接近,便于投顾客之所好。在这种优势并不占重要地位的行业中,特别是在一些制造行业中,大厂商能以高于小厂商的卖价出售产品,从而开支少而收入大;因此,在这两种场合下,如果利润都指的是含有相同因素的利润,则前者的利润必然较后者为高。

当管理的工作与资本比较相对大时,管理的正常收入与资本比起来自然也就相对地高,因而资本的年利润率亦高。管理工作之所以繁重,是因为组织和设计新方法要费很大的心力,或者因为

① 《国富论》,第一篇,第十章。

它包含有许多忧虑和风险，而且这两者经常一道发生。各行业自然有其自己的特点，关于这方面的一切规律，很容易有重大例外。但在其他条件不变的情况下，下面的一般原理仍将是有效的，并能解释各行业正常利润率的许多不相等现象。

首先，一个企业所需要的管理工作的数量，取决于流动资本额的程度要大于取决于固定资本额的程度。因此，在耐久性设备过多的行业中，利润率往往较低，因为耐久性设备一经安装，就无须花费很大精力看管。这些行业多为股份公司所掌握。铁路公司和自来水公司，尤其是拥有运河、船坞和桥梁的公司，它们的董事和高级职员的工资总额在所投资本中所占的比例很小。

其次，在企业的固定资本与流动资本的比例不变的情况下，工资总额相对于原料成本和存货价值越重要，管理工作一般就越重，因而利润率也就越高。

经营昂贵原料的行业，它们的成功在很大程度上取决于运气和买卖上的能力，正确地、恰如其分地解释影响价格的种种原因，需要有清醒的头脑，而有这种头脑的人不多，从而可以获得较高的收入。一般说来，在其他条件不变的情况下，除非从事有风险的事业的人预期所获得的利益将大于其他行业，预期可能获得的利益将超过可能遭受的损失（根据合理的计算），否则他不会经营这种企业。假如这类风险没有绝对的害处，人们就不会向保险公司缴纳保险费，因为他们晓得，所付的保险费除了用来偿付实际险值以及巨大的广告费和行政支出外，还提供净利润。如果没有保险，如果防止风险的种种实际困难可以克服，则在长期内他们必然会得到相当于保险费的补偿。但是，还有许多人，他们依靠自己的智慧和进取精神完全有能力管理好复杂的企业，但在巨大的风险面前却裹足不前，因为他们自己的资本不足以承担大损失。

在投机因素不很重要的行业中，管理工作主要是监督，管理工作的报酬和工作量基本一致，工资总额可作为该报酬的一种极其粗略而方便的尺度。在概括说明利润在不同行业中一般倾向于均等这一事实时，最准确的说法也许是：假设运用的资本量相等，利润每年有等于总资本的一定百分比和工资总额的一定百分比的趋势。

特别精明强干的制造商采用的生产方法和机器，都会比竞争对手强；他会把企业的产销组织得较好，使二者相互配合得较为恰当。用这种方法，他将扩大他的企业，从而获得劳动和设备专门化的较大利益。这样，他将得到递增的报酬，也得到递增的利润。因为，假如他是许多生产者中的一个，则他所增加的产量实质上不会降低他的商品价格，因而大规模生产的经济利益，几乎都归他自己所有。如果他对该行业拥有局部垄断权，则他将调节产量的增加，使他的垄断利润不断增加。

但是，如果这种改进不局限于一二个生产者，如果改进的产生是由于需求及其与之相适应的产量的一般增加；或由于生产方法或机器的进步为整个行业所分沾；或由于辅助工业的进步和“外部”经济的普及，那么产品的价格就将接近这样一种水平，在该水平，只能为该行业提供正常的利润率。在该过程中，该行业可能将降为正常利润率较低的行业；因为它比以前一致和单调，所费的心力也比以前少了；也可以说因为它更适合于共同经营。因此，在某一行业，产品量和劳动与资本量的比例增加，势必引起利润率的下降，从某种观点来看，可以认为它是以价值衡量的报酬递减规律。

附录E[1] 关于银行发展的注释，特别着重英国的经验

1. 银行的起源。意大利和荷兰的企业。

在文明初创的时候，人们似乎就已经认识到了联合和组织起来保管货币及转让购买力和信贷的好处。例如在迦勒底、埃及和腓尼基的历史中，即可以看到原始的银行和股份贸易公司的痕迹。在希腊，铸币时代到来之前，德尔菲神殿和其他安全的地方曾被当作贵金属的贮藏所，后来它们便向政府或私人发放有息贷款，虽然它们自己使用储存在那里的钱币并不支付利息。私人钱币兑换商最初的工作，是把许多不同的金属通货较为准确地转化为共同的价值单位，以后又接受付息的存款，并以较高的利息贷出，同时允许人们向自己开汇票。罗马的货币商人步希腊的后尘；随着罗马的商业不断发展，以及罗马与其各行省之间的财政关系日益密切，他们所从事的银行和汇兑业务的种类愈来愈多，范围愈来愈广。[2]

① 本附录是为第二编第三章写的。

② 二千年前，纸币在中国已有使用，在那里至少一千年前已给了汇票以飞钱这个适当的名称。《各国银行史》第四卷，第549页。

中古和近代银行的简明历史，见《派尔格雷夫政治经济学辞典》；另一本论述到早期银行的书是康拉德的《袖珍辞典》。关于希腊和罗马的银行，参阅比希森许茨的《财产与企业》，以及德路姆的《罗马的金融家》。

但罗马银行的影响早就消失了,当贸易和工业在中古时期又开始复活时,人们不得不重新学习有关金融的知识。最初,铸币的质量很差,而且常被作恶的人损坏;因此,兑换钱币需要专门的知识,机敏的人很容易赚大钱。有一个时期,兑换钱币和放款的工作主要掌握在犹太人手中,但大约在十三世纪,基督教徒把这项工作接了过来,经常发生的反犹暴力活动帮助了他们与犹太人竞争。[①]在许多国家,打头的是伦巴第人;因而其他国家信奉基督教的钱币兑换商和放款者,即使不是伦巴第人,一般也被叫做伦巴第人。随着时间推移,这些私人钱币兑换商的业务不断发展;当经营银行的方法在他们手里日趋完善时,特别是在意大利,国家银行就建立了起来。但私人企业的出现似乎总是先于国家企业。

2. 许多大银行可在兑换货币业务中找到其起源;这种兑换业务由于每种通货都有缺陷而很难进行。“银行货币”一词的初期应用。

在文明的初期阶段,货币交换并不是一种重要业务,因为远途旅行很少,而且一条船停靠在一个外国口岸时,常常力求其买卖的数量平衡,以便不需要带去或带回很多的货币。但后来,当贸易变得越来越多样化和专业化时,商人根据某一地方的通货计算的销售额常常远远多于或者远远少于他的购买额。贸易差额所造成的不平衡,可以很容易地通过原始的银行业务来纠正,实际上就是通过货币兑换商来纠正的。但送到货币兑换商那里的钱币有些是用劣金属铸造的,也有些被磨损得很严重,因此他实际上往往像对待

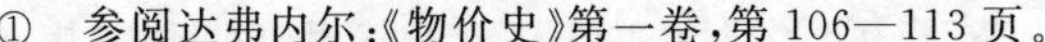

① 参阅达弗内尔:《物价史》第一卷,第106—113页。

一堆各种各样的旧金属块那样对待一口袋钱币，每一个都要过秤，并大致确定其质量；当然他的怀疑总是有利于自己；所以他很忙，常常赚钱。十字军和富有的旅行家们，特别是到罗马和到耶路撒冷的人，虽然随身携带的钱币不多，但在旅途中却花费很大；他们的需要增加了放款者和货币兑换商的工作。一般流通的钱币常常是被切削过的，因为当时的铸币技术还不能使钱币与证明其价值的印模完全吻合，每一块硬币的形状是不规则的，这诱使经手货币的放款者，从每一块硬币上为自己切削下来一点金属。

在意大利、德国和荷兰，早期银行的主要工作就是兑换货币，而兑换货币的特权常常是因为银行贷款给政府或为它商定贷款而获得的；这些政府甚至在还不能保证永久当权的时候，其野心就很大，但财力却很有限。

这种情况，亚当·斯密已明确指出过。他说："在银行名称发源的意大利，其最早的银行是金融公司……贷款给它们所在地的市政府并替它们发行公债……这些银行成立了好久之后，它们才开始从事我们所谓的银行业务，但开始时它们从没有想到这种业务……像热那亚或汉堡那样小邦的通货……大部分必然是其中居民们不断往来的邻邦的铸币构成。"中古时期办得好的一些大银行曾收很高的贴水。"例如，汉堡银行的贴水，据说约为14%，它是国家标准良币和邻邦劣币之间所假定的差额。"①

① 《国富论》，第四篇，第三章，第一节。他对阿姆斯特丹银行的叙述，还可以进一步引证："这家银行既接受外国硬币，亦接受本国磨损的轻量硬币，除了在价值中扣除必要的铸造费和管理费，即按照国家的标准良币，计算其内在价值。在扣除此小额费用之后，所余的价值，即在银行账簿上作为信用记入。这种信用即叫做银（接下页）

这里可以比较一下昔日阿姆斯特丹货币市场和今日伦敦货币市场的状况。它们在各自的时代都是世界金融领袖，而且都是主要领袖。它们各自在其历史上的危急时刻都得到了大海的巨大帮助。当欧洲大陆上最强大的陆军也屈服于拿破仑，而英国陆军还很弱小的时候，是大海保护了英格兰银行，使它免遭拿破仑军队的掠夺。英国的财富受到了大海的保护，而荷兰人则可以开闸放水，来保护其储存在阿姆斯特丹的财富。

早期银行的一项主要工作是把货币支配权由一处汇往另一处。由于随便哪一处都难得有标准良币，因此这项工作是很困难的。银行货币的出现，保证了付出的货币与收进的货币相等。所以，正如巴奇霍特所说："储蓄银行最初执行的职能……实际上是向国家供给纸币……当个人开始拥有大量的银行券时，他会突然感到……他太信任银行家了，他并没有得到什么报酬。和窖藏硬币一样，保有银行券也有遗失和被窃的危险。假如把钱存入银行，则只有在银行倒闭时才会遭受损失，而没有窖藏硬币的危险。……最后为大家所公认的道理取得了胜利。银行券的流通减少，存入银行的货币增加。"①

(接上页)行货币，因其所代表的货币，恰好符合于造币厂的标准，故经常有同一的真实价值，而其真实价值又大于流通的货币……它只要通过一种简单的转账手续就能支付出去，用不着费神去计算，或冒险由一地运到另一地。"现在"银行货币"一词的含义正是从这里来的。

① 《伦巴第街》，第 80—88 页。

吉尔伯特在《银行史》(1882 年版，第一卷，第 14 页)一书中指出，"兑换所"这个名称实际上起源于兑换各种不同通货在早期商业中所起的重要作用。当时设在海港的皇家兑换所常常向需要者供应外币。这种机构即"称为兑换所，商人们从事交易的公共场所，可能就由此而得名。"

但英国的银行制度,正如它对新大陆的开发那样,仿效的是荷兰人的做法,而不是意大利人的做法。阿姆斯特丹银行和现在的英格兰银行一样,在很长一段时间内在国际商业中占有突出的地位。

3. 中世纪后期银行的各种职能。

早期银行小规模地执行了现代银行的大部分职能;此外,它们还担负着类似现代证券交易所的许多工作。它们还充当统治者的代理人;当时国王或统治者直接借到钱不那么容易,因为人们,特别是放款者,从经验中晓得,统治者们如果感到还债不方便,就会把它搁在一边;或者如人们所说的,"把刀剑放在天平上",使支付保持平衡。

另一方面是意大利和其他国家的自由城邦,虽然它们的公共支出有时和王公贵族的支出一样毫无节制,但它们却不能轻易毁约。因为它们的权力建立在信用的基础上,它们的财富主要得自贸易,而进行贸易的必要条件是政府在与人交往方面享有诚实的好声誉。英国金融业中心受到了意大利开创精神的直接影响,这可以从伦敦的金融中心被命名为伦巴第街这一事实中看出。据记载,伦格巴人以及各国的商人及旅行者们常有一天去伦巴第街两次的习惯。[①]

储存粮食和铁条的仓库,只不过是商品由生产者转给消费者的一个中转站。但储存金属货币的仓库,如果能维持某种纸币的

① 转引自毕斯乔普的《伦敦货币市场的兴起》,第35页,该书中有一些很有意思的细节描写。

声誉或信用，使它们能够在交换中和同额硬币一样有效，那么它不用拿出很多存货，就能执行其主要职能。事实上，由于好声誉可以产生好声誉，假如大家都相信信用的基础存在，即使它本身已不存在，好声誉仍能得到维持。阿姆斯特丹银行信用最好的时期，正是其金属储备被秘密地贷款于各种公共用途而坚实的信用基础遭到破坏的时候。意大利银行和阿姆斯特丹银行似乎都没有发行过严格意义上的银行券。所谓严格意义上的银行券，就是持票人不需要背书而凭票即可以向银行兑付一定金额的票据。瑞典于1661年发行了这种银行券。①

十八世纪初，荷兰的商业势力开始让位于法国和英国。这两个国家都是荷兰人的学生。但路易十四的支出使法国的财政状况

① 阿姆斯特丹银行秘密地把其储备金属贷放出去，并不是为了给自己牟私利。指使它这样干的国家最终赔偿了由此而给该银行的顾客造成的损失。这件事直到1790年才被人发现。不过，哈理斯似乎早在1757年就对此有所察觉了。他指出："有良好信用的票据，除了不会像铸币那样受磨损外，还便于大额支付。但其数量应受到应有的限制。假如它们的增加量远远超过其所代替的实际金银块的储量，就会有两种弊害：使现款流通数量超过其自然水平；在危机时期，损害自身的信用，但提供信用贷款可以获得很大利润，人们很难抵御其诱惑力。现存银行是否都严格遵守了上述规则，是很成问题的，虽然其中有些确实是按照这里所规定的模式建立起来的。"这一段刺中要害的话可能主要是针对阿姆斯特丹银行说的，暗示有远见的人对它的倒闭并不感到十分奇怪。

汉堡银行和阿姆斯特丹银行如出一辙，其重要性不亚于阿姆斯特丹银行。它总是忠实地保有储存在它那里的金银块。有名的1810年《金银块报告》着实称赞了它一番，使人感到很有意思。

瑞典和德国的早期纸币，似乎是一种存款单，颇类似现在美国有时还使用的"保付支票"，而不那么像阿姆斯特丹银行发行的"瑞西比森"(Recipissen)。后者是储存金银块的收据；当以此为储备金发放的信贷被收回时，持有者(在一定条件下)可以要求兑现；事实上，这是一种可以转让(而且可以分割的)当票。参阅詹森和范德尔博特的《各国银行史》第四卷，第211、394页。

陷于混乱，法国由于财富少得可怜，中产阶级很不稳定，没有能力带头用科学方法发展银行业。苏格兰人约翰·劳于十八世纪初建立起来的皇家银行的倒闭，带来了巨大灾难，致使在法国一提到银行便叫人不寒而栗。“过了差不多一个世纪，借助于第一执政握有的大权，才建立起另一个享有同样特权的银行，即法兰西银行。”①

4. 英格兰银行的起源。

低地国家和法兰西在英国之前就把西欧的影响传播到了别的大陆。但英国的资源和需要逐渐使它成了头号海上强国。英国人虽然不如某些国家的人那样善于从事新的冒险事业，但他们深谋远虑，意志坚强；而且他们的语言在扩大使用疆域方面，比任何其他国家的语言都快。

行动的时机终于到来了。但除此之外，还需要把整个帝国的金融资源至少像军费那样很好地组织起来。为此而采取的一项最重要的步骤，是创办英格兰银行，虽然当时并没有充分认识到它的重要性。建立该银行的法令似乎没有什么重要之处。因为它只宣称：“允许英皇陛下征收船舶吨位税和啤酒及其他酒类税，俾那些自愿(按 8%的利率)借出一百五十万英镑以从事对法战争的人，获得本法令所举出的某些赔偿和利益。”根据该法令组织起来的这些人可以借入不超过一百二十万英镑的款项，并可以通过签发背书后可以转让的票据来放款。他们有权自己决定应储备多少铸币。英格兰银行的创始人佩特森很懂得适当储备的必要性，不赞同张伯伦和约翰·劳的做法。他宣称，“只要商业世界接受并选定

① 引自《各国银行史》中德埃萨先生的话。

金银作为其他物品的标准和尺度……不以通用的金银币为基础的信用就不牢靠，就不能安全而长期地存在下去。”他认为，英格兰银行“只要经常保有二三十万镑储备金，即可以使自己的一百二十万镑基金在市场上流通。”他对储备金和负债比例的这种估计是正确的，是与以后的经验相符合的。

但英格兰银行很快就陷入了极大的困境，部分原因是银行董事们（佩特森同他们已脱离了关系）在储备金问题上采取了不负责任的态度；但主要还是由于 1695 年政府为制止铸币质量越来越低劣的趋势而采取了果断的必要措施，使商业受了震动。在英国货币史上，这是受到伟大人物的影响而获得不朽声誉的第一段历史，此段历史主要是受到了洛克和牛顿的影响。他们反对那个有才干但刚愎自用的朗兹，而支持蒙塔吉提出的，使铸币恢复足值的计划。①

1697 年的新特许状，允许英格兰银行发行不需背书即可流通的纸币，也就是发行真正的银行券，并给以独占的特权。1708 年的特许状进一步明确了这种特权，禁止“股东在六人以上的其他银行在不列颠的英格兰区域内以汇票、或即期票据、或期限在六个月

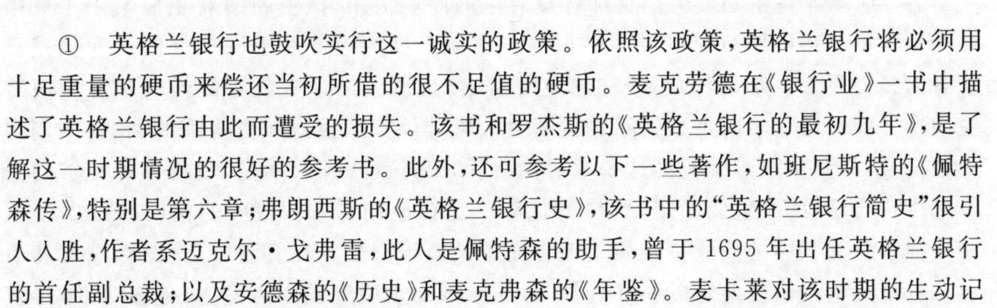

① 英格兰银行也鼓吹实行这一诚实的政策。依照该政策，英格兰银行将必须用十足重量的硬币来偿还当初所借的很不足值的硬币。麦克劳德在《银行业》一书中描述了英格兰银行由此而遭受的损失。该书和罗杰斯的《英格兰银行的最初九年》，是了解这一时期情况的很好的参考书。此外，还可参考以下一些著作，如班尼斯特的《佩特森传》，特别是第六章；弗朗西斯的《英格兰银行史》，该书中的“英格兰银行简史”很引人入胜，作者系迈克尔·戈弗雷，此人是佩特森的助手，曾于 1695 年出任英格兰银行的首任副总裁；以及安德森的《历史》和麦克弗森的《年鉴》。麦卡莱对该时期的生动记述是很著名的。罗杰斯在其著作中用整整一章篇幅描述了张伯伦提出的那项建立土地银行的不切实际的计划。

以下的票据来借、贷或承兑任何款项”。1742 年的特许状重复了这一条，并说这是“独占银行”的特权。每个特许状都给予了该银行以某种独占的权利，以报答它在金钱上给予政府的帮助。但当新王朝的统治比较稳固时，就不能为重订独占权利辩护了。①

5．英国银行业范围的扩展。

授予英格兰银行的某些独占特权是无法维持的。因为英格兰银行当时没有分行，而一家伦敦银行不足以应付一个大国的所有货币业务。

特别是新兴的制造业，为了付款收款以及获得信贷，需要经常与银行打交道。当时没有电报，邮政也很慢，单独依靠驿马运送货物耗资巨大。运河自然大大地便利了货物的运输，但其总里程很短，甚至最好的运河也往往被水闸边拥挤的船舶和冰冻所堵塞。每一个经济活动中心至少要有一家银行或一大银行的分行。

同时，新的工商业活动要求能更便利地尽快得到信贷，能更便利地迅速偿还债务。家庭制造的货物被作坊和工厂的产品所代替，以货币支付的工资在增多，以实物支付的工资在减少。中

① 斯图亚特王朝使人们更加怀疑君主的商业信用，该王朝的君主们给予了奥格斯堡和其他城市的银行家以过大的权力。威廉三世的地位由于许多臣民认为他是篡位者而显得更加困难，因为当合法君主复辟时，他所欠的债务就可能被勾销。伯内特主教在下面一段著名的话中说：“据说荷兰人常常计算从银行那里得到的利益；他们得出结论说，只要英国继续妒忌这个政府，我们的银行就永不会稳定，也得不到足够的信用来维持自己，因此他们断定，贸易的优势一定在他们那方。”威廉的精明及诚实使他一再强调立宪政府的商业信用属于议会而不是属于国主。在其整个历史中，诚实和勇敢一直是英格兰银行最好的一部分资本，这颇归功于威廉的深思熟虑，他在 1701 年曾催逼下议院维护公共信用，说：“只有使这样一条规则神圣不可侵犯，才能维持公共信用，这条规则就是，凡相信国会担保的人，绝不会遭受损失。”

间人在增加;无论是原料还是成品都需要经过更多的人的手。制造业的发展使人口集中于英国的某些地区,但在另一些地区,制造业的发展却使工人趋于分散,以寻找水力资源或逃避旧工业中心对工商业活动的种种限制。所有这些变化增加了各地对通货的需求。

同时,对贷款的需求也在迅速增加。旧商人家族正被一些工匠出身,或其上辈是工匠的新人所代替,他们在其事业发展的每一步,都需要新的资本。这些人可以使当地的放款者对他们很放心,因为放款者很了解他们的品德,可以每季度调查一次其资产的变化情况,但他们却无法使那些不了解当地情况的人相信他们。最后,因为要在当地使用,他们需要的大部分借款必须是以通货的形式提供的。

自然,汇票不借助任何正式信用机构,也可以满足对货币的一部分需求,但汇票的使用范围是有限的;因此,每一地区的知名人士发行的纸币很流通;无论如何,人们在小额支付中会接受这种纸币;与其说这是由于人们确信发行者有永久的偿付能力,不如说是因为他们相信能够很快地把它转让给邻人。那些能以自己的票据或期票放款,并利用这种贷款使自己的票据流通的人,往往可以获得厚利。这种情况产生了一些引人注目的结果,其中之一是,许多人因此而认为信用即是资本。他们看到,谁能使自己的票据流通,谁就能支配资本,就能用这些资本开办企业或把它们借给别人。他们不晓得,这种人实际上是在某种程度上利用了昂贵的贸易机器,而这种机器的运转依靠的是国家发行的铸币、政治安定以及社会信用。他们没有注意到,这种机器运转得愈快,愈容易出故障,当某些人从这种加速运转中获得好处时,运转的不稳定性带来的害处却落在了别人头上。

虽然发行纸币对阿姆斯特丹银行(该银行对英格兰银行的影响极大)的成功没有起什么作用,虽然发行纸币对意大利银行的成功所起的作用也很小,虽然真正的银行券只是最近才开始使用,但一般认为,发行银行券的权力对银行业的成功来说是不可缺少的。

英国的繁荣主要依赖于自由,但这种自由却给英国银行业带来了一些奇怪的现象。例如,直到 1802 年"某一店主因为已习惯于在自己的买卖中开伦敦的汇票并汇款至伦敦,所以也为其顾客和其他邻人这么做。虽然他可能很少想到或根本没有想到要发行银行券,但他的门口却挂着'银行'的招牌,并在开出的汇票上印上银行的字样"。[①]

这些商人银行家有些经营作风很严谨,创办了一些至今还存在的银行。有些却很不幸。另一些人则从不试图稳步前进,只要能够发财,就不大考虑是否在浪费顾客的财产。他们大胆地投机。

① 桑顿:《论信用》,第 155 页等。他还说,在有些情况下,这个店主会"出利息来收取他邻人的货币,所附的条件是必须事先通知才能兑付",换给他邻人的是一种可转让的"票据,票据上标有存款额、利率以及期限"。但这种票据"流通很困难",部分原因是:计算它的价值很麻烦;因此"一些银行一方面鼓励这种票据流通,另一方面为了消除因要求事先通知带来的不方便,还签发一种经过一段时间便可以凭票兑付的票据,但实际上,对于这两种票据,无论何时要求兑付,这些银行一般都予以满足,而且不扣除利息"。

1793 年,一项法令授权利物浦市政府在某种条件下可以发行付息的、面额为一百镑和五十镑的纸币。葛纳教授在一篇文章中刊印出了一张这种纸币,见《经济学杂志》1896 年 9 月号。

假如很幸运,他们便会发财。假如运气不好,只要有一点儿风吹草动,人们就会拿他们发行的钞票去兑现,从而看出他们的底细。破产后,他们会一贫如故,但在此之前,他们却享尽了荣华富贵。①

轻率经商的灾害,经常波及没有直接关系的人;而且在这种情形下,经商的本钱大都是从小户人家那里获得的。自然,那些持有少量钞票的人,严格说来并没有借钱给发行钞票的银行。但他们是用有实际价值的东西,尤其是用日常劳动来换取银行券的。所以,当谣言动摇了信用时,他们就会蜂拥到银行兑换他们手里的钞票。他们的信任是盲目的,他们的不信任也是盲目而猛烈的。这种挤兑常常使银行倒闭。其实,假如每个人不是急迫地争先要求偿付的话,银行是可以逐渐地还清的。一家银行的倒闭引起了对周围其他银行的不信任风暴,并使真正殷实的银行倒闭,正如火灾由一个木屋子蔓延到另一个木屋子,直到连耐火建筑物也被大火的火焰焚毁一样。事实上,大约每隔十年,就发生一次恐慌,所以有心人经常要注意通货的管理。诚然,一些最严重的灾害被 1775 年的法律所阻止了。这项法律禁止发行小于五镑的银行券。但在 1793 年存在的四百家乡村银行中,有三百家被那年的危机所动摇,有一百家倒闭。

无疑地,一种自然的补救办法是废除英格兰银行的独占权,因

① 暴发的发行银行的历史,有点像欺骗性的地方赈济会,这种赈济会常常辜负许多穷人的希望。不过,赈济会的结局几乎都是悲剧,而在英格兰、苏格兰、爱尔兰以及其他国家,特别是美国的暴发银行的历史中,却可以见到许多喜剧。参阅沙克斯上校的论文《银行业中的自由贸易》,载《统计杂志》第三十卷;并参阅凡登的《新英格兰经济史》第十章和第十三章。

为它阻止了在全国设立资力雄厚的股份银行。终于,议会重新审查了英格兰银行特许状中有关禁止在英国成立六人以上合伙银行的那一条款,发现这一条款只适用于发行见票即付票据的银行。于是,现在在英国很普遍的那种股份银行开始成立了。正如大家所知道的,它们的数目逐年在增加,其中有几个设有很多分行。这样,全体人民就几乎都能和银行机构密切接触了。[①]

6. 在拿破仑战争时期英格兰银行与政府的关系。

在与法兰西共和国和拿破仑交战之前的很长一个时期,英格兰、苏格兰和爱尔兰的纸币发行者,在必要时都依赖英格兰银行的支持;保有该行的纸币就掌握了在伦敦或海外最后偿付债务的手段。所以,所有谨慎的银行家都把所存的英格兰银行纸币当作准备金。甚至在伦敦,私人银行都已晓得,它们的顾客偏好英格兰银行的纸币。此外,它们自己的纸币可以很容易地为其敌手所搜集并突然来兑现。最后,1793 年的萧条,使它们坚决地私下收回了它们自己的钞票。

因此,在 1797 年,各方面的目光都落在了英格兰银行身上。当时战争的需要使皮特对英格兰银行施加强大压力要它提供帮助。这种压力再加上在商业上新发生的不信任,使它的库存金银降低到两百万镑以下。皮特能够提供的帮助,只是禁止以硬币或金银块兑换它的纸币。因此,这些纸币虽然在名义上不是,但实际上已成为全国唯一的大笔交易中的法币了,其余流通的纸币都以之为基础。

① 其中四家最大的银行在伦敦和别处有五千多个分行。

英格兰银行不仅从政府的禁令中得到了物质力量，而且还由于政府公开依赖它而获得了道义上的力量；两者如像一个世纪以前那样，几乎是休戚与共。但却有这样的差别：以前，政府的利益只是国内一个政党的利益；而现在，政府则代表着整个国家与外敌斗争。①

在战争中，英国成了世界贸易的中心，因为，那时如果没有英国的许可证，几乎任何船只都无法航行，而且大陆上的贫穷国家都指望得到英国资金的帮助来和共同的敌人作战。因此，英格兰银行不仅在英国人的眼里，而且在全世界人的眼里，都成了这场大战的中心；在这场战争中，经济力量所起的作用虽不是绝对的，但肯定较过去任何时候都明显。

随着战争的扩大，该行的董事会在国内外越来越被看作是英国工商业的安全委员会。不幸的是，由于该银行嫉妒其他银行，而排斥所有银行家。这里，银行家一词要按其英文上的狭义来理解，银行家当时是指所有那些发行自己的纸币或接受存款而开具凭票即付支票的人。但极为了解世界经济情况的大金融机构的代表以及大商人和大批发商都在这里预测未来的变化，通过比较各自带来的情报，从所得情报的字里行间搜寻变化的动向。该银行的董事有可能为了私人的目的而利用所掌握的巨大权力；但在这里，他们的高尚品德以及为别人所嫉妒的那种合股经营权，使他们不可

① 然而，英格兰银行主要是作为中介人而为政府效劳的。图克注意到，该行对政府的实际垫款，难得远远超过政府在该行的存款尾数（《物价史》第四卷，第94页和第7页）。该行的纸币发行额，经常不超过二千五百万镑，而战争引起的特殊支出约计十一亿镑。参阅罗的《英国概况》第一章。

能那样做。桑顿在 1802 年说,“有权挑选董事并有权控制董事(这种权力他们使用得很谨慎)的那许许多多股东,乃是一些关心国家利益远甚于关心公司股票的人。”①

① 桑顿在《论信用》的第 67—69 页上补充了一些有趣的统计资料。三十年后,奥尔索普勋爵曾问英格兰银行总裁,董事们是否曾有意限制自己所持有的股票,这位总裁“相信,他们之中没有谁持有超过规定数额的股票”。巴奇霍特生动地描述了一个没有专门银行知识的年轻银行董事,他最初在董事会中从不发言,但渐渐地他熟悉了银行业务;因此,当他到了年富力强的年龄,轮到他当总裁的时候,他已几乎获得了足够的有关工作的专门知识,完全能胜任他的崇高职责。(参阅《伦巴第街》一书中“英格兰银行的管理”那一章)

附录 F[①] 国际贸易统计

1. 国际贸易统计资料如此之多，以致其中有些必然收集得很仓促和粗糙，准确性不是那么高。

关于解释物价统计资料的困难，已在附录 B 中讨论过了；其论点，特别是关于贸易方面的，在这一章里将继续讨论。

任何一个商人的私人账簿都是贸易数字的记录。但这些记录一般并不称为统计资料，因为它们涉及的范围很窄，并且主要是为这样一些人搜集的，这些人可以凭借自己对有关行业的了解来解释这些数字。另一方面，关于一国的整个贸易或某一种贸易的数字记录则被称为统计资料。这些统计资料是大规模搜集的，因而必须采用相当机械的方法来搜集。

这些统计资料是学者所需要的，因为没有它们对数量就会只有一般印象。倘若某一很有才能的人对所研究的事物的主要方面有全面而直接的了解，那他对数量具有一般印象就够了，但如果研究的是一国的贸易状况，就不能对数量仅仅具有一般印象。因为没有人，也不可能有人直接了解一国的大部分贸易，而没有这种了解，就不能正确地判断某些实例是否恰当地代表全体；因此，根据

① 这个附录附于第三编，第二章和第三章。

这些实例而得出的关于数量的一般性结论，就可能是错误的。

纵然能不偏不倚地挑选例子，得出错误结论的危险也还是很大的。事实上，提供情报的人大都有意或无意地具有某种偏见。那些利益受到影响的人，会比别人更愿意提供详细情报，尽管提供情报给他们带来很多麻烦。除这种个人利益带来的偏见外，有时人们由于想要产生某种显著效果也带有偏见。从旅行家的笔记簿里综合出国民生活的面貌时，常会发现一件事由于其引人注目而被记录下来；它所以会引人注目，正是因为它没有代表性，以致以后必须进行大量细心的研究工作，以纠正建立在不可靠的基础上的概念。为此，有时必须具有批判眼光才能发现其所表现出来的内在矛盾。但如涉及的是简单数量问题，则借助于统计数字就可以纠正一部分错误概念。使用统计资料不仅要防止统计数字本身出现错误，而且还应该知道，统计数字无法反映出影响几乎每个经济问题的一些最重要的因素。

人们常说，最严重的错误莫过于统计错误，这种说法确实有道理。因为，研究者常常声称，他们研究某一问题时只是从许多统计数字中挑选与该问题有关的数字，这些统计数字大都是由公共机构中的低级官吏或其他职位较低的人收集的，他们并不知道自己收集的统计数字具体要干什么用。这种说法只有一半正确，因而较之完全错误的说法更为有害，更加难以彻底驳倒。挑选有关的数字是一项很困难的工作。一个未经训练的学者往往忽视间接地影响有关问题的重要因素。一个不谨慎的、带有偏见的人，常常由于挑选和编制数据的方法不当而得出错误的结论，尽管他所依据的统计报告本身是正确的。

根据统计证据得出的结论都是很明确的，因而要求人们作结论时必须谨慎。不过，即使某人无意或者有意根据片面挑选的数据得出某一结论，由于他必须使用非常精确的语言，也使别人很容易补上他所忽略的数据。因此，虽然可以说统计数字往往披着当然正确的外衣，但我们也可以说，如果统计证据经过严格和多方面的检验而没有发现大错误的话，则其可靠性不亚于任何其他证据。

关于经济问题的统计证据，经过这种考验，仍然确实而完备的实在不多。确实性大都变成了某种概率或连概率都不如的东西，表面上的结论也变成了长期研究过程中的初步试验阶段。但国际贸易统计资料却特别完备、准确和可靠，对这些资料必须大规模地、谨慎地加以利用。

统计资料在消除错误方面常常是很有力量的。固然，它很少能正确地指出任何事件的某一部分是归因于当时及过去许多原因中的哪一种原因。但它常能证明，归因于某种原因的结果，不可能是由它所产生的；这种消除错误的作用，有力地推动了科学的进步。

2. 同时观察某一年或若干年内有关各种经济趋势的统计记录的方法。

本节拟告诉读者一种方法，采用这种方法可以清晰地显现出影响工商业活动的一些主要因素。几乎每一种变化，无论是向上的或向下的，都对某些方面有好处，而对另一些方面有害处。有些好处立刻会表现出来，有些害处也一样。但也有其他一些来得很缓慢，有的在三四年之后，也有的在十年或甚至二三十年之后。例如，如果保护性关税在比较短的时间内更替地上升和下降，那么一套关税的某些延缓发生的影响，只能在这一套关税不存在之后才会看到，因此很可能把它归因于后来的一套不同性质的关税。

解决这个问题的方法是，取一些画有同样横线的纸，每张纸用来登录相同半个世纪或更长时期的同一类统计记录和其他记录，并令每张纸上的每一条横线代表该时期内的一个年份，统计记录一般用曲线来表示，其他记录用简短的文字来说明。事实是理性用来建造知识大厦的砖石。采用上述方法可以使建造者获得他所需要的各种各样的砖石。假设一件事发生在 1880 年，我们怀疑它可能是 B、C、D 等原因引起的；采用上述方法便可以立即知道 B、C、D 在 1880 年及以前各年的情况。而且我们还会注意到在大约同一时期另一因素 K 的显著变化，从而使我们找到否则就会忽略掉的那种因果关系的线索。该方法所不能做到的是，它不能直接告诉我们 A 对 B、C、D 等的依存各属于什么性质。这必须根据我们以往的经验，运用理性才能做到；也就是说，一方面要依赖于科学，另一方面要依赖于人的实际本能。①

为了某些特定的目的，可以把连续各年的事实与前几年、后几年或前后几年的事实特别结合在一起讨论。最为大家所熟悉的例子是用求平均数的方法来计算什一税。什一税过去通常随着谷物价格的涨跌而变化，某一年的税额可能比次年高一半。但在 1836 年，规定 1830 年交纳的什一税按照前七年即 1823—1829 年的平

① 这一段是本书作者在 1885 年《统计杂志》创刊五十周年纪念号上介绍自己编的一本书时说的话，该书每一页上都画有一百条线，代表一个世纪。本书作者在《工业与贸易》附录 G 的结尾处，谈到解释关于高额关税（或其他原因）影响国家繁荣的统计证据所遇到的困难时，亦曾提到这一点。

均价格计算；1831 年按照 1824—1830 年的平均价格计算等等。例如，一方面 1831 年的什一税与 1830 年的只有很小的差别；另一方面与 1832 年比较亦必相差无几。这样，计算什一税的物价表就是一个“平滑”表。其相应的曲线就是一条“平滑”曲线。这种方法是合理的，因为它本身就需要相对的稳定，农民每年纳税的能力在很大的程度上要受他前几年收入的影响。

现在让我们来看怎样才能使曲线平滑。如果采用笨办法，则必须计算五年、七年、十年或其他固定年数的平均数。但当各年的数字自成一条曲线时，则这些数字本身一般就暗示我们，在所研究的时期内，有时应把少数几年归为一组，有时应把许多年归为一组。通过连接代表这些数字的点，凭手画出的曲线，常较任何根据死板规则所画的平滑曲线更能表现整个运动的真实图景。①

3. 一国贸易和经济情况的变化，往往在很大程度上是由别国情况的变化引起的；某一变化带来的主要结果常常要在若干年后才表现出来。所以，解释任何一国和任何一年的统计资料时，必须广泛地研究其他国家和其他年份的统计资料。

前面已指出，研究一国贸易路线的变化时，必须避免只在直接

① 例如，一般物价指数由 1846 年的 95 下降至 1848 年的 74，在连续三年大体保持这一水平之后，由 1852 年的 78 又上升到了 1855 年的 102。物价指数突然下降是由以下几种因素共同引起的：英国的铁路危机、丰收、谷物进口税大幅度下降等。这个低水平连续保持三年的原因是，国内商业信用不佳和国外政治动乱。1852 年至 1854 年物价指数的大幅度上升，是新产黄金的流入、收成不佳和克里米亚战争等因素造成的。凭手画的曲线由于在这里突然发生变化，从而告诉人们，下降和上升是一些强有力的因素在同一方向活动的结果。但那种平滑曲线却表示，1838 年到 1847 年的物价是逐渐而缓慢地向下摆动，接着到 1859 年逐渐向上摆动，这当然完全不符合实际情况。

影响该国工业的因素中寻找答案。在一些情况下，被忽视的因素要比人们特别注意的因素重要得多。

例如，大约一个世纪以前，英国的工业及国内交通工具发生了急剧的变化，而其他国家的情况则比较稳定。因而在以后的几十年中，几乎每个西欧国家的国际贸易史，都受到了英国工业的影响，其程度不亚于本国工业的影响，或甚至比本国工业的影响还大。现在英国工业的变化还和过去一样快，但与英国有贸易往来的一些主要国家的工业却比英国变化得更快。

我们立刻就会发现，这种理论对于信用和商业的波动特别重要，它们愈来愈容易从一国蔓延到几国，甚至在某些情形下蔓延到整个产业世界。因为电报使一国的脉搏和别国的脉搏同时跳动，几乎像用电连接起来的一群时钟的走动声一样。但其他运动则比较慢，由一国很慢地向另一国蔓延。

这就使我们看到，不管是哪个领域的历史学家，其最困难的工作就是估计某一原因要经过多长时间才产生结果。在宽阔的大洋上，潮汐并不正好在月亮引力之下高涨，而是“延缓”到几小时之后。在狭长而被分为几段的大海上，任何时候的高潮可能是二三十个小时前月亮（和太阳）的递增引力引起的。在经济史的许多领域中，类似的延缓情况特别大而不确定。但统计数据的准确性往往使人们忽视这种危险。如我们所知道的，学者可采用某些机械方法来防止这种危险。

国际贸易受季度循环的影响如此之大，以致使日历年度几乎经常成为它的最好的时间单位。但商业波动需要和信用波动一同研究；这两者的时间单位最好不超过一个月；因为，当把一场信用危机的月度记录做成年平均数时，该危机的最突出的特点往往也就看不清楚了。

由于同样原因，长期平均数常常使人看不清导致贸易数量、性质和路线发生变化的最重要原因。无疑地，这种平均数可以消除暂时性因素的干扰，例如不规则的收获季节及信用波动等。表示每五年或每十年平均变化情况的统计表最好是和代表每年变化情况的统计表和曲线图配合使用。因此，当我们考察缓慢变化的持续发展对一国的贸易额（或任何其他事物）所产生的总影响时，最好是用最近十年的平均贸易额与更早十年的平均贸易额作比较，而不是用该国最近一年的贸易与更早一年的贸易作比较。但这样的比较却不能使我们，甚至很可能不能帮助我们去考虑总结果中的哪一部分应归因于造成结果的许多变动中的哪一种变动。

轻微的扰乱很容易被“平滑”统计表（或曲线）所隐蔽，因为这里记入的各年数字（或点）是代表（比方说）十年的平均数（这一年是十年的最后一年或中间一年）。但对于大的扰乱，例如德法战争或南非战争，这种方法就往往暗示一种不存在的连续运动；并把许多不同性质的原因造成的结果变成了一种无差别的结果，因此还需要不同的研究方法。只要平滑表或曲线小心地附属于代表逐年变动的表或曲线，这种方法就可能有用。但当把它们分开时，它就最易于使人误解，和正确而谨慎地研究贸易史不能相容。

可以得出这样的结论：可把几年（有时不多有时很多年）归为一组，结合任何一个专门问题来研究；但却没有一个能应用于一般目的的统一规律。除非采取小心谨慎的态度，否则几年的平均数就往往是隐藏了、而不是暴露出事物发展过程中的真正原因。

代表一国对外贸易总额变动的数字，对于研究那些支配一般国际关系的因素具有重要作用。但人们经常研究的是一国工业的发展和该国对外贸易额的变化的相互影响；在这种研究中，按人口平均的统计资料一般最为有用，特别是可以用这种资料来比较本国和其他国家的经济情况。

附录G 通货基础不同的国家之间的贸易①

1. 一个通货建立于贵金属基础上的国家和一个通货为不兑现纸币的国家之间的贸易。

任何一种东西,例如铅,是否能在调整贸易差额方面发挥重要作用,一部分取决于其轻便性,一部分取决于它在两个国家中所具有的市场范围。因此,在两个都采用黄金通货的国家之间,黄金对调整贸易差额具有无比的重要性,因为黄金在每一国家里,实际上都有无限的市场。但假如其中一国使用纸币或银币的话,则它的作用即会大为减弱。

让我们来看看,比如英国和俄国这样两个国家间的贸易。在英国的黄金价格和在俄国的卢布价格,一方面取决于通货在每一国家所必须做的工作,另一方面取决于通货的数量。当贸易处于均衡状态时,卢布的金价将定在英国的金价对俄国卢布价格的比率上。因为,假使它不在这个水平上,而是低于这一水平的话,亦

① 这篇附录附于第三编,第五章。本文的第一节是转载著者1880年1月向金银委员会提供的证词,问题10 226。关于世界主要国家通货政策后来的演变情况,可参阅科卡尔迪教授《1914—1921年的英国金融》中的各项附录,科卡尔迪教授在这些附录中提供了许多官方数字。

即假定用一英镑换得的卢布数目，高于英国值一英镑的货物对俄国值一卢布的货物的比率（当然要计入运费），则俄国的出口商就将卖掉他们的货物以取得黄金，因为把黄金换为卢布带来的利润将高于正常的贸易利润；而俄国的进口商，如把他们的俄国汇票以当时的汇价出售，即会亏本。直接的结果将是，这些进口商会拒绝按那个价格卖出其汇票，而愿意购买俄国的货物再运回去。出口商在俄国的汇票因此按照老行市就没有市场，同时它们的价值，或换言之，英镑的卢布价值将迅速地下降。也就是说，卢布的金价将会上升，直到它等于英国的金价对俄国卢布的比率时为止。同样的方法可以证明卢布的金价不能在高于这个水平上达到均衡，因此说均衡必然是在这个水平上。

其次，假设当贸易处于均衡状态时，由于外部原因，例如政治上的不安定，卢布的金价突然下降。试举一个极端的例子，假设在俄国没有这种政治的不安定，俄国的卢布最初没有贬值，以卢布计算的物价也没有上升。那么，俄国的出口商即期望按未改变的金价出售，并按那个金价换成较多的卢布，因而得到异常高的利润。因此，那些还在考虑输出与否的人们，也将要这样做，以便得到所预期的汇兑升水。俄国的输出将大大地增加。俄国输出品的过多供给，会使俄国商品在英国市场上的价格稍有下降。但俄国输出品的这种奖励只能持续到俄国的出口商想卖掉他们的汇票的时候。他们卖掉汇票之后就会发现，既然一百镑汇票只能购买过去那样多的英国商品，又既然根据假定，在俄国卢布并没有贬值，那么这些汇票就只能卖到过去那样多的卢布，因此也就没有人继续对汇票升水；卢布的金价几乎即刻自动调整到金价对卢布价格的比率。

关于卢布的金价下降的原因，还可以做一些不同的假定，但会发现，用同样的方法，一切例子都会得到同样的结果，即是，卢布的金价下降并不能永久刺激由俄国运来的输入品，因为它几乎即刻就会自动调整到金价对卢布价格的比率。但自然这并不排除俄国的汇率由于进出口汇票及其他国际债务的相对供给的波动而发生变化。如我们所知道的，在使用黄金通货的国家，汇率经常因此而发生变化。一国出口商汇票的升水，可能因该国商人的过多输入，或贷款给别国而引起；或者因别国收回一部分贷款而引起，同其他国家相比，俄国更有可能出现这种情况。应该指出的是，当政治上的不信任情绪降低了卢布的价格时，特别容易出现后一种情况。

这一事实或许使很多人相信，卢布价值的下降一般会使俄国的出口商得到永久的奖励。因为人们看到，卢布的金价下跌会使俄国的输出得到奖励的时间延长，从而认为前者是后者的原因。但造成这种状况的真正原因是人们对俄国经济的前景普遍缺乏信心，以致投资者们想从俄国收回其资本，同时使卢布的汇率下降。只要他们在收回资本，汇率就必然会使俄国的输出得到普遍的奖励。

2. 通货建立在不同金属基础上的国家之间的汇兑。[①]

英国和使用银币的国家比如印度之间的贸易，和上述例子不同的地方，只是由于白银是一种可输出的商品，而卢布却不是可输

① 这一节转载著者 1887—1888 年向金银委员会(问题 10 226)和 1899 年 1 月向印度通货委员会提供的证词(问题 11 786)。关于证词中提出的一些支持统计论点的历史图，可参阅这个委员会的报告。

出的商品；因此，虽然卢布的金价可以自动调整到以黄金计算的物价对以卢布计算的物价的比率（运费计算在内），但就卢比而论，这种调整往往要推迟。因为，俄国的出口商除了用汇票在英国市场上购买金价没有变化的商品（或把汇票卖给需要者）之外，一般可以不使用英国的汇票，而印度的出口商却不能这样。假如银价只在英国下跌，而在印度没有下跌，向英国输出货物的印度商人就会用他们的英国汇票（直接或间接地）购买白银输入印度；只要这种情况继续下去，白银就会不断地流入印度。在整个这一过程中，由印度输出商品都会得到奖励；因此，研究这种奖励会维持多久，是有意义的。

但必须承认，以黄金计算的银价下跌可能引起英国人对印度公私证券的不信任。这将会使他们收回在印度的资本，至少会限制他们对印度的贷款；而这样就会减少印度在英国的汇票数额，从而使印度出口商的汇票升水。但像关于俄国的例子一样，我们可把这个原因引起的扰乱排除在我们的研究之外。假如把这一扰乱撇开，我们就会发现这种升水不会维持很久。

那些持相反意见的人们，一般坚持说，由于在印度的习惯势力会阻止银价变动，因而必须把银价看作是固定点，估计到以黄金计算的银价变动会使西方世界以黄金计算的商品价格同样变动。（固然印度的习惯势力远不如一般所想象的那么大，但为使这种论点不在这一点上受到侧面攻击，我们可暂假定他们的前提正确。）

假定白银流入印度不致显著地影响那里的白银购买力，那就很明显，这种白银的流入会一直继续下去，直到英国市场上以黄金计算的商品价格下降，或印度市场上以黄金计算的银价上升；最后或者每一种变动都有一些;其结果是,以黄金计算的银价再次等于英国以黄金计算的物价对印度以卢比计算的物价的比率(计入运费)。

印度政府与英印汇率涨跌的利害关系是复杂的。因英镑价值上升,卢比不变,而引起的卢比价值较英镑低落,就其对于印度的利害而言,完全不同于因卢比购买力下降,而英镑不变所引起的同一结果。因此,最好是把这两种结果分开来讨论。印度政府关心卢比价值的长远兴趣限于它的固定土地税的范围内。就重视土地税这一点而言,印度政府在根据西方原则办事的大国政府之中是独一无二的。它关心英镑价值的长远兴趣限于它的黄金债务的范围内。其次,就关于不是永久不变,但却有坚固基础的利益而论,它非常关心卢比价值能维持十五年或更长一点的时间——也就是非永久性租约的平均有效期限。此外,它对租税也一直关心,因为,虽然随着国家财富的不断增长,它可以正当地抬高租税,但它的行动自由,实际上受到一种限制,即在东方可能比在西方,更有必要采取循序渐进的方式。最后,作为欧洲劳动力的雇主,它关心卢比与英镑的比率,而不管其绝对价值,也就是关心其汇率。假如它们同等地上升,或同等地下降,问题就少一些。

关于铁路,问题可能不像表面那么严重。因为,铁路公司不可能一劳永逸地规定一种理想的运费,因有意降低运费而大受亏损的铁路公司并不多。因此,由卢比价值下降而引起的运费的间接下跌,对于铁路公司的害处似乎不像有时所想象的那么大。就存货和铁路设备的价格而言,除了已经提到的利害关系外,印度政府与卢比价值和英镑价值没有其他利害关系,因为它作为一个商人买进，以商品交换商品。

这些问题本身是很严重的，但其中大部分问题的产生，都与印度政府的困难处境有关，而与卢比或英镑无直接关系。因此，即使全世界都采用同一种通货，问题仍将存在。目前存在的问题是：从上世纪四五十年代开始，西方世界的财富和繁荣大大增加，以后一直以递增的速度继续增加，这使得西方政府能支配的资源较过去任何时候都多。这些资源多用于民政和军备方面。用于法律、教育和卫生方面的资源，以劳动来计算要比过去大，以商品来计算则比过去更大得多。军事开支可能增长得更快。

附录H[①] 国际价值与比较成本的关系

1. 国内贸易价值关系与国际贸易价值关系之间的差别。

国内贸易的价值决定于一般的供求关系。有效需求决定于那些需要东西者的可使用的购买力和他们对这东西的欲望的强度。供给一般决定于需求与各部分产品的生产成本的关系,在各部分产品的生产成本中,特别决定于把劳动和资本使用于生产那部分有利产品的边际上面。边际本身并不决定任何东西;它的地位和价值同时决定于供求的一般力量。但这些力量控制价值的方式却最好能在边际上研究。

因为,诚如李嘉图所说,假如成本不影响供给,它就不会影响价值。因此,在成本影响下使供给有收缩危险的那个边际,是研究这个影响的最好场所。对商品的欲望影响价值,是由于它影响买者按照一定价值取得这个商品的渴望程度。所以,在边际上需求的增减能使价格和供给发生变动的那一点,乃是研究需求影响的最好的一点。[②]

① 本附录附于第三编,第六章。其推理必然较为困难。

② 变动无疑是一种需要时间的过程;因此,那个边际(在其上最好把变动和价值一起研究)是随着有关问题的时间长短而变动。这就引起一些困难而重要的问题;但却和当前研究的问题没有多大关系。在我的《经济学原理》第五篇,特别是第八章,谈到了这个问题。

在研究国际价值时，必须考虑以上各点；但在国际价值中需要讨论的有两套边际，而不是一套边际（或者，假如考虑许多国家的话，就有许多套边际）。例如，假如 E 和 G 是只彼此贸易的两个国家，那么，当许多类货物的每一类由 G 输入 E 已达到了这样的极限（或“边际”），在这个极限下，对该类货物的需求正好能够把货物送还 G，并且这种货物能在 G 的市场上以足够有利的条件卖出时，这两个国家的贸易便达到了均衡。换句话说：E 的许多类货物的每一类输至 G 已达到了这样的边际，在这个边际上对 E 国各类货物的需求正好能够使 G 的相应货物送还给 E。

同样，G 国输往 E 国的许多类货物的每一类，其生产已达到了这样的边际，在这个边际上，其成本（包括运费）正好与输入 E 国货物获得的净收入相抵。G 由于输入 E 国货物，从而可以在 E 销售自己的货物，反之亦然。

2. 在假定国际运输费用不大时，最能看清国际贸易问题的主要特征（特别是它与比较成本而不是与绝对成本的关系）；这里最好是考察具有不同的自然或人为生产条件的两个相邻岛国的情况。

一个世纪之前，曾有人说，人的区别于脑力劳动的体力劳动，只是移动东西而已。很显然，渔夫和采煤者除了移动东西外不做别的事。农夫使小麦生长，但其直接工作只是移动土壤、肥料和种子，使它们处于自然力对它们起作用的位置。因此，在某种意义上就可以这样说，假如不需成本就可以作出一切可看得到的运动的话，则生产的唯一劳动成本即是思考的成本了。

但我们可根据李嘉图的方法，而不必作这样极端的假定。假设 E 和 G 是彼此贸易的两个邻岛，两岛的货物都以公费来运输，其路程是各岛一半，那么，运费就可不记在贸易账上。但假定两岛的人民不能适应彼此的生活习惯，且不允许在两岛之间迁移。虽然两岛的土壤、气候、农业及矿产资源的差别，引起其各种商品相对成本的许多差别，但假定两个岛上每一种商品的实际生产成本保持不变，并忽略不计不同行业所需要的技能的差异及帮助每人劳动所需要的资本额的差异（或者以标准效率的劳动价值来表示各类劳动和资本的价值），这样，就可以认为任何一个岛上任何商品的实际生产成本都与所使用的该岛的标准劳动量成比例。而且，运输既是免费，岛上不同货物的相对价值自然也就大体上一致；假如一夸特燕麦和一英担食糖在一岛上是同价值，则在另一岛上也是同价值①。

在开始时我们可简化我们的问题，假定两岛可运输的货物共分七大类，P、Q…V，按照 E 在生产上优于 G 的递降顺序排列。因此，我们令 E 的十个工所生产的数量为：

G 的 16 个工所生产的 P

G 的 12 个工所生产的 Q

G 的 11 个工所生产的 R

G 的 10 个工所生产的 S

G 的 9 个工所生产的 T

① 像这样的假定李嘉图并没有明确指出，他假定他的读者会补充。

自然，如果国外对制造品的需求增加，则制造品的生产将获得更大的效益，因此也就会使制造品更容易在国外市场上销售。而如对原料的需求增加，则人们必须深耕细作，虽然投入的劳力和资本比以前多，但收益却不会按同一比例增长。

G 的 8 个工所生产的 U

G 的 6 个工所生产的 V

让我们考虑 E 和 G 之间贸易均衡的各种可能位置。我们可假定，E 对 U 和 V 的需求很迫切，而 G 生产它们较方便，G 输出这两种商品，使 G 几乎能满足自己对 P、Q、R 和 S 的需要。那么，U 和 V 就将只由 G 生产，而 P、Q、R 和 S 将只由 E 生产；T 则在两国都生产。

这样所决定的国际成本关系是什么呢？那就是 G 的九个工生产的（可运输的）产品在两岛上到处都可以换 E 十个工的产品（运费不计）；或简言之，即是 G 的一个工等于 E 的九分之十个工。

很显然，情况必然如此。因为，假如 G 一个工所生产的 U 产品数量能够换得 E 九分之十个工以上的产品，则 U 的输出就会代替 T 的输出，所以，达到均衡的条件必然是 G 的一个工等于 E 的九分之十个工。纵然 E 对 U 和 V 的需求仍继续增加，但这种比率将维持到它满足了 G 对 T 以及对 P、Q、R、S 等的全部需求为止。

假如 E 的需求进一步增加，则将达到一种新的均衡。因为，由于它对 V 的需求很大，它可能已按照九分之十个工的产品换 G 一个工的产品的比率，供给了全部的 P、Q、R、S 和 T。如果它的需求仍继续增加，它就不得不提供越来越有利于 G 的条件。换 G 一个工的产品，它就必须给予：最初是八分之九个工的产品，以后是七分之八，六分之七，五分之六，最后甚至是四分之五，即八分之十个工的产品；这是相当于在 E 的 U 的劳动成本与在 G 的 U 的劳动成本的比例。到了这一点，也就达到了一个相对稳定的新均衡；

从这个时候起，E的需求可能继续增加而不进一步改变这个交换比率。这时，交换比率就将取决于U在E和G的比较成本而保持不变，除非E完全停止输入U。这样，则V的交换比率将是十个E工等于六个G工。

我们还可以来看与其相反的完全相同的过程。假如G对E的货物P、Q和R的需求增加，而不是E对U和V的需求增加，则第一步将是，G供给E对T以及U和V的全部需求。这样做了以后，均衡就将建立于S；于是G的一个工正好等于E的一个工。假如这种进程继续下去，S就将完全在G国内制造。如果再继续下去，G将开始运R到E，于是G的一个工就只等于E的十一分之十个工，其他可以依此类推。

只是为了使问题简化，才把E和G的可运送的产品像楼梯似的安排了七个阶梯，每一个都很宽。假如把它们排成好几百类，以符合于这两个岛的相对优势的细微连续变动，问题的性质仍不会有很大的改变，但用语言说明将较为复杂。在任何一定的国际供求情况下，恰恰在E输入G而不是在G输入E（或相反的情况）的那个边际上的那一类产品一定很少；因此G的一个工等于E的九分之十或十一分之十或任何其他比例的阶梯也一定是很窄的。靠近这一中立类两边的货物很容易因为国际供求关系的微小波动而改变由E运到G或由G运到E的方向。国际供求关系往往因以下原因发生波动，例如收获、式样或信用的变动，发明或方法的改进，乃至一国或两国的个别商人或生产者亲善关系的轻微变动。正如第三编中所指出的，正是由于这样一些原因，工业发展水平相同的比邻国家才相互交换类似的商品。

3. 继续讨论上述论点，并考虑到两个民族之间精力和能力的可能差别。

以上还一直没有谈及有关两岛居民的相对工业效率：但无论其相对的工业效率怎样，上述论点都是站得住脚的。总之——无论如何就其直接结果而言——这种贸易对两岛是有利的。

但现在让我们假定，E 和 G 的普通工人的效率相同。在这个假定下，当国际价值水平定于 T 或 U 时，就会鼓励由 E 向 G 移民；当其定于 R 或 Q 时，就会鼓励由 G 向 E 移民。在所有这些情况下，对国际移民的阻力，在其达到的范围内，将保持国外和国内贸易之间的差别。但当国际价值水平定于 S 时，则这种差别就会消失，因为那时对移民就没有鼓励。

但假定 E 的效率水平比 G 高十分之一，那么，E 的十个工所生产的 R 就会和 G 的十一个工所生产的 R 相等，这一事实将表现为 E 生产 R 的自然条件和 G 正相等。在这种情况下，当 R(不是 S)决定国际价值水平时，E 的工人支配的 E 和 G 的产品量，就会和 G 的具有同样精力和能力的工人支配的产品量相等。即是说，双方的居民都不会向对方迁移，E 和 G 的工业分布情况就将像同一国家的两个比邻地区一样。〔这自然只是指直接的结果而言。一个移居于精力水平较本国为高的国家的人，有时至少赶上这个较高水平的一部分，因而获得较本国为高的工资。〕

我们可以得出结论说，假如运费不计，则在我们为了简化问题而在上面暂作的其他假定下，国际价值将明确地决定于生产的比较成本和每个国家对另一国家在其生产中占优势的那些货物的相对需求量。但假如 E 和 G 是同一国家的两个地区，劳动和资本在全国可以很自由地移动，那它们就会这样分配于各地区之间：每种商品的供给量都将与其需求量如此地接近，以致一个工的成果（在稳定的市场条件下）可换得同样资本和同样效率的任何另一个工的成果。

4. 继续讨论同样论点，并考虑到国际运费。

表示比较成本和国际价值关系的图景，当把国际运费计入时，即失掉了它的明显轮廓。为说明这种情况，我们可以去掉两岛间运费由国家支出的假定，而假定每个商人一般付出运费，并把本论题最初考虑的那个例子再讨论一次。

在那个例子中，E 满足两岛对 P、Q、R 和 S 的需要；G 满足两岛对 U 和 V 的需要；而 T 两岛都生产。商人们在发现他们必须自己付运费时，将在他们的贸易单内去掉 T 之中那些与价值比起来较为笨重的货物；并将去掉 S、R 和 U 之中那些与价值比起来显然笨重的货物，甚至将去掉 Q、P 和 V 中一些与价值比起来过重的货物。假如贸易双方去掉的货物的总价值大致相等的话，则交易条件仍大致和过去一样，但贸易的细节却将发生很大变化。

现在必须把运输视为一种行业，在 P、Q…V 等货物群中，像其他行业一样占有自己的位置。的确，或可把它的各部分像制造业的各不同部门那样，视为彼此独立的行业。也就是说，可以把木帆船运输归为一类，以表示一国的差别优势，而轮船运输则可表示另一国的差别优势。

让我们先假定，这种贸易的一半由 E 从事，一半由 G 从事；因此双方皆没有由“无形”运输和贸易劳务而引起的支付差额。由于支付运费，E 国消费者在 U 货物上及 G 国消费者在 Q 货物上支付的费用将增加，从而使双方的消费量减至这样一个数量，到了这个数量，人们对 U 货物和 Q 货物的需要会比以前更迫切（因为边际效用较大）。双方消费量的减少额，可能但未必一定大致相等。假定其结果是：当在 G 值八十万个标准人工（辅以一定比例的资本）的 U 货物换在 E 值九十万个标准人工的 Q 货物时，贸易刚刚合算，又假定来回运费都是 10%，由双方平均分摊，那么，总起来说，即是 G 方面的八十八万个人工换 E 方面的九十九万个人工，亦即以八比九的比率交换货物。

假如像十八世纪的垄断贸易公司所做的那样，贸易被压缩在很狭窄的范围内，那它就有可能获得很高的利润。但因为现在任何人都可以从事贸易，所以贸易是在只能获得正常利润的边际上进行的；在这种边际上人们可看到比较成本与国际价值的关系。

在其他贸易部门的边际上结果相同；因为在所有其他贸易部门的边际上，交换条件也将大体保持一致，这是由于生产者可以自己决定生产多少出口货物，同时商人和船主也可以自己决定从事哪种贸易（至少在不考虑卡特尔和物价操纵集团的限制时，情况是这样）。

在细节上自然会发生各种复杂情况，例如较重货物的有利输出边际部分取决于交货港口有适当的船货运还，部分取决于进出口商人之间的关系；但这些事情不需要在这里讨论。

但要注意，假如大部分货物由居住在 E 的商人和船主运输，则运输业就成为对 E 的主要输出品如 P、Q 等的重要补充。这样，E 国运输业的发展就会像生产输出品的制造业或矿业的大规模发展一样，对贸易条件将产生同样的影响。

因此，当把运费看作是输出品的一部分生产成本时，李嘉图关于比较成本、国际需求和国际价值之间的关系的学说的一般意义，仍然不变。但他似乎相当正确地说，当暂时不计运费时，这种关系的一般轮廓可以看得更清楚一些。①

① 西奇威克由于看到在李嘉图和穆勒的暂时假定下，任何两种商品的相对交换价值在两国中都一样，因而得出结论说，他们非常错误地假定，各国间的劳动和资本的相对不流动性是国际价值主要特征的基础。和他们相反，他认为国际贸易的特征实际上在于E的一种输入品的交换价值与其一种输出品的交换价值比起来，在E比在G高，高出额相当于双重运费。但事实上，在石板矿附近的地方，煤炭和石板矿的相对价值，及在同一国内靠近煤矿的地方它们的相对价值，也同样可以作这样的解释。

他说："人们通过远地间的贸易可以获得经济收益，是由各种各样的原因造成的。从理论上说，这种贸易中的产品价值，主要并不取决于劳动流动的不完全性，而取决于运输费用。"他认为，假如英国和西班牙以布换酒，即使没有运费，它们也都可能生产谷物（或其他适应两国气候和受报酬递减律支配的商品）；因此，"酒和布相对于谷物的价值……一定决定于其生产成本，正如国内商品价值决定于生产成本一样。"但他在注脚中却补充说："但不能就此推论出，酒和布将按其各自的成本比例来交换；因为，假如（像穆勒假定的那样）劳动和资本的流动性不完全，则生产谷物的成本在两国就可能不一样。"（这些段落引自他的目录第 14 页，及正文第 213、214 页。）"各自的成本"这个词组的意思很含糊，一种解释可以使他的注脚和李嘉图的学说相符合。但无论作何种解释，他对李嘉图学说的非难都是没有根据的。埃奇沃思对他的这种非难作了进一步的回答，见《经济学杂志》第四卷，第 621 页。

附录J[①] 以图形表示一些国际贸易问题

1. 决定曲线形状的条件，这些曲线用来表示国际贸易供求的各种情况及其与国际价值的关系。

把第三编第六章里的表格重印于此，并作为我们研究的起点。对于那里已经解释过的第(2)栏数字何以渐增，和第(4)栏数字何以渐减，不需在此重复解释；但当然既需要以各栏中的数字来解释，也需要以这里的图形来解释。

把下表用图来表示，以沿 Ox 的距离代表 E 的包数，以一英寸的尺度代表 100 000 包；并以沿 Oy 的距离以同样的尺度代表 G 的包数。画一称为 E 曲线的 OE 代表 E 愿意贸易的条件。这样，

---

① 这个附录附属于第三编第八章。其中很多地方原想作为国际贸易著作中的一部分附录，这项工作大部分在 1869—1873 年业已完成。但以后我从事于一项工作，即至少要在抽象理论方面明确地估计国家的需求弹性，及一国的国际贸易对该国的直接总净利得。由于这些特殊情况，现在这个附录，即 1879 年由私人刊行并流传于国内外经济学者之间的那份手稿，稍加修改重印于此。

本附录中的一些曲线图曾得到我的允许，由潘陶里奥尼教授在他 1889 年出版的《纯经济学原理》中重印过，这部书已有英译本。在 1889 年奥斯培兹和莱本所著的影响很大的《物价理论》中曾发现他们自己所画出的曲线图颇类似我的曲线图。参阅莱本在《国民经济杂志》第七卷中的长注解。还可参考《经济学杂志》中埃奇沃思一系列的出色论文，以及坎宁安爵士的《几何政治经济学》。

假如P是沿这条曲线运动的一点，而PM永远是垂直于Ox所画的一条线，这样，则当OM连续地代表第(1)栏的数字时，PM即代表第(3)栏中的相应数字。因此，当OM为半英寸，代表E的

(1)	(2)	(3)	(4)	(5)
	E愿意贸易的条件表		G愿意贸易的条件表	
E的包数	E愿意以(1)内的每100包换G的包数	E愿意以(1)内的包数换G的总包数	G的包数(G将以之买E在(1)内的100包)	G的总包数(G愿以之买(1)内的包数)
10 000	10	1 000	230	23 000
20 000	20	4 000	175	35 000
30 000	30	9 000	143	42 900
40 000	35	14 000	122	48 800
50 000	40	20 000	108	54 000
60 000	46	27 600	95	57 000
70 000	55	38 500	86	60 200
80 000	68	54 400	$82\frac{1}{2}$	66 600
90 000	78	70 200	78	70 200
100 000	83	83 000	76	76 000
110 000	86	94 600	$74\frac{1}{2}$	81 950
120 000	$88\frac{1}{2}$	106 200	$37\frac{3}{4}$	88 500

50 000包时，PM将是十分之二英寸，代表G的20 000包。当P达到A点时，P与Oy的距离将是十分之九英寸，代表E的90 000包；而其与Ox的距离将是稍多于十分之七英寸，代表G的70 000包。

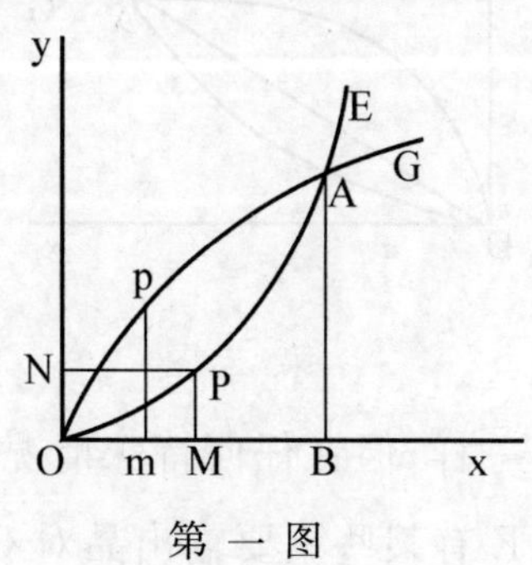

第一图

同样，画OG（亦即G曲线）代表G愿意贸易的条件。假如P沿着OG移动，同时画pm永远垂直于Ox，那么，当Om代表第(1)栏的连续数字时，mp即代表第(5)栏的相应数字。当Om为十分之三英寸，代表E的30 000包时，pm将稍多于十分之四英寸，代表G的42 900包。当P达到A点时Om和pm将各等于OB和AB。OE和OG的交点可称之为均衡点。

2. 以图形表示各种正常条件下的国际需求弹性。

定理1。关于OE可能有的形状的每一说明，都有相应的关于OG可能有的形状的同样说明；但是在前一说明中在哪里提到Ox，则在后一说明中即须在哪里提到Oy，反之亦然；当在前一说明中提到水平直线时，则在后一说明中必将提到垂直直线，反之亦然。把有关OE的图形画于薄纸上，朝着光线举起来，把纸的反面对着眼睛，同时令Oy指向右方，就像是一个新的Ox一样，而原来的Ox就成了新的Oy；这样，有关OE的解释即可一字不变地用于OG，尽管OE的形状正常，但可假设OG有各种形状。

OE和OG的形状都不正常所表示的那种情况，是可能出现的，当两个垄断者只彼此进行贸易时就会出现这种情况。关于这种情况，我们在本附录的结尾稍加叙述；但它和国际贸易的实际问题似乎并没有什么关系。现在我们即假定OG的形状为正常。

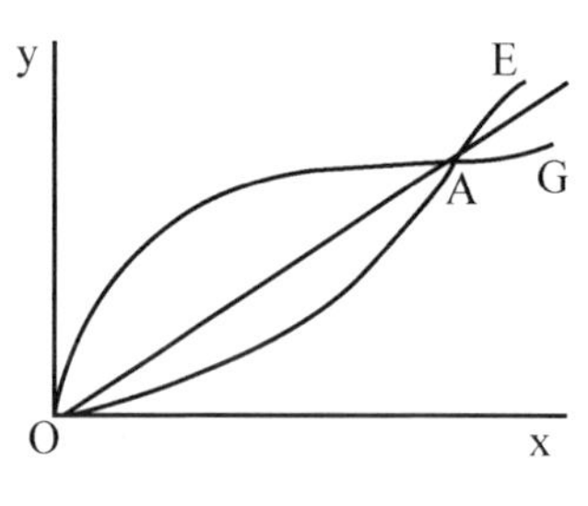

第二图

两种曲线形状变动的可能限度都一样；但在任何特殊情况下，两种曲线可能相差很远。例如，假如E有某些重要输出品对G几乎是不可缺少的东西，而G却没有E

所不可缺少的东西,这样则OG在O的附近将为近乎垂直的形状,而OE在O的附近却不会成为近乎水平的形状。这种情况可由第二图来表示。

这个图和第一图一样,代表国际贸易的一般(或正常)情况,在这种情况下,没有一国急切地需要另一国的大部分输入品;同时每一国的需求在接近均衡点的地方都是很富于弹性的。正如第三编第八章中所说过的,这是和现代国际贸易具体问题唯一最有关系的情况。因为事实上一个其输出品为各处所大量需求的国家,只要国际市场上的汇票和其他信用工具能充分起作用,它就可以从别的地方得到同价值的输入品。

但还有另外一种"特殊需求类型",在这种类型下,一国的外货市场可能如此地不富于弹性,以致中常的供给就会导致供给严重过剩,进一步增加供给就会迫使外国货以递减的收益在市场上出售。第三图的OE形状即表示这种情况。

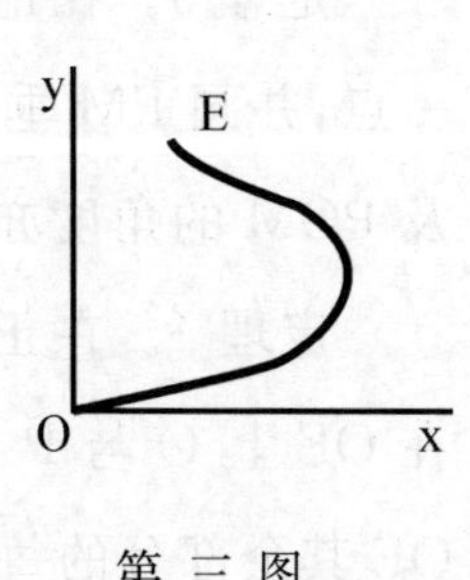

第三图

在实际的正常贸易情况下,OE不可能弯曲到垂直的地步;同时OG也不可能弯曲到水平的地步。我们可用定义的方式把这一点更简单地讲一下,因为它在别的地方还有用处:当曲线的任何一部分呈现这样的方向,使沿它运动的点离开Ox,也离开Oy,则该部分曲线称为**正倾斜**。相反地,当曲线的任何一部分呈现这样的方向,使沿它运动的点远离Ox,但却接近Oy时,则该部分曲线称为**负倾斜**。

因此我们得到:

定理2。在正常需求类型(但不是特别需求类型)下,每一条曲线全部都是正倾斜。

在特殊供给类型下,E包的数量被假定为能够迅速而大量地增加,这是由于随着E的输出贸易的增加,它的生产经济有很大发展的缘故。在这种情形下,可以想象G愿意按名义上变动的不利于E的交换比率获得E所增加的数量,因为这种名义上的变动能使它以自己劳动和资本所生产的单位产品来换它愿意得到的货物增加量。但这种情况和实际可能性和实际应用都有很大的出入,因此现在可以暂不提及,留待本附录结尾时研究。

定理3。在正常和特殊需求类型下,假如P是沿OE运动的一点,并画PM垂直于Ox,则PM每有增加,PM对OM的比率以及POM的角度亦随之增加。[①] 因此:

定理4。在正常和特殊类型下,若P是OE上的任何一点,则在OE上O与P之间那部分的每一点,必在OP直线之下;而在OE其余部分的每一点,必在OP直线延长的部分之上。同样,若p是OG上的任何一点,则在OG上O与p之间那一部分的每一点,必在Op线的左边,而在OG其余部分的每一点,必在Op直线延长部分的右边。因此这种曲线不能经过O而割直线两次。

我们晓得,假如G在E出售的包数很少,它将会在有利于G的条件下售出。因此,当PM较小时,PM对OM的比率亦较小;而由O沿OE移动的点最初亦较接近于Ox。同样,由O沿OG

① 当E的OA包交换G的AB包时,自然E所得到的输入条件在数学上是由AOB的正切来衡量,而G所得到的条件是由AOB的余切来衡量。

移动的点最初亦较接近于 Oy,因此:——

定理 5。在正常和特殊需求类型下,毗连 O 的 OE 那一部分必在毗连 O 的 OG 那一部分之下。

在已知的条件下,任何在 E 能售出的 G 包某一数量的总购买力为已知;同时在该购买力下 E 能生产的包数亦为已知。因此 OE 不能像第四图那样向 Ox 弯曲。因为,假如这样的话,就暗示:G 的 AB 包的售价等于 E 生产 OB 包的费用;同时 G 的 CD 包(与 G 的 AB 包一样)的售价恰等于 E 生产 OD 包的费用。但这是不可能的。因此我们得到一个能普遍运用的定理;不像前两个那样依赖于定理 3 了。

定理 6。在任何情形下,OE 不能被一个水平线相割两次。同样,OG 不能被一个垂直线相割两次。

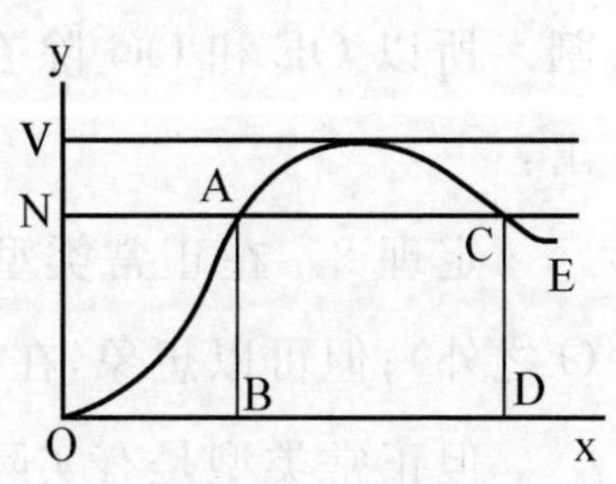

第四图

让我们再来探讨属于正常类型曲线,而不属于特殊类型曲线的一些法则。就正常类型(但不就特殊类型)而言,我们假定,在 E 每年出售的 G 包数量每有增加,就增加了出售的全部收入,从而增加了与它交换的 E 包的输出数量。换言之,若自 Oy 任何一点 N,画出 NP 与 Oy 成直角,与 OE 曲线相遇于 P,则 ON 愈大,NP 也愈大。

但在以第四图为代表的特殊类型下,当 N 沿 Oy 从 O 移动时,虽然最初 NP 随着 ON 的增加而增加,可是当 N 达到某一点时(如第四图中的 V),曲线和 Ox 的距离即停止增加而开始减少,从而曲线也向着 Ox 弯曲。这些情况和 OG 的相应结果可说明如下：

定理 7。在正常类型下，OE 不能和同一垂直线相割两次，但在特殊需求类型中则可能。同样，在正常类型下，OG 不能和同一水平线相割两次，但在特殊需求类型中则可能。

如 A 为两曲线的交点（如第一图），则（根据定理 4）AE 必完全在 OA 的延长部分之上；而 AG 必完全在 OA 的延长部分之右；因此，AE 和 AG 不能再相割。AE 也不能与在 O 和 A 之间的 OG 那一部分相割。因为根据定理 6，O 和 A 之间的 OG 那一部分必完全在通过 A 的垂直线的左边；同时根据定理 7，AE 必全在该直线的右边。同样，AG 不能与位于 O 与 A 之间的 OE 那一部分相割。所以 OE 和 OG 除在 O 和 A 之外不能相遇。因此我们得出：

定理 8。在正常类型下，OE 和 OG 不能相割于一点以上（除 O 之外）；但可以想象，在特殊需求类型下是可能的。

但正常类型是有实际意义的唯一类型，因此对于有关多次相交的讨论，可暂为延缓一下。

假如 T 在 O 的左边，则延长的 OP 线将会再与 OE 相割，而与定理 4 有矛盾。因此，纵然这条曲线可以稍向 OP 弯曲一些（即是说，它有向相反方向弯曲的点），但却不能向后弯回到使 P 之上任何点的切线与 OP 平行。像第五图中的点 P 即切 OE 两次，但那里 T 是在 O 的右边。另一方面，第六图指出一种不可能的 OE 形状。因为在 P 附近的反转弯曲达到使 T 在 O 左边的程度；同时，画 OQQ′平行于 PT 割 OE 于 Q 和 Q′；这样则曲线即代表纵然 Q′N 包小于 PM，但 E 仍愿以较 PM 不利的条件购买 Q′N′包，这种情况是不可能的。因此我们得出：

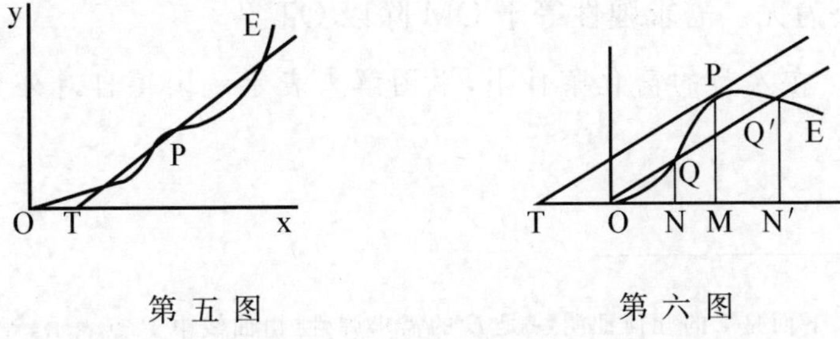

第五图　　第六图

定理9。在正常和特殊的需求情况下，假如在OE上任何一点P的切线PT，割Ox于T，则T必然在O的右边；而在正常情况下，它必然在O和P对Ox垂直线脚的中间。

假如在任何点上，E的需求弹性都是一，则OE在该点必然是垂直的。因为交换比率对它稍许有利多少（由角xOP的增加表示），就会相应地使它的购买增加多少；也就是说，当它得到较有利的交换比率后，他仍将运还和过去一样多的货物。

假如OE属于特殊需求类型，则它可能通过直线弯曲，因此，沿OE向上移动的一点在离开Oy后，又转回来向它移动。假如P在曲线的这一部分，T即会在M的右边；假使T的位置变得无限地离开，因而曲线与xO平行，这就表示没有弹性；即是说，对E有利的比率提高，也不会引诱它增加对G货物的购买。这些考虑提供了下一定理前部分的证据。其后一部分需要用数学方法来说明。

定理10。令OE上任何一点P的切线切Ox于T；假如角OPT是无限小的话，则表示在点P上E的需求弹性是无限大。随着角度的增加，所表示的弹性不断缩减；假如T与M吻合，则弹性等于一。在特殊需求情况下，当T向M的右方移动，则表示弹性缩减为无。需求弹性等于OM除以OT。[①]

3. 在人为的简化条件下，用图解来表示一国得自对外贸易的净利益。

---

① 下面是 e 的几何证明，e 是 E 的需求弹性，由曲线中 P 点表示，等于 $\frac{OM}{OT}$。T 是点 P 切线切 Ox 的一点。这个证明同时适用于第七和第八两图，在这两个图中 e 分别大于或小于一，因此在图中 T 分别位于 M 的左边或右边。（见第七图，第八图）令 P，P' 为 E 需求曲线上连续的两点。因此 PP' 事实上即是 P 点上的切线，$\frac{P'R}{PM}$ 是贸易条件发生微小的实际变化（或如我们普通所说，它所支付的实际价格稍有降低）后，E 的购买由 $\frac{OM}{PM}$ 到 $\frac{OM'}{P'M'}$ 的相应变化。

现在 $$\frac{OM}{PM}-\frac{OM'}{P'M'}=\frac{OM\cdot P'R-PM\cdot MM'}{PM^2}=\frac{(OM-TM)P'R}{PM^2},$$

或 $$\frac{P'R\cdot OT}{PM^2};$$

由于 $$\frac{MM'}{P'R}=\frac{TM}{PM},$$

所以 $$MM'\cdot PM=TM\cdot P'R$$

因此，E 所偿付的价格的相应变化即为

$$\frac{P'R\cdot OT}{PM^2}\div\frac{OM}{PM}=\frac{P'R\cdot OT}{OM\cdot PM}$$

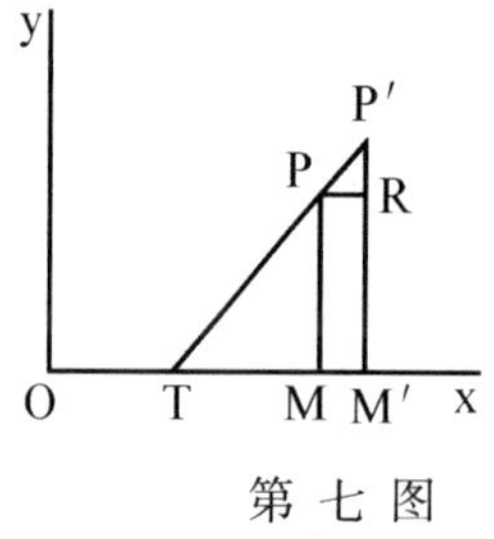

第 七 图

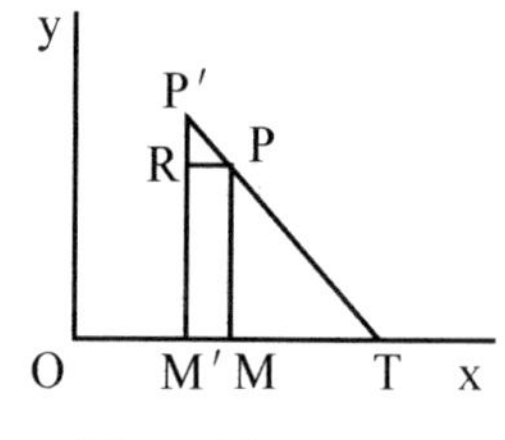

第 八 图

所以 e（即是 E 购买 G 货物的相应变化）除以贸易条件的相应变化，

$$=\frac{P'R}{PM}\div\frac{P'R\cdot OT}{OM\cdot PM}=\frac{OM}{OT}.$$

微分可以使我们较为简便地得到以上结果。假设 (x,y) 为 P 的坐标，贸（接下页）

第三编第六章第四节中所描述的G在贸易中的剩余，以及那里所指出的限度，现在用第九图来表示。A是G用AB(70 200)包换到E的OB(90 000)包的交换点。在任何方便的距离上画一条固定线DR与Oy平行；这里令OD代表E的100 000包。令OA的延长线切DR于K；并画KH垂直于Oy。

(接上页)易条件由(x,y)到$(x+\Delta x,y+\Delta y)$的有利于E的相应变动即为

$$-\Delta\frac{x}{y}\div\frac{x}{y}=\frac{y\Delta x-x\Delta y}{y^2}\times\frac{y}{x}=\frac{\Delta y}{xy}\left(x-y\frac{\Delta x}{y}\right),$$

$$\therefore e=\frac{\Delta y}{y}\div\left(x-y\frac{\Delta x}{\Delta y}\right)\frac{\Delta y}{xy}=\frac{x}{x-y\dfrac{\Delta x}{\Delta y}}=\frac{OM}{OT}。$$

求方程的积分

$$\left(x-y\frac{dx}{dy}\right)e=x$$

在e为常数的假定下，得

$$y^{e-1}=cx^e.$$

不用说，关于比我们现在所研究的数量小得多或大得多的贸易额的弹性，不可能作出合理的推测，即使这种推测的弹性接近常数。类似的局限性几乎适用于任何经济理论部分的一切数学例证和图解。

假如e无限大，则曲线将变为通过O的直线。假如$e=1$，则变为x等于常数，假如$e=0$，则变为y等于常数，与前述结果一致。应该注意，因为$\dfrac{d}{dy}\left(\dfrac{y}{x}\right)$必须为正数，因此$x-y\dfrac{dx}{dy}$，亦即$OT$，必须为正数；这样定理9就可直接由定理2推论出来。再让e'改为代表E愿扩大销售的弹性，而不是愿购买的弹性。这颇类似国内价值中的“供给弹性”(参阅我的《经济学原理》第五编，第十二章，第一节)；但这与递减供给和递增供给的影响有特殊关系；假定卖者收到的是对他的边际效用几乎是接近于不变的货币。在E愿意增加售卖量的情况下，决定性因素就将是它换取货物的不断变化的边际效用。这并不暗示，E的输出品有显著的收益递减或收益递增的倾向。现在要求得的结果属于大类型，似乎和现在的问题没有实际联系；但假如把它放在书架上准备以后使用，可能有意想不到的用处。

$$e':e=\frac{\Delta x}{x}:\frac{\Delta y}{y},\qquad\therefore e'=\frac{y}{x\dfrac{dy}{dx}-y}.$$

(接下页)

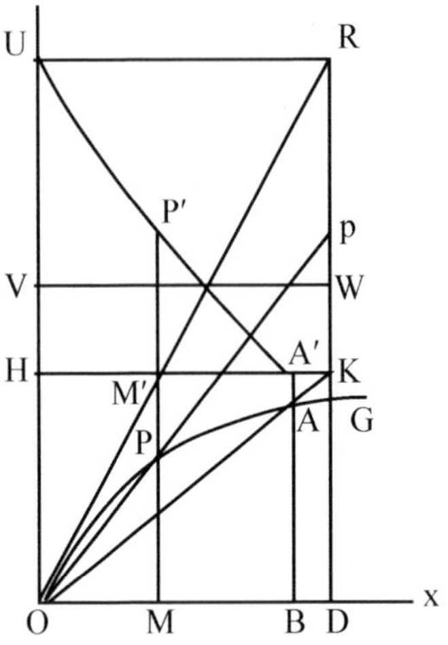

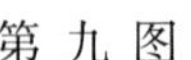

第九图

令OR切OG于O点。通过OG的任何一点P，画OPp线割DR于p；并延长MP于P′；因此M′成为割HK的一点，M′P′可能等于Kp。这样，G就愿意以它自己的PM包换E的OM包的比率来偿付E的第OM包；亦即是，愿意以它自己的pD包换E的OD包的比率来贸易。因此它在第OM包的地方即得到Kp比率的剩余，这和以M′P′来换E的OD包的比率一样。因此，它的第OM包的剩余由它自己的M′P′包中的第OD部分来表示。

假如P由O开始沿着OG移动，P′即由R对Oy的垂直线脚U开始移动，形成一条曲线至A′为止，A′即是BA延长线与HK相交的一点。因此，当P′由U到A′的时候，G得自对外贸易的总剩余或净利得即是M′P′全线中的第OD部分，也就是说，它是UHA′面积中的第OD部分。

画VW平行于Ox，因此长方形VHKW等于面积UHA′。所以相当于一包的单位线VH即是长方形VHKW的第OD部分，同时也是代表我们想要求得的G在贸易中所获得的总(直接)净

(接上页)假定e'为常数，来做积分，就得出

$$ye' = cx^{e,+1}.$$

假如$e'=\infty$，我们和上面一样，得到曲线为通过O的直线；假如$e'=1$，我们就得到以Oy为轴的抛物线；假如$e'=0$，我们就得到平行于Oy的直线，这些结果本身就是合理的。

利得或剩余得。

很明显，点P由O沿OG移动得越快，即切线OR与Ox的角度越大，UHA′(也就是剩余)也就越大(假定A的位置为已知)；同时对OA的距离也就越远。换言之，G需要E的小数量货物越迫切，并能按对它有利而没有大变动的交换率获得E的货物越多，则剩余越大。另一方面，如OG一直很接近于OA，表示G在比以E的OB包交换其自己的BA包的比率要不利得多的条件下，连E的少数货物也不考虑，但它的需求却有这样大的弹性，使它愿在该比率下得到大量货物，那么面积UHA′将会变得很小，表示G在贸易中只获得很少的净利得。

4. 在某种和实际贸易的正常情况没有很大出入的前提下国际供求均衡的稳定性。

把相当于E和G之间任何时候的贸易实际情况的那一点定一名称，将会有许多方便。假如在任何时期内，E输出OM包以换取G的ON包，画出MP和NP，分别与Ox和Oy成直角，相交于P；则P即为该时期内的**交换指数**。

我们可以假定开始时交换指数不是在A；一些外部干扰力量，如战争或歉收，使交换指数处于这样的位置，在这一位置，与交换指数相应的贸易不处于均衡状态。我们可以研究支配指数变化的力量。

定理6说，OE不能与经过P的水平线相割两次，OG也不能与经过P的垂直线相割两次。于是我们有下述定义：

说一个点是在OE的右边或左边，要以此点究竟是在OE和经过此点所作的水平直线交点的**右边**抑**左边**为断；同样，说一个点是在OG的上边或下边，要以此点究竟是在OG和经过此点所作

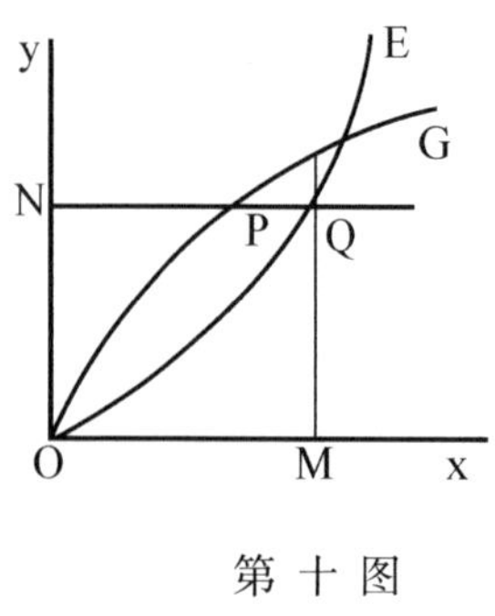

第 十 图

的垂直线交点的上边抑下边为断。

大部分有关国外贸易的纯理论可由上述定理和下述定理推论出来。

定理11。若任何时候交换指数是在OE的右边，则它将趋于向左移动；若它在OE的左边，则它将趋于向右移动。同样，若任何时候交换指数在OG的上边，则它将趋于向下移动；若它在OG的下边，则它将趋于向上移动。

为了证明，让交换点P在OE的左边，如第十图，并让NP延长与OE相割于Q。那么，因为Q是OE上的一点，所以G每年得以在E销售出ON包以换取E生产和输出NQ包的手段。但在当时，G正把ON包输入于E，而E只有NP包输出和它交换。结果是，这种贸易提供了特别高的利润；同时，由于竞争假定是自由的，E的输出包数将会增加。因此，当交换指数在OE的左边时，它将趋于向右移动。所以交换指数若在NQ延长段的P′，就表明E每年以NP′的比率输出，以换取G的ON包数；此数在E只能卖得生产和输出NQ包的费用，结果是，E输出的包数将趋于减少，即是说，当交换点在OE的右边时，它将趋于向左移动。同样的证明可以用于有关OG的第二部分定理。[①]

① 因此，交换指数的运动在任何方面，都与一个自由移动的物质微粒的运动相似，该物质微粒在各种力量的作用下不断向OE和OG移动。假定OE为一坚硬的金属丝，它只能在水平方向发生吸引力，并且依照书中的定义，当微粒位于OE的左边时，吸引力总是趋向于右边，反之亦然。同样，假定OG为一坚硬的金属丝，（接下页）

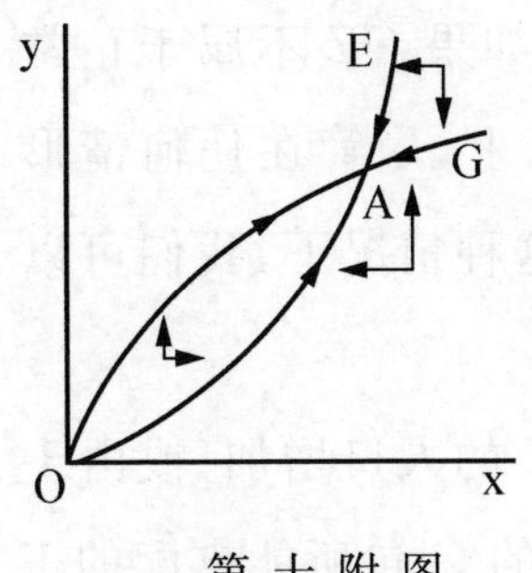

第十附图

我们可以把OE和OG相交一点的均衡视为稳定的，若当交换指数碰到该点附近的任何一条曲线时，作用于该指数的力量将使它沿着该线摇摆着趋向于该点。在其他情形下，均衡是不稳定的。

很明显，假如OE和OG属于正常类型，则它们彼此（除O之外）只能相交于一点；该点即代表稳定均衡（见第十附图中的箭头）。若曲线能属于别的类型，则可以相交几次。

5. E和G的各种不同程度的需求弹性，分别影响它们之间对贸易条件的改变，这种改变是由于E对G商品的需求增加而引起的，现以放大的图解来说明前面对这些影响的研究。

下一步我们要解释第三编第八章第一节中提出的问题，我们已经晓得该曲线是属于正常类型；因此，它们不能与同一垂直线或同一水平线相割两次。对于特殊类型将延缓到第8、第9节论述。

我们假定E对G货物的需求增加；因此OE移至新位置OE′。在OE上的任何一点P画PpM、PP′及P′M‘如第十一图。这样，P′必位于P的右边，而p必位于P的下边。因为E用PM（或P′M′）包向G交换的OM′数量大于OM；同时它用自己的OM向G交换的pM数量小于OM。这指出表示改变的两种方法：我

（接上页）它只能在垂直方向发生吸引力，而且依照书中定义，当微粒位于OG的下边时，吸引力总是趋向于上边，反之亦然。这样，微粒的运动就将与我们的交换指数的运动完全一样，所以我们若对这些水平的和垂直的力量给以任何特殊法则，我们就会对交换指数的运动得到一个微分方程。

们可以说OE是向右移动，或是向下移动。如果OE不属于正常类型，它就有可能与同一垂直线相割一次以上，尽管在任何情形下，都不能与同一水平线相割一次以上；在这种情况下，我们可以说，E的需求增加使OE向右移动。

为了使概念明确，我们可以假设，由于E的人口增加，或由于E取消了对G进口货的关税，任何一定数量的G包所能支配的E包数增加了六分之一，也就是QM′等于OM的六分之七。

这种情况在第十一图中大体上有所说明，该图中的OE和OG是重印第一图的。A即是原来的均衡位置。画水平线CAa通过A，割Oy于C；Aa是CA的六分之一。那么，在上一节的假设下：由于E的需求增加，所以它用比原来多六分之一的包数来换原来G的均衡包数BA，a是E新需求曲线上的一点。令OE′割OG于A′。那么，A′就是新的均衡位置。假如E的新曲线的一般形状和老曲线一样的话，则A′必然和图上所指的位置大体一致。

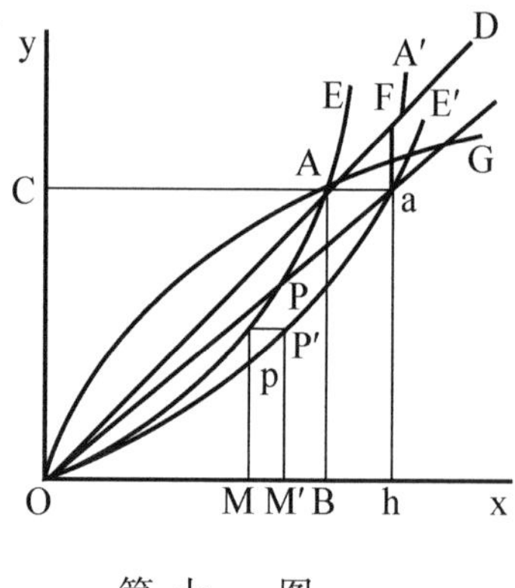

第十一图

但假如我们除了假定两条曲线都是一般的或正常的类型，并相交于A之外，并没有更假定有关OE或OG的形状；同时，假如我们假定OE′只是像OE那种一般的类型并通过a的话，那么我们对于A′的位置所能够知道的只是它位于面积DFad之内；D和d是OA和Oa直线延长段上的点，而F是通过a的垂直线割OD的一点。因为，既然OE′和OG属于正常类型，A′就不能位于a的左

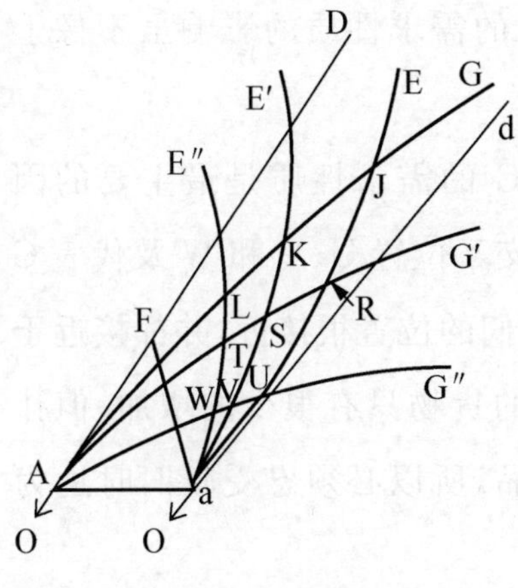

第 十 二 图

边,也不能位于A的下边。又既然它是OE′上较a距离O更远的一点,它就必须位于Oa之上;又既然它是OG上较A距离O更远的一点,它就必须位于OD之下。

为了详细研究E和G的需求弹性对A′的位置所产生的影响,需要占用较大的篇幅。第十二图中的DAad是把第十一图以放大的尺寸重印于此。我们可以严格地随着文中所述的次序来观察。字母D、F、A、a、d和第十一图中所代表的意义一样;所以DA和da如果延长到图外,就会相交于O。AG、AG′和AG″是G需求曲线的连续,各代表弹性的大、中、小;同时aE、aE′和aE″是新情况下E需求曲线的同样的连续。

让我们先讨论当G的需求很富于弹性时,以OG表示的一组结果。它们都指出G产品的输出有很大的增加,因为J、K和L都远在A的上边,而角LOx、KOx甚至JOx并不比AOx小许多;这表明,E可以得到G的增加的供给而不致大大改变交换比率。因此,整个说来,G的较大需求弹性是对这组结果的主要影响。

第二组结果由E的新需求曲线的三个交叉位置表示,以OG′代表G需求的中等弹性。R、S和T在同一方向的差别正和J、K和L的差别一样,只是相差的数量较小而已。整个说来,它们和上面第一组结果不同的地方是比较密集。E的需求弹性的变动,对于交换比率所产生的影响较上面的情况为大,但它对G的供给的影响却比以前小。因此在这里，G的需求性质的影响虽不像上面那样显著，但仍然是主要的。

另一方面，在最后一组结果中，G的需求性质是最主要的因素。因为E的新需求曲线上的三个交叉位置U、V和W及代表G方面很不富需求弹性的一条曲线，它们的位置很接近，并都接近于a。其中每一个都指出，E所得到G的货物只有很少的增加，但让出较旧均衡多六分之七以上的输出品，所以必须忍受较旧时远为不利的交换比率。

自然，在J、K、L的交换比率，对E说来是有利的上行次序，对G说来是不利的上行次序；在R、S、T和U、V、W，在W、T、L和V、S、K以及在U、R、J等位置的交换比率都是一样。在W、S和J的交换比率大致相等；在T和K，以及V和R的位置也是一样。

6. 以图解来研究E和G各种不同程度的需求弹性对它们之间贸易条件变化的影响，这种变化是由于E对G商品需求减少而引起的。

现在我们用图解的方法来解释上节里的问题。令P为OE上的任何一点；画PM垂直于Ox；在OM上取一点M′，使$OM'=\frac{5}{6}$OM，并画M′P′垂直线等于MP；这样，P′即是E的新需求曲线OE′上的一点。因为若G以PM包提供于E市场，就将要买E的OM包；但其中MM′被E政府拿去，因此将只有OM′可送还给G。令OE′割OG于A′；这样，A′即是新的均衡位置；同时以Aa代表租税，a是在通过A的一条水平线上与E′相交的一点。

画OA和Oa两条直线，aF垂直于OA；这样，A′就必位于直

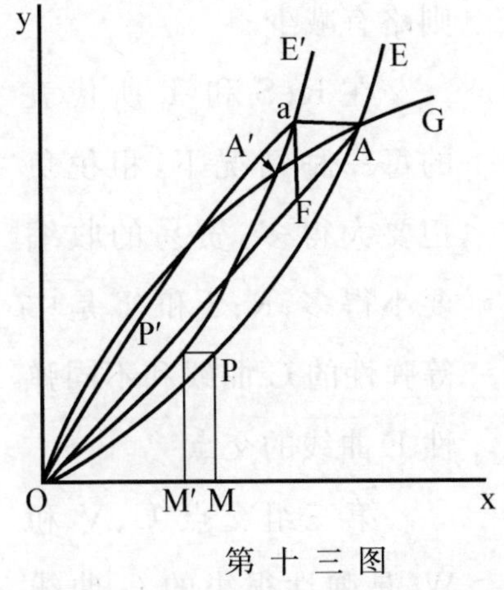

第 十 三 图

线三角形 OaF 之内。因为和上面的情形一样,由于 OG 是属于正常类型,所以 AA′必位于 OAa 角之内;又由于 OE′是属于正常类型,所以 aA′也必位于 OaF 角之内。

对 E 有利的贸易条件的变化,以 AOA′角来表示。我们必须研究,在租税 Aa 为已知的情况下,使这个角度变大的条件是什么。很明显(若我们先把 OE′的形状作为已知),A′Aa 角度越小,也就是在 A 附近的 G 的需求弹性越小,AOA′角越大。若我们再把 OG 的形状作为已知,那么,AaA′角越大,也就是,E 的需求弹性越大,AOA′角就越大。把两种结果结合起来,如租税的数额为已知,G 的需求弹性越小,E 的需求弹性越大,交换比率向有利于 E 的方向变化的幅度就越大。

进一步研究时,我们就会晓得这些条件中的第一部分较之第二部分一般说来更为重要。为了这个目的,我们把第十三图中 OAa 的上一部分割下来,用第十四图的放大尺寸来表示。

详细研究一下我们就会注意到,当 G 的需求很富于弹性时,AG 即是 G 曲线上的一部分。假定它的需求各有大、中、小三种弹性,则它将与 E 新曲线上的 aE、aE′和 aE″相交。点 J 代表 E 和 G 的输出大大收缩,尽管贸易条件变动很小;同时租税几乎都由 E 来负担。K 和 L 代表贸易只有很小的收缩,转嫁给 G 的租税负担

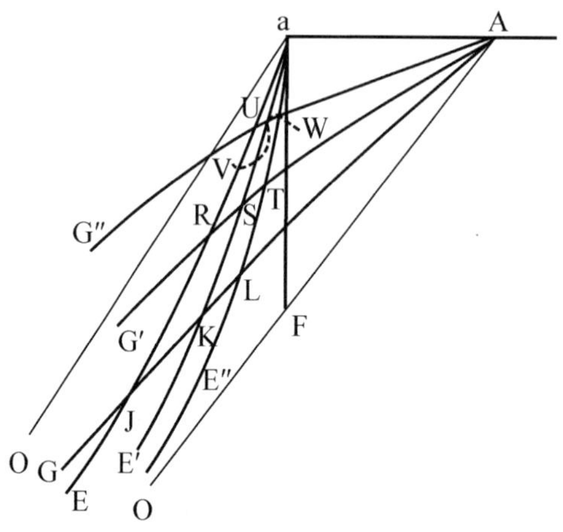

第 十 四 图

则略有减少。

在R、S和T所代表的每一种情况下，租税负担要大得多，贸易的收缩要小得多；R、S和T是中等弹性的G曲线和不同弹性E曲线的交点。

第三组交点U、V和W，是弹性很小的G曲线和不同弹性E曲线的交点，它们指出G的输出几乎没有收缩，但E的输出却收缩了六分之一以上；在各种情况下，E的全部租税负担几乎都转嫁给了G。

在J、K和L的交换比率，对E的利益来说是下降的次序，R、S和T，以及U、V、W等也都一样。

G的输出对U、V、W组内每一数目几乎都一样；在第二组R、S、T的三个数目之间。G输出的差别不很大。E的输出在每一情况下都收缩六分之一以上，但除在其需求很富于弹性的时候外，不会远远超过六分之一。

下一步我们可以研究一个抽象问题，即假如对E的输入品课税，其全部税收都用在G的货物上面时，这对交换比率有什么影响；或者换一种说法，若租税以实物征收，所征收的全部G货物由政府保留，这对交换比率会发生什么影响。在这两种情况下都假定，政府对G货物的消费完全不起它在E的私人消费者手中所起的作用。

和上面一样，令租税数额，比如说，为存于仓库中的输入品价值的六分之一；但现在（如第十五图所示）在PM上取一点R，使$PR=\frac{1}{6}PM$。那么，假如由G输入PM包，则政府即会拿去其中的PR，只留RM供私人消费。画Rp水平线切OE于p，并画pP″垂直线割通过P的水平线于P″，这样则P″将是在E的新需求曲线OE″上相当于P的一点。

因为pM″代表由G输入E的PM包中的六分之五，它是将要投入普通市场上的；OE曲线指出它们是能够交换E的OM″包的。由于为了使私人消费者能得到G的pM″包，pP″必须直接

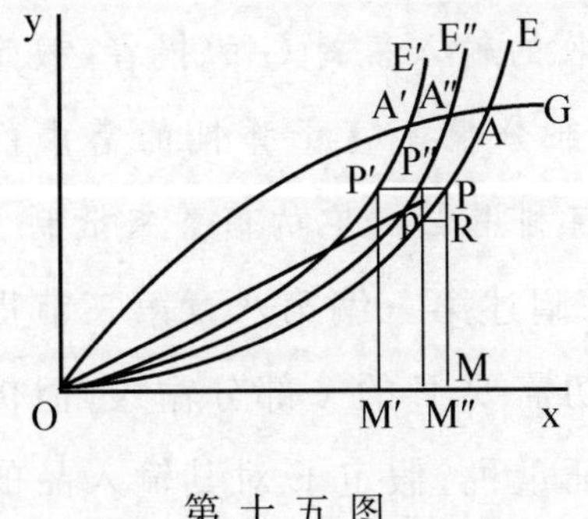

第十五图

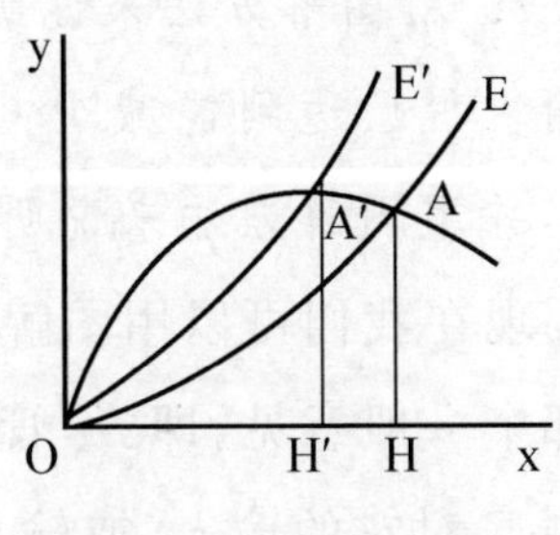

第十六图

或间接无偿地交给它的政府；所以E只准备提供它的OM″包以换取G的P″M″包。很明显，P″必位于P的左边。但如果像第七十一图那样，画出OE′曲线，代表课征六分之一的E输入税之后E的需求（税收用于买E的货物）；如P′是OE′上相当于P的一点，则P″必然位于P′的右边。换言之，OE″位于OE和OE′之间，因此，现在所讨论的租税对贸易条件所产生的影响，正同那种较

小的税额一样,其收入一如往常用在E的货物上面[①]。

在这里还应该简单提一个这种情况,在这种情况下,曲线之一,也就是G的曲线,属于特殊需求类型,如第十六图所示。假定E对其输入和输出征收重税,对自己毫无损失,反而大大有利(这种税重得足以使其需求曲线从OE移至OE′),则贸易将在A点处于均衡状态。这就将使G以A′H′包(约为AH的三分之四)换E的OH′包(约为OH的三分之二);这样就使E的每一百包可换两倍于过去的G包。这种收益被分配于E政府和E的G货物消费者之间,而E的财政部在收税上并没有很大的麻烦。

7. 用图解方法来说明E征收的输入税对G的损害(假定这种输入税已达到能减少G的一部分很不富于弹性的需求的地步),并用图解方法来说明G如何利用E欠它的债务来抵制E。

现在我们可以用图解方法来阐述第三编第八章第三节提出的那个一般意见,即:尽管G急切需要E的一部分输入,但仍可抵制E对它的输入(或输出)课征重税;假定E对其输入品的需求一直富于弹性。

第十七图表示G对极小数量商品的需求没有弹性;第十八图表示G对较小数量的需求属于特殊类型;在每一曲线中,邻近

① 这里可以对P''必然位于P和P'之间这一明显事实,再添上一种证明。在Ox上取M',使OM'=六分之五OM;再垂直地画$M'P'$交PP''于P'。这样,P'即位于OE上面;并且

$$PP'=\frac{1}{6}OM=\frac{1}{6}PM\tan OPM,$$

同时

$$PP''=PR\tan pPR=\frac{1}{6}PM\tan pPM。$$

但根据定理9,pPM角必小于OPM角;因此PP''必小于PP'。

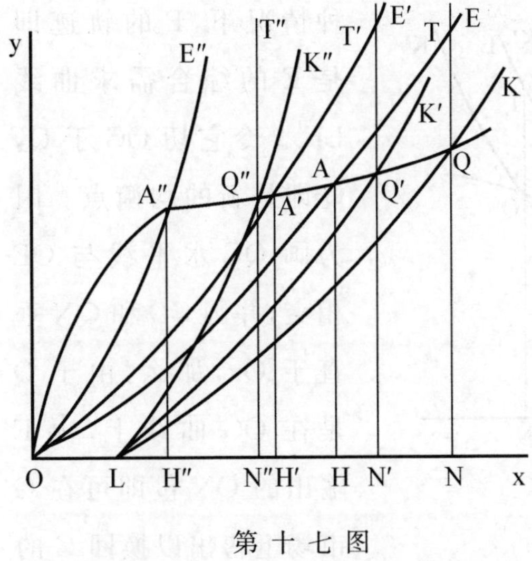

第十七图

于正常均衡位置的需求都是富于弹性的。

在每一曲线中，如E按贸易价值课征轻微的（输入或输出）一般税，而不把它作为政府增加消费G货物的手段，则E的曲线即由OE移至OE′，而均衡点由A移至A′；同时，课征很重的同一类税，则将使E的曲线移至OE″，均衡点移至A″。但第一种变动对于交换比率只有比较小的影响，因为AOH′角在每一图中都只比AOH角稍大一点。但重税则使交换比率变动得很不利于G，因为在第十七图中，A″OH″角要比AOH角大得多；而在第十八图中尤其大。

但假如E每年都必须向G交付一定数量的货物（以OL表示），作为G在E各种投资的利息和利润，则位置将会有很大的变动。因为这样一来，E的一切需求曲线，如OE、OE′和OE″都要向右移动相当于一个OL的水平距离；也就是说，它们将都由L开始而不由O开始，并按照由O开始的OE、OE′和OE″的同样路线各自由L开始。

证明如下：令P为E需求曲线上的任何一点（无论它是在原来的位置，还是由于较轻或较重的进口税而移向左方，都没有关系）；由P向外画水平线PP′，并等于OL，如第十九图所示；在这

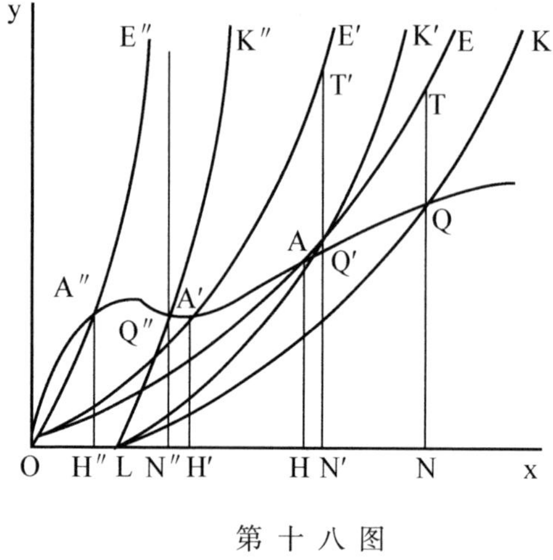

第 十 八 图

种情况下，P的轨迹即是E的综合需求曲线LE′。令它切OG于Q，Q即是新的均衡点。因为画QC水平线与OE相交，并画CD和QN垂直于Ox，那么，由于Q是在OG曲线上，由E输出的ON包即可在G市场上售出以换回G的QN包；又由于C是在OE曲线上，因此G的CD包即可在E市场上售出以换回E的OD包；同时E应付给G的利息等收入则以多交付的DN包来作抵。因此当G由E获得ON包以换取它的ON包时，贸易即达到了均衡。假如它没有DN(或OL)包那样多的利息作为防御力量的话，它就必须偿付NT包；T是QN延长线交于OE的一点。

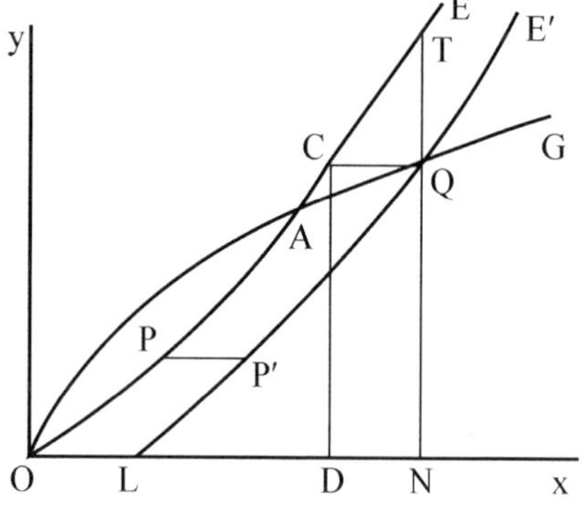

第 十 九 图

现在回到第十七和第十八图，我们延长NQ交OE于T点，N′Q′交OE′于T′点；但无论我们延长到多么远，N″Q″总不能和OE″相割。这些结果表明，G能从E取得OL包而不需以它自己的货物来交换，这就使它能以比在E不征进口税和征很轻的进口税的情况下对自己有利得多的比率，得到E的更多商品。当E对它的输入课征很重的税时，这种保护使G得到的E商品量，比E愿意在这种情况下消费G的商品量大，即使G提供的交换比率大大不利于它自己。除固定的支付以外，G以不高的价格得到了OH″这样一大批E国商品。

8. 单独研究资本和劳动在生产一个国家的输出品中的递增收益倾向有一些障碍。

本附录剩下的部分与一国对外贸易中实际存在的问题没有直接关系，而是讨论由李嘉图和穆勒提出并发展的那种关于假想国际贸易的一般理论。虽然这部分内容只可直接应用于两个孤立国家之间在理论上可以想象的贸易问题，但把它改换成另一种形式后，也可应用于两个团体之间的任何一种交易，条件是它们之中在这种交易中没有一个遇到外部竞争。

一个国家如果不首先以较大的规模发展国内消费工业，它就绝不可能在出口工业方面居于领导地位。但是，输出贸易可以为从事大规模贸易提供极为有利的条件；大规模贸易反过来又促进大规模的制造业。因此讨论一国制造品输出的增加可能影响其对外贸易数量，从而又影响其条件，不是不合理的。特别是英国的输出贸易一直从容而不断地影响工业中的技术和经济。正如亚当·斯密所说，国外贸易的一种主要利益是“由于它，国内市场的狭隘性就不会妨碍任何技术和制造部门中的分工达到最完善的地步。”

这些事实的提出，并不能证明在讨论特殊供给情况时所作的假设是有根据的。要证实那种假设，就必须向人们表明，生产成本的急剧下降起源于输出品的增产，而和国内对大部分输出品需求的增加所可能产生的影响完全无关。这在任何大工业国的一般输出中从未发生过，显然也不可能发生。

而且，我们已一再指出，在经济学中，每一事件会永久性地改变未来事件发生的条件。在某种限度内，物质世界的情况也是如此，只不过程度没有那样大罢了。作用于钟摆的力量，几乎不受钟摆摇动的影响，而物质世界中的其他许多运动则完全是过去运动的翻版。但在精神世界中所发生的每一大运动，纵然不致改变以后运动力量的性质，但也会改变其大小。经济力量，就其依赖于人类的习惯和感情、知识和工艺而言，是属于精神世界的。

例如，当任何偶然事件增加了俄国所消费的任何一种英国商品的数量时，就俄国消费者对英国商品的熟悉而言，便留下了永久的影响，并在各方面引起了需求情况的永久改变。如果情况的变化改变了英国商品在俄国出售后的收入并进而改变了俄国每年输出的商品数量，则俄国的需求曲线形状就必然有所改变。结果是，交换指数的每一变动必然使曲线形状发生某种变化，从而也就使决定以后运动的力量发生某种变化。若曲线属于正常需求类型或特殊需求类型，则这种必需的变动大概不十分广泛。无论如何，曲线的一般性质很少被改变；虽则均衡位置可能稍有移动，但根据曲线形状保持刚性和不变这一假设而作的推论的要旨，将不会因此而失效。

但假如任何一条曲线属于特殊供给曲线，则这些推论将往往失效。因为，为了输出而生产的棉布数量增加，会带来大规模生产的经济效果。这种经济效果一经被获得，就不容易再丧失。机械工具、分工以及运输组织等一旦发生作用，就不会被人轻易放弃。某一行业所使用的资本和熟练劳动，当它们所生产的产品的需求减少时，固然会贬值，但它们却不会很快地转用于其他行业。所以它们的竞争会暂时阻止需求的减少使商品价格上涨。①

9. 如果作以下极端的假设，即两个假想的国家，每国只和对方从事贸易，对其少量商品的需求很迫切，而对其大量商品并无用处，那么在它们之间就可能有几个稳定和不稳定的相互交替的均衡位置。

若OE和OG都属于这种特殊需求类型，它们就可能彼此相割三次（或任何其他单数），O不算在内。从O起无论向任何方向最先达到的交点将是稳定的，第二是不稳定的，第三又是稳定的，余类推。从第二十图（相当于第十图）中所画的箭头最容易看出这种情况。这些箭头指出，O是一个不稳定均衡点，A是稳定的，B是不稳定的，而C又是稳定的。由观察中看得很明显，为了两条曲线都能相割一次以上（不算O），它们都必须属于特殊需求类型；即是说，除非其中的一条能弯曲回去以便通过O和同一直线相割。但一种简单的几何证明可以即刻由定理6推出。

对于大部分目的，以上的简短说明已够用了。但为了完整起见，还可增加一条正式的定理，即是：OE和OG相交的每一点上的均衡，都是稳定的，除开那些点，在那里两曲线都是正倾斜，但

① 本书作者在《经济学原理》的附录H中曾主张，虽然在任何市场内，一种商品的需求曲线可能和该商品在收益递增倾向下的供给曲线相交数次，但根据这些交点所作的某些推论，由于以下事实而失效：若供给点沿着曲线向前向下移动，随后又不得不转回去的话，它就不会再沿着老曲线转而向上；它将在老曲线下面形成一条新的曲线。

OG较OE更垂直；并除开那些点，在那里两曲线都是负倾斜，但OG较OE更垂直。

这种情况可从第二十一图看出，在那里D是OE和OG的任何一点的交点。画TDU和VDW水平直线和垂直线如图所示。

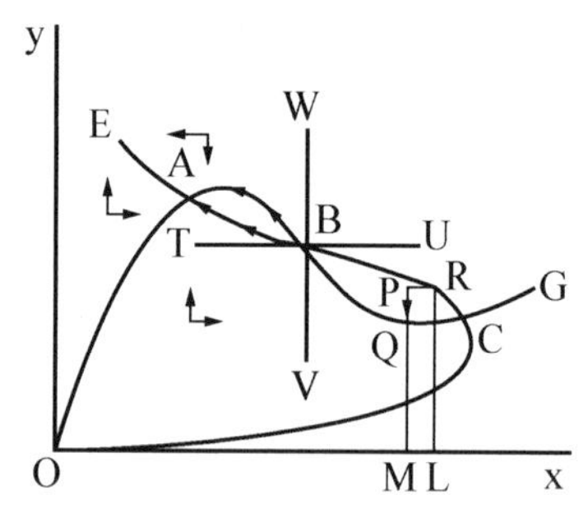

第二十图

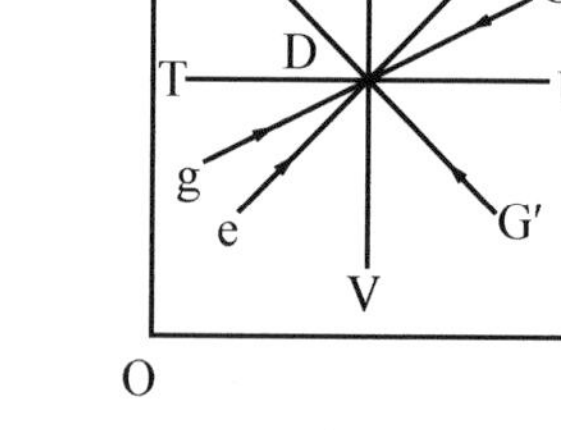

第二十一图

首先，令OE在D点上为正倾斜；让它以直线eDE的方向指向D。于是均衡将成为稳定，只要OG或是(1)在D点上为正倾斜，但与垂直线形成一个比eDE大的角度(例如以gDG的方向指向D)；或是(2)负倾斜，例如以g′DG′的方向指向D；或者，换言之，只要OG位于eDW、EDV角度以内。

因为，假定交换指数恰在D的下面碰着OE，那么，无论OG位于gD或g′D方向，它必在OG的下面；因为eD位于gD和g′D二者之下，所以它必然被吸引向上去。因此，在eD上的箭头必指向D。所以可以证明，在DE上的箭头指向D，在gD和DG、在g′D和DG上的箭头也指向D。这证明，在所述的情况下，D是一个稳定的均衡点。

也可用完全同样的方式来证明，在D的均衡将是不稳定的，如果，虽OE以eDE的方向位于D，但OG是正倾斜，并与垂直线形成一个比 eDE 小的角度，因而位于 eDV、WDE 角度内。

也可用同样的方式来证明，若 OE 在 D 是负倾斜，在 D 的均衡就是稳定的，除非 OG 在 D 也是负倾斜，并较 OE 更垂直；这就完成了这个定理的证明。

自然，没有任何事物能阻止 OE 或 OG 接近联接 A 和 C 的那条直线。在那种情况下，它们可能以任何奇数的次数在两点之间彼此相割；一种小的扰乱就足以使交换率移动，离开一个稳定均衡位置到达下一个位置。但这一切都是想象的游戏而不是以目击的事实为根据。因为在大部分表格中都假定每一国家的总需求弹性小于一，平均需求弹性小于二分之一。在现实世界中从未发生过这种情况；它不是不可以想象的，但却是绝对不可能的。①

在图中所表示的情况下，两个稳定均衡位置的距离很远；假如交换比率在其中之一的 A 上不变，则当遇到轻微的扰乱时，它就在 A 的附近摆动。除非遇到某种猛烈的扰乱把它抛掷到远离于 A 的地方，它是不能移动到 C 的。若它是这样地被抛掷出去，则它是否又回到 A 或移动到 C，要看驱使它走向各种方向的相对力量大小如何；而这将主要取决于抛掷它离开原来位置的那种动乱的性质和持久性②。

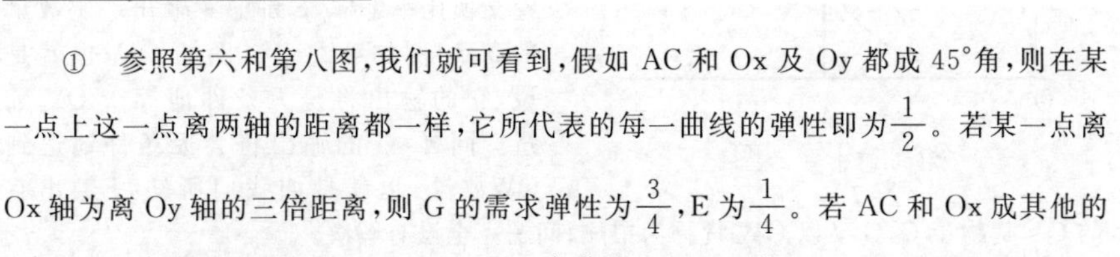

① 参照第六和第八图，我们就可看到，假如 AC 和 Ox 及 Oy 都成 45°角，则在某一点上这一点离两轴的距离都一样，它所代表的每一曲线的弹性即为$\frac{1}{2}$。若某一点离 Ox 轴为离 Oy 轴的三倍距离，则 G 的需求弹性为$\frac{3}{4}$，E 为$\frac{1}{4}$。若 AC 和 Ox 成其他的角度，则一条曲线的弹性大于上面的，另一条曲线小于上面的。

② 与定理 11 有关的那个比喻：即在两条坚硬金属丝吸引下运动的微粒，有助于使这个问题形象化。

在支配这些力量的强度的各种因素中，最主要的自然是在输出大增加时难于找到足够的劳动和资本，或另一方面由于输出贸易收缩而被解雇的劳动和资本又急切地需要就业。固然它们都特别易于遭受所述的那种扰乱的影响，但是除了受这样的影响之外，必须估计它们的全部力量；可是不能计算两次。①

10. 在特殊供给情况下，一国的输出往往呈现出强烈的收益递增倾向。由于静态方法不适用于表现这种倾向，因而表示特殊供给情况的图解没有实际意义。

特殊供给情况，业已定义为这样一种情况，在这种情况下，其

① 但穆勒想在下面的事实里找到一把人们没有发现的钥匙，来解决那个否则就不能解决的“比率不确定”问题：一个国家的输入品常常代替一定数量的本国制造的类似货物；一国所能制造的输出品的数量决定于用来制造这种货物的劳动和资本的数量。穆勒在这里似乎搞错了一些事实。一国输入的货物，在性质上一般都不同于如果没有国外贸易就要自己供应的货物。制造输出品所需要的资本和劳动大都取自制造国内货物和劳务的资本和劳动，它们在性质上既不属于输入品，也不属于输出品。因此并没有像穆勒所说的那样一把钥匙。

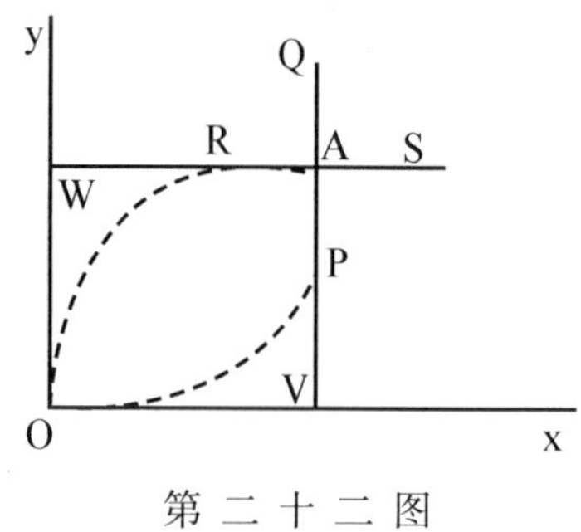

第二十二图

而且，穆勒是要确定，在一切可能的均衡位置中，两国之间的贸易将处于哪种均衡位置，在其中每一国家里，“廉价产品增加多少，消费量也就相应增加多少”；这即是说，每一国的需求弹性都等于一。无论交换比率怎样，E都愿意输出一定数量的商品，例如第二十二图的OV，也就是说，它的输出将是无条件地等于OV数量。同样，G的输出将会无条件地达到OW数量。也就是如我们所知，E输出它的OV货物于G，G又以OW货物为报酬；问题完全没有解决。

自然，这种情况是不可能出现的。可以想象，E的需求曲线全长中的一部分可能是一垂直线，但却不是全部如此。因为如果它能像AV那样，那就意味着，E愿意以OV的货物来交换G的无限小的数量。

中一个国家(我们假定为 G)的出口工业的大规模生产的经济效果因对其出口的需求增加而增加,这会大大增加其劳动和资本所生产的包数(也就是其劳动和资本的单位产品),致使别的国家(E)愿意按名义上(虽然不是实际上)不利于自己的交换比率得到增加的数量。即是说,使 E 的曲线属于特殊供给类型的原因,根据这个定义,不是它自己的工业条件特殊,而是它所进行贸易的那个市场上的工业条件特殊。结果,当点 P 由 O 沿着 OE 运动时,xOP 角就不一定像在正常情况和特殊需求情况下那样不断增大。即是说,定理 3 不适用于这种情况,定理 4、5 和 9 也是如此。在这种情况下,通过 O 的直线可能割曲线一次以上;邻近 P 的那部分 OE 曲线可能位于 OG 的相应部分之上,切 OE 的线可能割 Ox 于 O 的左边。纵然曲线属于这种类型,但第三节有关一国贸易净收益的论点仍然有效;但如别国的曲线也是这样的话,就无效用了。另一方面,定理 6 和 12 中关于特殊供给的论点仍然有效。

纵然 OG 属于正常类型,如第二十三图所示,但如 OE 属于特殊供给类型的话,则它仍可能割 OG 几次。然而,如果 OG 也属于一种特殊供给曲线,则两条线将如嬉戏似的有更多彼此相交的机会。若 OE 在 O 的附近位于 OG 之上,O 即是稳定均衡点,那么以后的第一个交点 A 一定是不稳定的;其以后的不稳定点必然是单数的交点,而不是双数,如像 A 是稳定点的那种较为自然的情况那样。

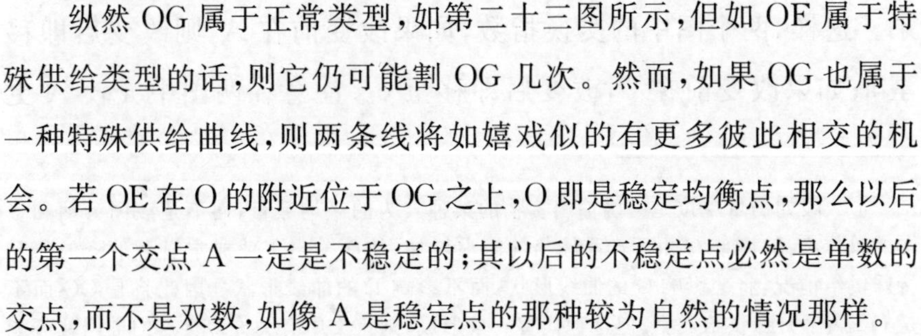

假如 OG 曲线全部属于特殊需求类型,而 OE 全部属于特殊供给类型的话,除非 O 是不稳定点,不然它们就很难相割两次。但假如 E 对 G 货物的增加量(不是对 G 的劳动和资本的单位产品)的需求弹性远远小于一,则会产生很错综复杂的结果;因此,如

果G的供给正常，OE就会属于特殊需求类型。[①]

11. 简要论述在一切可以想象的相互供求条件下，只彼此贸易的两国中，一国征收普通进口税所产生的奇特结果。

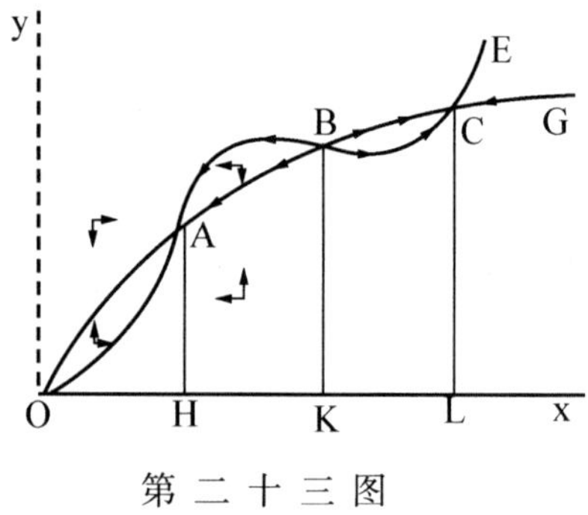

第二十三图

我们现在要研究在曲线不限于正常类型的情形下，征收麻布输入于E的进口税，或使E曲线推向左方的其他变动所可能产生的影响。但在未研究之前，可以很方便地通过观察曲线图获得关于这些结果的一般概念。

在第二十四图中，两条曲线都属于第一类型，在第二十五图中E曲线属于第二类型。[②] E曲线由OE位置移动至OE′位置相当于课征轻税，移动至OE″位置相当于课征较重的税。

先让我们研究，E曲线由OE位置推向OE′位置所产生的结果。这样，两个图中的交换指数，如果改变前在A，则改变后即移至a；如果改变前在C，改变后即移至c。注意在两图中a较A更

---

① 假如衡量单位是一国输出货物的某种人为的平均数量，而不是该国劳动和资本的单位产品，则使G由于产品输出的需求增加，从而输出工业成本显著下降的那种特殊供给情况，将会影响G的曲线形状，而不影响E的曲线形状。因此将是OG而不是OE属于特殊供给类型；但这种代替一旦形成，则正文中有关许多交点的推论就可能完全运用，图解仍保持不变。

关于这种特殊情况的原稿是用以研究假想中的贸易的。在这种贸易中，大规模生产的经济，如此强烈而迅速地发生作用，以致OE和OG可能出现某种奇异的形状。但在该稿写好后的这许多年中，我发现它并没有什么用处，所以这里把它删去。

② 从此以后，“第一类型”作为“特殊需求类型”的简称，“第二类型”作为“特殊供给类型”的简称。

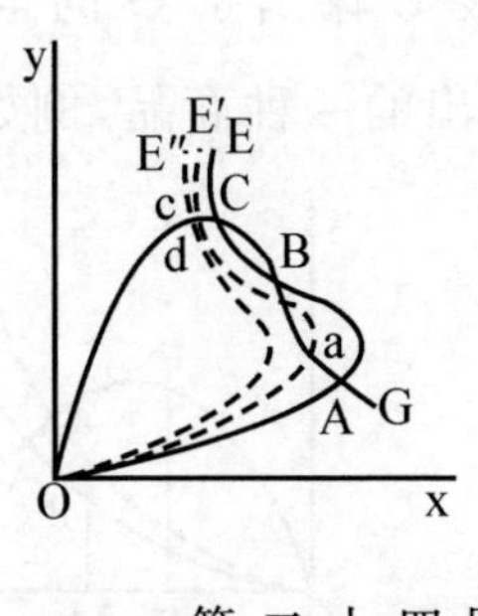

第二十四图

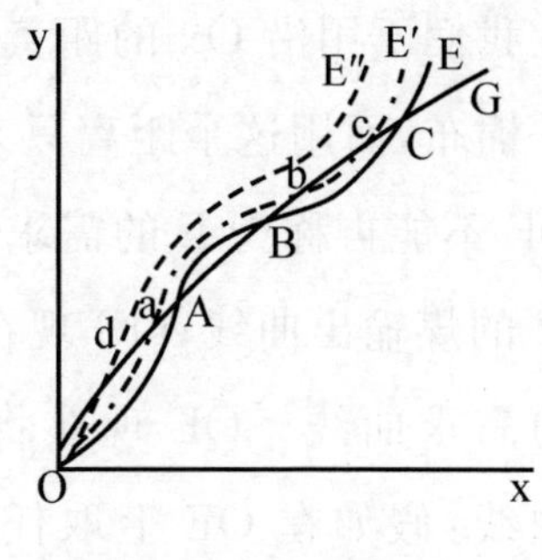

第二十五图

接近 Oy,c 较 C 更接近 Oy。这即是说,在每一图中,在交换指数由 A 到 a 或由 C 到 c 的四种情况中,无论在哪种情况下,棉布的输出量都减少。麻布输入 E 的数量,在四种情况中的三种情况下都减少,只有在第二十四图中交换指数由 A 移至 a 的情况下,麻布输入 E 的数量才增加。同样,假如画直线由 O 至 A、a、C、c,则在两图中 cOx 角皆大于 COx 角,aOx 角皆大于 AOx 角。这即是说,在四种情况中的每一种情况下,交换比率都向有利于 E 的方向移动。

在以上的情况中,最使人感兴趣的是第二十四图中交换指数由 A 移至 a 的情况。因为在这种情况下,征税会使交换比率变得对 E 非常有利,使它能以减少的棉布量来换得增加的麻布量。但这种类型的更显著的结果是当 E 曲线进一步向左移达到 OE″位置的时候。因为这样,交换指数就会移至 d,E 将能以不到原数量一半的棉布来换得比原来多一倍以上的麻布。

给第二十六图中的几条曲线以一种特殊的解释,我们可以使它们更适合于某些重要实际问题的具体情况。在这里,E 可以认为是代表英国,G 代表德国。

让我们不用沿 Ox 的距离来衡量代表 E 输出于 G 的全部货物——棉布，而用这个距离只来衡量 E 输出的一种商品，例如煤。

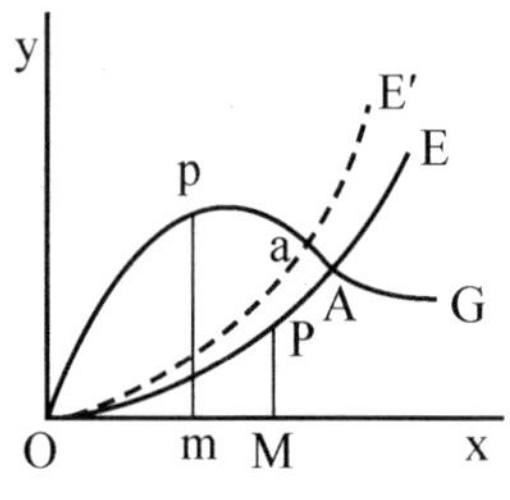

第二十六图

OE 不能再称为 E 的需求曲线，而可称为 E 的煤输出曲线；OG 现在可称为 G 对煤的需求曲线。OE 现在将成为这样一条曲线：假如在 OE 上取任何一点 P，并画 PM 垂直于 Ox，OM 即代表英国各年愿输出的煤数量以交换 PM 所代表的德国商品数量。因此，OG 现在将成为这样一条曲线，假如在 OG 上取任何一点，并画 pm 垂直于 Ox，pm 即代表德国每年愿输出的商品量以交换 Om 所代表的英国煤炭数量。

现代史[①]告诉我们，德国对煤的需求曲线可能是像第二十六图所画出的那种样子。但英国的煤输出曲线却不可能属于第一类型；它不能弯回去接近于 Oy。因为在德国出售英国煤的收入用以购买德国商品的数量不会很大，而且这种数量事实上也不会增加到足以使这些商品的总供给充斥英国市场，以致使这些商品的售价大幅度下跌。

在图上我们看出，如果任何原因使英国煤的输出曲线向左移，也就是由 OE 移向 OE′，这一原因也就会使交换指数由 A 移至 a，也就是使英国可以用比过去少的煤来换得比过去多的德国商品。但是，正如前面指出的，虽然英国能够对煤的输出课征特别输出税

① ［1921 年附注。这系指 1873 年达到顶峰的那些事件。写本文时（约在 1871 年），由于一时疏忽，我错误地用货币来衡量进出口价值；后来的物价崩溃，证明这种做法是很危险的。但似乎最好还是把这一段按原样保留下来。］

以达到这种结果，但却不能用课征德国商品的进口税来达到目的。因为德国对英国商品的需求一般是属于正常类型。虽然德国不会轻易放弃英国煤炭，但却有许多别的商品只有按现在的交换比率它才肯买；若英国想用课征进口税的办法来改变交换比率，使之对自己有利，它就会从自己的生产者或别国的生产者那里去买。同样，欧洲各国对高级美棉的需求曲线，也是属于第二十六图的OG所代表的那种性质。因此，美国可以通过对这种产物课征特殊的出口税得到暂时的收益，但只要美国输出的大部分棉花及其他货物遇到别国对手的激烈竞争，美国的进口税负担就不会主要落在欧洲各国的身上。

符合于第二十六图曲线的一国对别国小额贸易的情况，虽然不是不重要，但却不是很普遍的。不过任何一个工业团体对社会其余部分贸易的情况可经常以这种曲线来代表。例如，某时某地社会上需求新房屋的情况，或许很符合图中的OG曲线。建筑商愿意出售劳务的那种情况可用OE来代表；工会以具体条文写出的要求可以正确地解释为他们确实能够把曲线向左推移到OE′的位置。这样，他们就以他们自己的减少的劳动，来获得社会上财富增加的数量。

第二十五图中的OE″位置，使我们感到兴趣，也是与某些工业团体的商业情况有关，而不仅是与两国间的贸易有关。〔假如这个图中的交换指数为a，而英国的曲线推到OE″的位置，则会得到交换指数离开d，贸易接近毁灭的奇特结果。〕

在本节中，OE′曲线被认为是E课征麻布输入税之后E的需求曲线所处的位置；或是发生如下事件后E的需求曲线所处的位置，这种事件使E对麻布的需求减少并把E曲线推向左方，但却不改变G曲线的位置。这类事件以下将简称之为“情况的变化”。

情况的变化将使棉布输往德国的数量减少。换言之，假如交换指数在情况变化前是以A为均衡点，情况变化后指数的均衡点必然在A的左边。当英国曲线在OE′位置时，交换指数就被认为在A。从这个时候起，作用于指数的力量将趋向于使它向右或向左移动，这要看它是在OE′的左边还是右边。但根据构造，A是在OE′的右边。因此，假如交换指数在情况变化时在A，则情况变化后它将沿着GO移向左边。

在以上的推论中，我们并没有假定在A的交点是稳定的均衡点。因此，其结果是：假如OG同OE和OE′有许多交点，则这两组交点将沿着OG一对一对地分布。这即是，假如我们由OG和OE的任何一个交点沿OG到其他交点，我们必须经过OG和OE′交点的一个双数(0或2或4等)；假如我们由OG和OE′的任何一个交点沿OG到其他交点，我们也必须经过OG和OE交点的一个双数。自然，单独的几何证明也可得到这个结论。

其次，让我们假定，A是OE和OG曲线上的一个稳定均衡点；F是情况变化后交换指数向之移动的OE′和OG曲线上的一个稳定均衡点。让我们研究一下，F可能在什么位置。画直线如第二十七图。这就是，让水平线TA′AR通过A割Oy于T及OE′于A′。画垂直线HASV切Ox于H，并将直线OA′延长于V；画垂直线H′UA′V′割Ox于H′，并割直线OA于U。〔在图中没有指出F，因为它在图中各部分的运动还在研究中；如不分别画

出各种可能的综合情况，就不能指出它的位置。〕

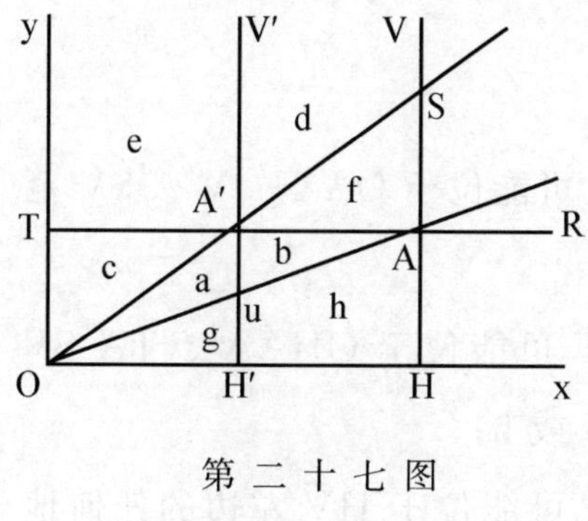

第二十七图

这样我们就得到以下结果：

假如OG属于正常类型，F必然是位于OAT三角形之内；假如属于第一类型，F必然位于yOAV范围之内；假如属于第二类型，就这个条件来说，F可位于HV左边的任何地方。

同样，假如OE′属于正常类型，F必然位于OA′H′、V′A′SV范围内的某一地方；假如属于第一类型，F必然位于OHAA′、yTA′SV范围内；假如属于第二类型，就这条件来说，F可位于HV左边的任何地方。综合这些条件，我们得：

首先，假设OG属于正常类型：

(1) 令OE′属于正常类型，则F必然位于OA′H′三角形之内，例如a；

(2) 令OE′属于第一类型，则F可能位于OAA′三角形之内的任何地方，例如a或b；

(3) 令OE′属于第二类型，则F可能位于OAT三角形之内的任何地方，例如a、b或c。

其次，假设OG属于第一类型：

(1) 令OE′属于正常类型，则F可能位于OA′H′、V′A′SV范围内的任何地方，例如a或d；

(2) 令OE′属于第一类型，则F可能位于OA′A，yTA′SV范围内的任何地方，例如a、b、d或e；

(3) 令 OE′属于第二类型，则 F 可能位于 yOAV 范围内的任何地方，例如 a、b、c、d、e 或 f。

第三，假设 OG 属于第二类型：

(1) 令 OE 属于正常类型，则 F 可能位于 OA′H′、V′A′SV 范围内的任何地方，例如 a、d 或 g；

(2) 令 OE 属于第一类型，则 F 可能位于 OHAA′、yTA′SV 范围内的任何地方，例如 a、b、d、e、g 或 h；

(3) 令 OE 属于第二类型，则 F 可能位于 HV 左边的任何地方，例如 a、b、c、d、e、f、g 或 h。

这些结果不能用一个简短的定理来总结，但可用如下方法来表示：

OE′正常类型位于＜OA′H′之内	OG 正常类型位于＜OAT 之内
OE′第一类型位于 OA′A 之内	OG 第一类型位于 OAS 之内
OE′第二类型位于 OH′A 或 OA′T 之内	OG 第二类型位于 OAS 或 OAH 之内。

如 OG 所属类型为	而 OE 所属类型为	则 F 可能移动到的点为
正常	正常	a
——	I	a 或 b
——	II	a、b 或 c
I	正常	a 或 d
——	I	a、b、d 或 e
——	II	a、b、c、d、e 或 f

II	正常	a、d或g
——	I	a、b、d、e、g或h
——	II	a、b、c、d、e、f、g或h

在每种情况下,E输出的棉布数量都减少。在G曲线属于正常类型或第一类型的每种情况下,交换比率都对E有利。在G曲线属于正常类型的每种情况下,麻布量都减少。只有在E曲线属于第二类型时,才能达到c和f的位置;只有在G曲线属于第二类型时,才能达到g和h的位置。

人名对照表

三　画

凡登　Verden
门塔格　Montague
门格尔　Menger,Carl

四　画

瓦尔克尔　Walker,F. A.
瓦格纳　Wagner
戈申　Goschen
戈德福里　Godfray
牛顿　Newton
巴林　Baring,Alerander
巴克尔　Buckle
巴森奎,J　Bosanquet,J. W.
巴森奎,C　Bosanquet,Charles
贝塞尔　Beissel

五　画

史蒂文生　Stephenson
史密特　Schmidt
皮特　Pitt
皮尔逊　Pierson
皮阿会斯　Beawes
卡尔开德　Kirkaldy
甘末尔　Kemmerer
包尔特　Borght
巴杰特　Bagehot
弗拉克斯　Flux

六　画

安德森　Anderson
托伦斯　Torrens
西蒙斯　Symons
休谟　Hume
吉本　Gibbon
吉芬　Giffen
达文尼　d'Avenel
达伽马,威斯科　da Gama,Vasco
当森　Dawson
毕勋肖兹　Büchsenschütz
毕斯乔普　Bisschop

七　画

坎南　Cannan

怀特　White
杜克　Tooke
沙克斯　Sykes
苏尔柏克　Suerbeck
肖　Shaw
庇古　Pigou
纽马奇　Newmarch
麦克库洛赫　McCulloch
麦克菲尔森　MacPherson
麦克劳得　MacLeod
麦克格累高尔　MacGragor
麦卡莱　Macaulay
里奇韦　Ridgeway
利物浦尔　Liverpool
李斯特　List
李嘉图　Ricardo
亨利八世　HenryVIII
克尼斯　Knies
克宁汉　Cunynghame
克宁汉姆　Cunningham
阿什莱　Ashley
阿尔索普　Althorp
阿理斯密斯　Oresmius
佛朗西斯　Francis
张伯里昂　Chamberlayn

八　画

孟，托马斯　Mun，Thomas
罗杰士　Rogers
罗维　Lowe
杰文斯　Javone
拉斯贝立斯　Laspeyres
拉德诺　Lardner
金森　Jensen
奔耐特　Burnet，Bishop
奔尼斯特　Bannister
凯里　Carey
欧弗斯顿　Overstone

九　画

威登　Weeden
威廉一世　William I
派特逊　Paterson
派尔葛雷夫　Palgrave
费雪　Fisher
洛克　Locke
洛埃德　Lloyd，Lewis
哈理斯　Harris
科立尔海姆　Corilham
科克里尔　Cockerill
查理一世　Charles I

十　画

埃林堡　Ehrenberg
桑顿　Thornton
莱本　Lieben
莱费　Livi
海尔斯　Hales，John
格雷欣　Grasham
高尔顿　Galton

哥白尼　Coperncus

哥伦布　Columbus

爱奇沃斯　Edgeworth

十一画

隆德斯　Lowndes

康乐德　Conrad

康梯龙　Cantillon

萨姆纳　Sumner

十二画

雅各　Jacob

斯杜开　Stuckey

斯密，R. E.　Smith, R. E.

斯密，亚当　Smith, Adam

斯克罗普　Scrope, G. Poulett

奥斯培兹　Auspitz

舒尔茨　Shurtz

葛纳　Gonner

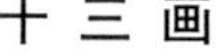

十三画

鲍莱　Bowley

福斯特　Forster

十四画

赛几维克　Sidgwick

蔡尔德　Child

十五画

潘陶里奥尼　Pantaleoni

十六画

霍顿　Horton, Dana

穆勒　Mill

十七画

戴罗穆　Deloume

图书在版编目(CIP)数据

货币、信用与商业/(英)马歇尔著;叶元龙,郭家麟译.
—北京:商务印书馆,2017
(汉译世界学术名著丛书:120年纪念版:珍藏本)
ISBN 978-7-100-14130-7

Ⅰ.①货… Ⅱ.①马… ②叶… ③郭… Ⅲ.①货币理论 ②信用理论 ③国际贸易理论 Ⅳ.①F820 ②F830.5

中国版本图书馆CIP数据核字(2017)第139384号

汉译世界学术名著丛书
(120年纪念版·珍藏本)
货币、信用与商业
〔英〕马歇尔 著
叶元龙 郭家麟 译

商 务 印 书 馆 出 版
(北京王府井大街36号 邮政编码100710)
商 务 印 书 馆 发 行
南京爱德印刷有限公司印刷
ISBN 978-7-100-14130-7

2017年12月第1版 开本710×1000 1/16
2017年12月第1次印刷 印张25¾
定价:123.00元